영화가
우리를
데려다 주겠지

삶을 은유하는 영화 그리고 여행

박준 지음

어바웃어북

우리가 좀 더
길 위에 서야 하는 이유

현재의 세계가 최선일까? 나는 언제나 다른 세계를 꿈꾼다.

영화, 여행, 길, 세계일주, 로드무비……. 언제나 나를 자극하는 말이다.

어떤 장소의 창조적 영혼에 다가가는 시간을 나는 여행이라고 말한다. 영화를 보며 여행을 떠날 수도 있다. 로드무비 같은 여행이 있듯 여행을 자극하는 영화가 있다. 영화를 보며 다른 세계에 대한 몽상에 빠져든다. 여행을 떠나 다른 세계를 거닐 듯 영화라는 융단을 타고 영화 속으로 떠난다. 한 편의 영화로 중앙아시아로, 남유럽으로, 북아메리카로, 오세아니아로 떠난다. 영화를 보며 떠나는 세계일주다.

『영화가 우리를 데려다 주겠지』는 한낮의 꿈 같은 이야기이자 로드무비 같은 책이다. 영화를 보며 영화 속 시공간으로 빠져 들어가 낯선 이들을 만나고, 주변을 거닌다. 때로는 지난 여행과 영화가 겹쳐진다. 영화를 보며 떠올리는 몽상이건 실재 여행이건 일상에서 벗어난다는 점에선 비슷하다.

내가 사는 이곳과는 전혀 다른 세상을 단 두어 시간 만에, 단숨에 보여줄 수 있는 게 영화 말고 또 있을까? 영화만 있다면 어디로든 갈 수 있다. 영화가 바람처럼 나를 데려간 곳에서 인생을 탐험한다. 그때는 우리가 영화의 주인공이다.

『영화가 우리를 데려다 주겠지』는 2010년 출간한 『책여행책』에서 비롯되었다. 『책여행책』(『떠나고 싶을 때 나는 읽는다』라는 제목으로 개정판 출간)에서 『그림여행책』(『여행자의 미술관』)을 잇는 『영화가 우리를 데려다 주겠지』는 이를테면 '나의 여행 3부작' 마지막 편이다. 책, 그림, 영화 그리고 여행은 내 지난 시간의 증인이다.

문득 영화를 공부하고 처음 학생들을 가르치던 때가 떠오른다. 신입생 아이들에게는 '서른 살 교수님', '서울에서 온 교수님'이었다. 일주일에 한 번씩 자정이 되어 갈 무렵 서울역에서 기차를 탔다. 온몸은 땀에 절고 머리는 들러붙었지만, 영화 같은 봄날이었다.

영화가 어둠 속에서 꾸는 꿈이라면, 여행은 길 위에서 꾸는 꿈이다. 영화가 끝나듯 언젠가 여행도 끝난다. 우리가 좀 더 길 위에 서야 하는 이유다.

박 준

차례

세상의 끝,
혹은
시작

바닷속의
수면

달무지개
뜨는 밤

바람의 색

떠도는 사람

뉴욕이건 클리블랜드이건 마이애미이건 이들에겐 다 똑같다. 가진 것 없는 이들은
세계 바깥을 떠돌 뿐이다. 낯선 세계로 떠나기만 한다고 다 좋아지는 게 아니다.
오히려 세계는 가난한 이들에게 모질다.

이방인의 신세계

여기가 무슨 뉴욕이야

"마이애미와 팜비치가 있는 곳, 플로리다에 가자."

이 말만 들으면 누구 할 것 없이 신 나지 않을까?

말은 쉽다. 정작 가는 길은 멀고, 이내 적막에 빠져들며, 창밖을 바라보는 대신 낡고 좁은 차에서 움츠린 채 새우잠을 잔다. 차에서 내려 봐야 싸구려 모텔 신세다. 어디를 가건 엑스트라 베드 같은 신세다. 그래도 마이애미에 도착하기만 하면 찬란하고 뜨거운 태양을 만나리라 기대하지만 정작 그곳은 철 지난 바닷가처럼 쓸쓸하고 싸늘하다. 비키니는 어디에 쓰나?

"여기가 마이애미야? 여긴 아무 곳도 아니라고."

누군가의 플로리다 여행은 이렇다. 사람들은 종종 여기 아닌 다른 곳을 꿈꾸지만 그곳에 있을 함정에 대해선 모른다.

헝가리 여자, 에바는 부다페스트를 떠나 무작정 뉴욕으로 왔다. 이름밖에 모르는 사촌 집에서 며칠 신세를 지는데 처음 만난 사촌, 벨라는 이렇게 말했다.

"내 이름은 윌리야, 윌리! '벨라 몰라'가 아니야. 헝가리어는 쓰지 마. 여기 있는 동안은 영어로만 말해!"

윌리는 집에서 TV를 보거나 친구 에디와 함께 경마장에서 도박을 하며 시간을 보낸다. 하루는 에바가 청소를 하려고 진공청소기를 찾자 그가 말했다.

"청소기? 몇 년 동안 손도 안 댔는데. 그리고 미국에선 진공청소기가 아니라 악어 목을 조른다고 해. 청소하는데 누가 찾아오면 이렇게 말하는 거야. 지금 악어 목을 조르고 있어."

헝가리 사람, 벨라 몰라 아닌 미국인이 되고 싶은 윌리는 집에 틀어박혀 미식축구를 보고 'TV 디너'를 먹으며 미국인처럼 생활한다. 편의점에서 팔 법한 인스턴트 도시락, TV 디너를 먹는 윌리에게 에바가 묻는다.

"그게 고기야? 이상해."

윌리는 한숨을 내쉬고 미국 스타일을 설명한다.

"미국에선 다 이렇게 먹는다고. 고기, 야채, 디저트. 설거지할 필요도 없어."

윌리는 에바의 헝가리 옷차림이 싫다. 나는 가난한 나라, 헝가리에서 왔어요, 하고 말하는 것 같다. 한번은 그가 원피스를 손에 들고 돌아왔다.

"미국에서는 다 이런 옷을 입어."

정작 윌리의 친구, 에디는 이렇게 말한다.

"윌리, 네가 헝가리에서 온 줄 몰랐어. 미국인인 줄 알았거든."

윌리는 "나도 너와 똑같은 미국인이야." 하고 받아치지만 그는 수궁하지 않는다.

에바도 비슷하다. 좁은 방에서 TV만 보는 사촌 방에서 꼼짝도 않는다. 갈 데도 없고, 할 일도 없는 건 그녀도 매한가지다. 갑갑한 마음에 무작정 집을 나서려고 하자 윌리가 앞을 가로막는다.

"두 블록 남쪽 클린턴 거리를 벗어나면 안 돼. 위험해. 겁 없이 아무 데나 돌아다니지 마."

에바가 마주한 뉴욕은 땅을 파헤쳐 놓은 공사장 같다. 황량한 거리에는 오가는 이도 없다. 우연히 마주친 남자는 쓰레기통을 뒤적거린다. 뉴욕 아닌 낙후된 동유럽의 변두리 같다. 삭막하고 더럽고 거칠다. 그녀가 떠나온 헝가리 같다. 그녀는 생각했다.

"여기가 무슨 뉴욕이야? 여긴 아무 곳도 아니라고."

겁 없이 아무 데나 돌아다니면 안 되는 곳, 뉴욕을 떠나 에바는 또 다른 세계인 오하이오의 클리블랜드(Cleveland)로 가 핫도그 가게에서 일한다. 1년 후 도박에서 돈을 좀 딴 윌리와 에디는 에바를 만나러 클리블랜드로 간다. 난생처음 가본 곳에서 두 남자는 깜짝 놀란다.

황폐하고 거칠다. 그들이 사는 뉴욕과 다를 바 없다.

"뉴욕을 떠나 750킬로미터를 달려왔는데 뭐야, 다 똑같잖아. 여기도 뉴욕 같아. 웃기네. 우린 여기가 처음인데 다 똑같잖아."

에디 불평에 윌리는 아무 말도 없다. 그도 똑같이 생각한다. 윌리와 에디는 핫도그 가게에서 에바와 해후한다. 세 사람은 클리블랜드에서 가장 아름답다는 '에리 호수(Lake Erie)'로 가지만 그곳에는 휘이잉 횡 삭풍이 몰아치고, 인적이라곤 찾아볼 수 없다. 잔뜩 눈이 쌓여 하늘과 호수조차 구분되지 않는다.

"여긴 참 지루해."

에바가 말했다. 뉴욕에 있을 때도 에바는 똑같은 말을 했었다.

"여긴 참 지루해."

세 사람에게 뉴욕이건 클리블랜드이건 다 비슷하다. 뉴저지 호보컨(Hoboken)의 뉴와크(Newark) 거리에 있을 윌리의 방이나 클리블랜드에서 에바가 일하는 핫도그 가게나, 에리 호수나 황량하긴 다 똑같다. 에바의 옷차림마저 똑같다. 윌리와 에디의 후줄근한 옷차림도 똑같다.

"하지만 플로리다는 다를 거야. 플로리다 하면 마이애미지! 여긴 너무 추우니 따뜻하고 신 나는 곳으로 가자!"

세 사람은 도망치듯 클리블랜드를 떠나 플로리다로 향한다. 1800킬로미터쯤 달리는 거야 아무 일도 아니라고 생각했다. 중간에 들른 가게에서 싸구려 선글라스를 하나씩 사서 끼고 "이젠 정말 관광객 같지?" 하고 말하는 윌리는 뉴욕에서건 플로리다에서건 축 늘어진 바지를 입었다. 관광객처럼 선글라스를 끼고 찾아간 마이애미 비치에는 삭풍이 몰아친다. 이들이 지나온 곳은 전부 길 가는 사람을 볼 수 없는 변두리 동네 같은데, 뉴욕이나 클리블랜드나 황량하고 쓸쓸했는데 플로리다도 똑같다. 게다가 날씨는 점점 더 나빠진다. 어디를 가나 외롭고 어디를 가도 매서운 바람과 마주한다. 아메리카드림은 꿈 같은 얘기다.

이들은 담배 피우고, 어설프게 춤추고, 맥주나 마시며 그저 시간을 흘려보낸다. 이들이 말하는 뉴욕은 맨해튼이 아니다. 뉴저지나 브루클린 또는 브롱크스 변두리가 이들의 뉴욕이다. 사람들이 떠올리는 세련되고 부유한 뉴요커와는 상관없다. 뉴욕이건 클리블랜드이건 마이애미이건 이들에겐 다 똑같다. 가진 것 없는 이들은 세계 바깥을 떠돌 뿐이다. 낯선 세계로 떠나기만 한다고 다 좋아지는 게 아니다. 오히려 세계는 가난한 이들에게 종종 모질다. 어쩌면 세상의 시스템이라는 게 그렇다. 누군가에겐 비행기를 타고 어딘가 갔다가 무사히 돌아오기만 해도 그건 아주 운 좋은 일이다. 동경을 품고 낯선 세계를 찾아갔지만 창밖에선 누군가 날카로운 소리를 지르거나 슬프게 흐느끼는 소리가 들릴 수도 있다. 끊임없이 사이렌 소리나 총소리가 울릴 수도 있다. 우리가 잘 모르는 다른 세계 얘기다.

2006년 10월, 뉴욕에 두 번째 갈 때다. 노스웨스트항공 비즈니스석에 앉았다. 여행사를 하는 친구 덕분에 아주 좋은 가격에 비즈니스 티켓을 구했다. 모든 게 잘 풀릴 것만 같았다. 비즈니스 트랙을 따라 비행기 안으로 들어서니 승무원이 위층으로 올라가라고 손짓한다. 비행기 2층에 타기는 처음이다. 식사 시간이 되자 승무원은 화이트와인 또는 레드와인이라 묻는 대신 큼직한 와인 리스트를 내밀었다. 비행기 아닌 고급 레스토랑의 와인 메뉴 같다. 비즈니스석에서 누리는 이런저런 서비스 덕분에 열 시간이 넘는 장거리 비행은 즐거웠다. 문제는 생각지도 않은 데서 터졌다. 국내선으로 환승하기 위해 미네소타 주 미니애폴리스 세인트폴 공항에 내려 입국심사를 받을 때 일이다.

"미국에 얼마나 머물 거죠?"

입국심사를 하는 남자가 물었다. 두 달 정도 있을 겁니다, 하고 나는 대답했다.

"왜 두 달이나 있죠?" 아, 뉴욕에 대한 책을 쓸 거예요.

"계약했나요?" 네, 했죠.

나중에야 알았다. 그의 질문을 완전히 오해했다는 걸. 나는 하찮게 불법 체류할 사람이 아녜요, 나는 작가라고요, 하고 으쓱하고 있었던 게다.

"저기 사무실로 가요."

무슨 일인지 알지 못한 채 나는 저기 사무실로 갔다. 나랑 비슷한 처지의 일본 여자가 한 사람 있다. 스물대여섯이나 됐을까 싶다. 잠시 후 작은 방에선 느닷없이 심문이 시작됐다. 인터폰 너머로 한국 여자 목소리가 흘러나왔다. 통역을 하는 그녀 목소리에는 아무 감정이 담겨있지 않았다.

"지금부터 하는 말이 거짓이면 5년 이하의 징역을 살아야 할 겁니다."

엉뚱하게도 대학 때 사복 경찰에 잡혀 중부서 조사계 형사에게 심문받던 순간이 오버랩 됐다. 그는 따지듯 물었고 나는 변명하듯 대답했다. 길게만 느껴진 그 시간을 한마디로 요약하자면, 나는 관광하러 온 게 아니고 일하러 뉴욕에 왔으니 워킹비자가 있어야 한다는 얘기다. 지금 생각해보면 그의 말에는 틀린 게 없을지도 모른다. 전적으로 그가 틀렸다곤 말하지 못하겠다. 그가 매우 무례한 것도 아니었다. 그런데 나는 상처를 받았다. 이유는 모르겠다. 오랫동안 돌아보고 싶지 않은 순간이었다.

그는, 내가 가진 돈이 얼마냐고 물었다. 지금 생각하면 그렇게 물을 수 있다. 그때는 이런 질문을 받는다는 게 수치스러웠다. 나는 잔뜩 날이 서 있었고, 속으론 흥분한 채, 내 돈으로 여행하는데 두 달이건 이틀이건 무슨 상관이냐고 쏘아붙이고 싶었지만 정작 한 마디도 내뱉진 못했다.

어느 순간부터인가 나는 무서워졌다. 왜 뉴욕에 두 달이나 머무는지, 왜 호텔에 묵지 않고 방을 빌리는지 설명을 못 하기라도 하면 나를 당장 가둬버릴 것 같았다. 내가 갇히면 아무도 모를 텐데 어떡하지? 당장 내가 어딘가에 갇히기라도 하는 건 아닌지 하는 불안에 빠져버렸다. 그 순간 맞은편에 앉아 있는 남자는 미국 국토안보부의 일개 직원이 아니라 거대한 힘을 가진 미국이란 나라의 화신처럼 보였다. 거대한 장벽 앞에서 나는 점점 움츠러들었고 목소리는 애원이라도 하는 듯 얇아졌다. 결국 심문은 적절한 비자를 갖고 있지 않으니 벌금을 내는 것으로 마무리되었다.

"당신이 다시 미국에 온다면 동료들이 당신 여권을 유심히 살펴보도록 기록을 남겨 놓을 겁니다."

그의 설명 또는 협박은 이렇게 끝났고, 나는 265달러를 비자카드로 긁었다. 거래처는 국토안보부(Department of Homeland Security). 265달러란 금액, 카드 정보, 그리고 다음 문구를 읽지도 않고 나는 사인했다. 지금 봐도 무슨 말인지 잘 모르겠다. 대충 짐작할 뿐.

'I agree to pursue all dispute via the USCS protest provisions.'

중학교 때 고등학교 형들한테 골목으로 끌려가 삥 뜯긴 것과는 차원이 다른 거대 권력에게 삥 뜯긴 것 같았고 뭔가 분했지만 어찌할지를 몰랐다. 재수가 없었다 치부하고 말았으면 그만인 일이었는지도 모른다. 그런데, 내가 그동안 너무 곱게 살았던 모양이다. 나는 뭔가 상처를 받아버렸다. 그것도 정체를 알 수 없는 깊은 상처를. 어이 없지만 나는 뉴욕에서 무너져버렸다. 나조차 이해 안 되는 일이니 다른 사람은 더더욱 이해할 수 없는 일이다.

　그때부터 일주일 동안인가 나는 죽을 것처럼 숨이 막혔다. 지금이라면, 그는 그의 일을 할 뿐이라고 가벼이 넘겼을지도 모르겠는데 그때는 그러지 못했다. 과장 아닌 과장을 하자면 나는 낯선 세계에 부닥쳤으며, 상처를 입고, 쓰러졌다. 맨해튼 유니온스퀘어에서 따사로운 가을 햇볕을 즐기는 사람들 틈에 앉아 있어도 간지러운 햇살은 내 것이 아니었다. 나는 지독한 고립감에 어찌할 바 몰랐다. 사람들은 그 정도 일에 무슨 엄살이 그리 심하냐며 비웃겠지만 난 심각했다. 도로를 오가는 차에 뛰어들까 하는 충동에 빠져들 정도였다. 잭슨 하이츠(Jackson Heights)를 지나다 한인교회를 보고 무작정 달려간 적도 있다. 두꺼운 철문이 굳게 잠긴 덕분에 아무라도 붙잡고, 숨이 막혀 죽을 것 같아요, 하고 매달리는 꼴은 피했다. 10년도 더 된 일을 끄집어 써내려가는 지금조차 몸이 오싹하다. 어쩌면 적잖은 사람들이 경험하는 별거 아닌 일에 나는 왜 그리 민감했을까?

　말썽은 여기서 끝나지 않았다. 뉴욕에서 두 달 지내기로 한 곳은, 퀸즈 잭슨 하이츠에 있는 작은 플랫(flat : 아파트나 주택의 방만 빌리는 것)이었다. 서블렛(sublet : 빌린 방을 다른 사람에게 또 빌려주는 것으로 뉴욕에선 흔한 일이다)으로 빌린 방주인은 내게 서블렛을 하면 안 되는 방을 내주었던 모양이다. 덕분에 첫날부터 히스패닉 여자인 플랫 관리인에게, "당신은 여기 머물 수 없어!" 하는 소리를 들었다. 이 문제가 터지기 전 내게 방을 빌려준 한국 여자는 뉴욕에서 쓸 휴대폰에 대해 묻자 이렇게 말했다.

"전화, 쓰다 그냥 한국으로 가면 돼요. 요금 안 내도 되잖아요. 다들 그렇게 해요."

왜 서블렛을 하면 안 되는 방을 서블렛했냐고 묻자 그녀는 친구까지 대동하고 나타나 화를 내며 이렇게 말했다.

"참 답답하시네. 그냥 쓰면 돼요. 다들 그렇게 한다고요!"

그녀는 채 서른이 안 돼 보였다.

입국심사며, 서블렛이며 일이 전부 꼬이자 배알은 점점 뒤틀려 갔고 뉴욕에 대해 더 시니컬 해졌다. 지하철 입구마저 감옥처럼 느껴졌다. 워싱턴 스퀘어 화장실에는 아예 문이 없었다. 사람들이 보건 말건 덩치 큰 흑인 남자는 아무렇지도 않게 변기에 앉아 있었다. 뉴욕에 온 지 3일 만에 책이고 뭐고 다 때려치우고 한국으로 돌아가고 싶었다. 그간 내가 한국에 대해 얼마나 시니컬 했는지는 까맣게 잊은 채……

우여곡절 끝에 잭슨 하이츠 집에서 빠져나와 천사 같은 일본 친구를 만나 도어맨이 있는 미드타운의 콘도로 들어가서야 나는 서서히 정상으로 돌아왔다. 뉴욕에서 살고 있던 대학원 친구 M과 친구의 친구였던 J의 도움이 컸다. 4층 내 방에선 창밖으로 3번가(3rd Ave) 대로가 내려다보였다. 이제야 TV에서 보던 뉴욕 같은 곳에 몸을 누일

방을 구했지만 매일 밤 귀를 찢는 사이렌 소리를 들었다. 뉴욕 중산층이 산다는 맨해튼 미드타운에서 하루도 빠짐없이.

파라다이스의 이방인

그 후 뉴욕에 두 달간 머무는 동안 만난 뉴요커들은 늘 이렇게 물었다. "뉴욕, 맘에 들어요?" 마치 할 말이라곤 이것밖에 없는 것처럼. 뉴욕, 마음에 들어요?

나는 늘 한국 아닌 다른 세계를 꿈꿨다. 여기 아닌 다른 세계를 찾아 오랜 시간을 떠돌았다. 내가 꿈꾼 세계 중 하나가 뉴욕이다. 한때 나는 뉴욕을 이 세상 최고의 도시라고 불렀다. 동경하던 도시에 이르렀으나 아이러니하게도 나는 상처를 입었다. 뉴욕 탓은 아니지만 뉴욕과는 떼놓을 수 없다. 뉴욕에 사는 외국인을 돕는 인터내셔널센터에서 일하는 친구는 내 얘기를 듣더니 이렇게 말했다.

"돈 뜯어내려고 트집 잡는 거야. 변호사 만나봤어? 잠깐, 기다려봐. 우리와 함께 일하는 중국인 변호사에게 연락해볼게."

이미 두 달의 시간이 지난 후였고 귀국을 앞둔 때였다.

뉴욕이 아니더라도 영국이건 중국이건 아시아이건 아프리카이건 어디서나 나쁜 일은 생길 수 있다. 내가 겪은 일 정도는 하찮은 일이라고 치부할 만큼 진짜 나쁜 일도 생긴다. 교통사고이건 무엇이건 때로는 크게 다치기도 하고, 목숨도 잃는다. 내게 문제의 소지가 있다면 그나마 덜 분하겠지만 내가 잘못하지 않아도 나쁜 일은 생긴다. 힘을 가진 자들에 의해 좌우되는 세상이다. 사람 아닌 자연 때문에도 다친다. 고비사막에 갔을 때는 버스의 사이드미러가 쿠궁쿵 흔들릴 정도로 돌풍이 몰아쳤다. 한 치 앞을 볼 수 없었고, 몸을 기역자로 숙인 채 몸이 내동댕이쳐지지 않게 두 발에 힘을 주고 바람에 맞섰다. 이유가 무엇이건 누군가는 매 순간 상처를 입는다.

처음 뉴욕에 도착한 에바가 트렁크를 끌고 가면서 카세트 플레이어로 듣는 노래는 〈I put a spell on you(나는 당신에게 주문을 걸었어)〉다. 권투선수 출신 '제이 호킨스(Jay Hawkins)'가 비명을 지르듯 처절하게 부르는 노래다.

딴딴 따 딴딴 타~ 나는 당신에게 주문을 걸었어 왜냐하면 당신은 내꺼니까…….

에바는 다시 카세트 플레이어를 들고 플로리다로 갔다.

딴딴 따 딴딴 타~ 나는 당신에게 주문을 걸었어 왜냐하면 당신은 내꺼니까…….

카세트에서 흘러나오는 스크리밍 제이의 목소리만이 그녀를 유일하게 위로한다. 파라다이스를 찾아갔지만 언제나 이방인에 불과했던 그녀를, 나를. 그리고 당신을.

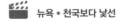 뉴욕 * 천국보다 낯선

뉴멕시코의 자연은 그녀의 인생과 그림을 송두리째 변화시켰다.
집에서 나가 15분만 걸으면 그녀가 전혀 모르는 세상과 마주쳤다.
그녀는 뉴멕시코의 뜨거운 태양처럼 살았다.

사막의 고독자

조지아 오키프

분홍색 대지에 창백한 달이 떠 있다. 보라색 산등성이를 지나자 라
벤더 컬러의 하늘과 새하얀 눈밭이 펼쳐졌다. 노란 절벽 밑을 거닐다
문득 푸른색 구멍과 마주쳤다. 조지아 오키프(Georgia O'Keeffe)가 뉴
멕시코 산타페(Santa Fe)에 살 때 그린 동물의 골반뼈 구멍이다. 가만
보니 구멍이 푸른 게 아니라 하얀 골반뼈의 구멍 너머로 보이는 하늘
이 눈물겨우리만치 푸르다. 뉴멕시코에 가고 싶어졌다. 런던 하늘은
파란 물감처럼 한 점 티 없는데 나는 자꾸 푸른색 죽음이 떠올랐다.

지난 가을, 런던 테이트 모던 미술관에서 '조지아 오키프' 회고전
을 본 후 나는 노트에 이렇게 끼적였다. 생각지도 않았던 오키프의
전시를 볼 수 있다니 운이 좋았다. 그녀가 그림에 담은 뉴멕시코의
풍광은 2주간 런던에서 본 어떤 전시보다 황홀하고 강렬했다. 뜨거

운 태양처럼 살다 간 그녀는 처음 뉴멕시코 타오스(Taos)에 왔을 때 이렇게 말했다.

"여기 오자마자 알았어요. 나의 땅이에요. 전에 어디서도 보지 못한 풍경이지만 내게 딱 맞는 땅이에요. 뭔가 달랐어요. 공기가 다르고, 하늘이 다르고, 별도, 바람도 달랐어요."

때로는 사랑 때문에 인생이 파괴된다. 1929년 남편 알프레드 스티글리츠(Alfred Stieglitz)의 외도 후 오키프는 뉴멕시코 주 타오스로 왔다. 두 달 반 정도 머물 예정이었다. 집 앞에는 고원지대의 넓은 광야가, 뒤로는 높고 푸른 '샹그레 더 크리스토 산(Sangre de Cristo Mountains)'과 천 년 역사를 가진 인디언 마을, 푸에블로(Pueblo)가 있었다.

뉴욕에 사는 동안 잠시라도 그곳을 고향처럼 느끼지 못했던 그녀는 타오스에서 간단히 고향을 찾았다. 그것도 영적인 고향을. 그녀는 여기 와서야 자기가 뭘 찾았는지 알았다. 뉴멕시코의 자연은 그녀 인생과 그림을 송두리째 변화시켰다. 뉴욕에 돌아간 후 그녀는 타오스의 친구에게 편지를 썼다.

"그리워요. 서리로 뒤덮인 하얀 산쑥, 어두컴컴한 강 모두 신비스러웠어요. 하늘과 산과 태양이 있는 곳, 타오스의 지평선에 인사를 보내요."

그렇다 해도 그녀는 알았을까?

여기에서 여생을 보내게 될지를.

미국 서남부에서 라틴 아메리카를 만났다. 뉴멕시코 주의 산타페에는 진흙 벽돌과 건초로 만든 집이 늘어서 있다. '어도비 점토집 (adobe)'이라 불리는 집들이다. 집도 진흙집, 부동산 사무실도 진흙집, 공무원 오피스도 진흙집이고, 미국에서 가장 오래됐다는 산 미겔 교회(San Miguel Mission)도 진흙집이다. 누군가의 말대로, "모서리도 모나지 않게" 지었다. 조지아 오키프 뮤지엄(Georgia O'Keeffe Museum)도 아담한 진흙집이다.

그녀의 흔적을 찾아 여기까지 왔는데 내 시선은 자꾸 엉뚱한 데로 향한다. 미국에서 흙집이 늘어선 것도 신기한데, 나를 더욱 휘둥그레지게 만든 건 진흙집에 어른 키보다도 길게 주렁주렁 매달린 빨간 고추다. 고추뿐만이 아니라 통마늘도 주렁주렁 달렸다. 빨간 고추와 통마늘 더미만 보면 미국 아닌 전라도나 경상도 시골 어딘가에 온 것 같다. 스페인이 점령한 라틴 아메리카에서 흔히 볼 수 있는 게 진흙집이라는데, 나는 미국에 와 스페인 스타일의 진흙집에서 한국식으로 말리는 빨간 고추를 만지작거린다. 내 모습이 재밌어 보였는지 지나던 인디언 남자가 말을 건넨다.

"칠리 먹을 수 있어요? 레스토랑에 가면 '크리스마스트리' 소스를 주문해봐요. 그럼 레드 칠리+그린 칠리 소스를 갖다 줄 거예요."

'산타페(Santa Fe)'는 스페인어로 '신성한 믿음'이란 뜻이란다. 주민들은 종종 '산타페이'라고 발음하는데 이름에서 짐작할 수 있듯 스페인 땅이었으나 1848년 멕시코와 미국 간의 전쟁 후 미국에 편입됐다. 앵글로, 히스패닉, 인디언 문화가 뒤섞인 산타페의 독특한 분위기가 생겨난 이유다. 조지아 오키프 이후 많은 예술가들이 여기 모여든 것도 이 때문이다.

주민 중 열의 여덟은 예술가란 얘기도 들었는데, 과연 이곳에는 '캐넌 로드(Canyon Road)'라는 갤러리 거리도 있다. 클라우디아 마르 갤러리, 어도비 갤러리, 마르타 키츠 갤러리 등 많은 갤러리가 모여 있는데 한편에는 인디언 숍과 스페인 스타일의 고전주의 건물도 있다. 어느 성당 앞에는 인디언 피부색의 성녀상이 있다. 처음 이곳에 도착한 오키프를 떠올리며 거리를 걸어보려 하는데 컬러풀한, 동화 같은 마을 모습에 오키프는 잊고 자꾸 시선을 빼앗긴다. 관광객이 많다.

오키프가 처음 뉴멕시코에 와 머물던 집에서 바라보던 샹그레 더 크리스토 산맥의 남쪽 끝자락, 해발고도 2234미터에 자리 잡은 고원 도시가 산타페다. '뉴멕시코'라고 하면 언제나 태양이 작열할 줄 알았는데 뜻밖에 겨울이면 큰 눈이 내리는 이유다. 산타페를 벗어나 아무것도 없는 북쪽으로 달린다. 그녀가 살았고, 그녀가 일했던 고스트 랜치(Ghost Ranch)로 가는 길이다. 인디언들이 '태양이 춤추는 땅'이라고 불렀던 곳이다.

이른 아침, 고스트 랜치로 가는 길은 으스스한 이름과 달리 황금빛으로 찬란하다. 285번, 88번 도로를 달려 황량한 사막으로 들어간다. 산타페에서 애비큐(Abiquiu)에 있는 오키프의 집까지는 73킬로미터, 한 시간 정도 걸린다.

말을 타고 총잡이나 인디언이 나타나도 전혀 이상하지 않을 풍경이다. 꼭대기는 평평하고 등마루는 벼랑으로 된 언덕이 하나둘 나타났다. 뉴멕시코 주에서 흔히 볼 수 있는 모습인데 스페인어로 '메사(mesa)'라고 부르는 지형이다. 새하얀 낭떠러지처럼 거친 바위산, 메사는 이내 부서질 것 같다. 바라보기만 해도 막막하다. 뾰족뾰족 솟아오른 메사를 밤에 보면 영락없이 유령 같겠다. 알래스카 남단에서 생겨난 로키 산맥이 남쪽 끝 지점에 이르러 남다르게 펼쳐 놓은 장관이다.

오키프의 집은 애비큐의 막다른 골목 끝에 있다. 그녀가 사랑했던 사막에 둘러싸여 있다. 그녀는 테라스에 뼛조각을 잔뜩 늘어놓고, 정원에서는 과일과 채소를 재배했다. 집 앞으론 차마 강(chama river)이 흘렀고, 그 너머론 장엄한 패더널 산(Pedernal Mountain)이 서 있다. 집 뒤로는 평평하지만 독특하게도 가운데 모서리는 뾰족한 메사가 우뚝 솟았다.

메사를 올려다본다. 오래전 정원에서 또는 테라스에 앉아 그녀가

바라보았을 풍경이다. 어느 날에는 눈이 내리고, 눈이 바람에 날리고, 눈이 녹아 뚝뚝 떨어졌다. 어느 날에는 흰 구름이 밀려오고, 어느 날에는 햇볕이 내리쬐고, 어느 날에는 구름이 흘러 왔다. 매일 새카만 어둠 속에서 미명이 트고 폐부를 찌를 듯한 기세로 태양이 떠올랐다. 매일 해가 지기 전 진흙집은 황금색으로 변하고, 이내 아무것도 보이지 않는 어둠이 닥쳐왔다. 수십 년 동안 그녀는 창가에 앉아 이를 바라보며 살았다. 그녀는 이 집을 사고 나서야 비로소 '평화'에 안착했다고 했다.

고스트 랜치는 오키프의 집에서 북쪽으로 23킬로미터 떨어졌다. 애비큐 마을에서 벗어나자마자 차마 강과 만났다. 테이트 모던에서도 차마 강을 그린 〈From the River – Pale〉을 봤었다. 하늘에서 내려다본 듯한 노란색 강이었지만 얼핏 봐서는 무엇인지 알 수 없었다. 비행기라도 타지 않고선 볼 수 없는 모습이다. 뉴멕시코에 정착하고 30년 후 그린 그림이다. 어쩌면 아무리 오래 살아도 가까이 다가설 수 없는 뉴멕시코의 거대한 자연을 이렇게라도 한눈에 보고 싶었는지 모르겠다. 고스트 랜치를 향해 북으로 달릴수록 풍경은 점점 더 황량해진다. 그녀는 고스트 랜치에 대해 이렇게 얘기했다.

"집에서 나가 15분만 걸으면 내가 전혀 모르는 세상과 마주쳤어요. 세상에서 여기 와 본 사람은 오직 나뿐일 것 같은 낯선 땅이었어요."

그녀에게 붉은색이나 오렌지색 또는 보라색 바위산이나 들판은

의심할 바 없이 지구라는 세계 자체로 여겨졌다. 오키프가 이 길을 달렸을 때는 바짝 마른 고스트 랜치의 들판 곳곳에 죽은 동물의 뼛조각이 나동그라져 있었을까? 이 황량하고 삭막한 곳에서 그녀는 혼자 살았고 두개골을 갖고 놀았다. 오키프가 고스트 랜치에 머물며 그림을 그리고 있을 때 남편인 사진가, 스티글리츠는 이렇게 말했다.

"멋지다, 멋지다, 모든 게 멋지다더군. 정신 못 차리고 그 미개한 땅에서 해골이나 그리고 있다니 믿을 수가 없어!"

스티글리츠가 뭐라 하건 그녀는 하늘을 향해 두개골을 치켜든 채 경이로운 눈빛으로 말했다.

"아주 맘에 들어요. 두개골 사이로 보이는 하늘이 좋아요. 다 그릴 필요는 없어요. 나는 뼈 사이로 보이는 하늘을 그릴 거예요. 하늘에 형태가 생겼어요."

"소름 돋지 않아? 생명이 없잖아."

스티글리츠가 타박하자 그녀는 이렇게 항변했다.

"내 눈에 살아있는 것처럼 보여요. 살아서 꼬리를 휘두르는 소보단 뼈가 낫죠. 뼈들은 살아 있는 것의 중심을 날카롭게 자른 것처럼 보여요. 이렇게 강렬한 아름다움에 비할 게 또 있나요?"

오키프는 동물 뼈뿐만 아니라 패더널 산도 참 많이 그렸다. 그녀는 이 산을 두고 '나의 산'이라고 불렀다. 언젠가 그녀는 친구에게 이렇게 말했다.

"신이 내게 약속했어. 패더널 산을 아주 많이 그리면 내게 선물로 패더널 산을 주겠다고."

그녀는 산을 갖기 위해 패더널 산을 잔뜩 그렸다.

"집에서 메사와 하늘, 패더럴 산을 바라만 봐도 작품에 대한 생각으로 가득 차. 그림의 절반은 완성한 느낌이야."

뉴멕시코의 대자연은 오키프 그림의 원천이었다. 운 좋은 예술가다. 단지 애비큐에 살았다는 이유만으로 그림의 반을 완성했다. 그녀는 작열하는 태양을 피해 종종 차 안에서 그림을 그렸다. 스티글리츠가 세상을 떠나고 3년 후인 1949년 그녀는 뉴멕시코 고스트 랜치에 집을 짓고 완전히 정착했다. 뉴멕시코 땅은 그녀에게 프라이버시와 고독을 선사했다.

하지만 그녀의 말년은 녹록지 않았다. 마지막 10년은 시력을 잃어가고 있었고, 외로웠다. 뉴멕시코로 함께 이주한 친구는 자살로 세상을 떠났고, 50년 지기와는 갑자기 절교했다. 자기에 대해 쓴 원고가 마음에 들지 않는다는 게 이유였다. 전 재산은 친구 또는 연인이던 존 해밀턴에게 물려주었다. 두 사람의 나이 차는 쉰아홉 살이었고, 85세의 오키프에게 나타난 26세 해밀턴은 6년 후 다른 여자와 결혼했지만 오키프는 이를 끝끝내 인정하지 못했던 것 같다.

영화 〈조지아 오키프〉를 보면 고스트 랜치에 사는 인디언이 춤에 대해 설명하는 장면이 있다.

"인디언의 춤은, 인간과 자연은 하나란 뜻이죠. 땅, 하늘, 심지어 벽돌, 강, 들판의 짐승과 말, 인간이라고 우월할 것도, 다를 것도, 구분될 것도 없이 같다는 뜻이에요. 인간이 땅이자 하늘이란 뜻이죠."

위스콘신 땅에서 태어난 오키프는 자연과 하나가 되어 뉴멕시코 하늘로 돌아갔다. 고스트 랜치의 기온은 때로 50도까지 올라간다. 뉴멕시코의 열기는 참을 수 없을 만큼 강한데 한국에 돌아가면 왠지 자꾸 이곳 생각이 날 것 같다. 패더널 산꼭대기는 오키프가 살았던 때와 똑같이 여전히 평평하다. 패더널 산은 오키프의 집 서남쪽 18킬로미터 지점에 있다. 그녀를 화장한 재가 뿌려진 곳이다. 고스트 랜치에서 캠핑을 하면 어떨까 상상해본다. 부러 헤드 랜턴을 끄고 고스트 랜치나 패더럴 산을 바라볼 수 있다면……. 아마 그때는 오키프가 80여 년 전 어느 날 밤에 본 풍경을 그대로 볼 것 같다.

 미국 뉴멕시코 * 조지아 오키프

내 앞에서 달리는 차는 한 대도 없다. 나를 추월하는 차도 없다.
나는 이런 순간을 늘 그리워했다. 길은 있지만 사람은 없는 곳,
나는 이 지루한 풍광의 모하비를 보기 위해 여기에 왔다.

Route 66 길 위에서

뜨겁다. 고독하지만 아름답고, 쓸쓸하지만 평온한 길이다. 초원과 평원을 지나 산과 계곡, 황량한 사막을 넘는다. 종종 사람의 흔적이라곤 찾아볼 수 없는 길을 달려 모하비 사막으로 들어선다. 사막의 휴게소에서 커피를 마시다 만난 백인 노인은 이렇게 말했다.

"미국을 동서로 횡단하는 방법은 여러 가지겠지요. 하지만 미국의 심장을 가로지르는 길은 단 한 가지, 루트 66뿐이에요."

내가 산타모니카에서 달려온 길이자, 잭 케루악(Jack Kerouac)의 소설 『온 더 로드』의 주인공 딘과 샐이 미국 동부와 서부를 오가며 달렸던 도로다. 1940년대 딘과 샐 뿐만 아니라 그전에도, 후에도 수많은 방랑자가 루트 66을 달렸다. 단지 『온 더 로드』가 아니더라도 나로선 꼭 한 번 달려봐야 할 것 같은 자유의 상징이다. 루트 66은 지난 시절의 미국을 볼 수 있는 길이다. 루트 66을 달리다 조그만 타운에 들어서면 1930~40년대 미국과 만난다. 낡은 모텔이 있고, 주유소와 카센터가 있으며, 다이너(diner)가 있다. 길만 보면 100년 전과 다를 바 없다.

오래전 라스베이거스와 로스앤젤레스 사이를 비행기를 타고 날았다. 그때 내가 어디를 출발해 어디로 가는지는 중요하지 않았다. 나에겐 모하비 사막 위를 날고 있다는 게 중요했다. 작은 창밖으로 내다본 대지는 누렇고, 황량하고, 막막했다. 나를 눌러 꼼짝 못 하게 하는 그런 뭔가가 있었다. 언젠가 내 손으로 모하비 사막을 달려봐야겠다고 생각했다. 모하비 사막을 관통하는 도로 중 하나가 루트 66이다.

루트 66은 그 명성만큼이나 여러 이름을 가졌다. 미국의 메인 도로(The Main Street of America), 어머니의 도로(Mother's Road), 역사적인 도로(Historic Route), 더 루트(The Route) 등 다양하다. 피처럼 뜨거운 청춘들이 달렸던 열정적인 길이란 말인가? 심지어 블러디 루트(Bloody Route)라고도 한다. '피 끓는 길'이라니!

나로선 '더 루트'라는 이름이 가장 마음에 든다. '더 루트'에는 세상에 단 하나뿐인 길의 대명사라는 자부심이 담겼다. 1926년 완공된 루트 66은 캘리포니아의 산타모니카에서 출발해 뉴멕시코의 산타페, 오클라호마, 털사(Tulsa), 세인트루이스 등 중남부 8개 주를 지나 시카고까지 3945킬로미터를 잇는 길이다. 영화와 소설의 배경으로 종종 등장할 만큼 미국 역사의 한 단면을 투영한다. 냇 킹 콜(Nat King

Cole)이나 롤링 스톤즈(The Rolling Stones) 같은 가수도 루트 66을 노래했다.

자동차를 타고 서쪽으로 갈 계획이라면
내가 권하는 길로 가세요, 최고의 고속도로를 타세요
66번 국도를 신 나게 달리세요
시카고에서 로스앤젤레스까지 굽어져 이어지죠
총 2천 마일이 넘는답니다.

하지만 루트 66이라고 세상의 부침을 피할 순 없었다. 1950년대 고속도로가 생기자 루트 66 이용자는 급감했고, 1985년에는 국도로 격하됐다. 세월이 흐르며 루트 66이란 이름은 지도에서 아예 사라졌고 조각조각 잘려 다른 도로에 편입됐다.

미국인들은 그 이름을 한 번 지우고 나서야 새삼 그 소중함을 느꼈던 모양이다. 2000년 이후 루트 66은 되살아났다. 그것도 '역사적인 루트'란 거창한 이름으로. 덕분에 나는 길 찾느라 애쓰지 않고 루트 66을 달리고 있다. 루트 66 도로가 끝나는 지점인 산타모니카 피어에 있는 'End of the Trail' 표지판을 출발해 150마일을 두 시간 반 정도 달렸다. 거창하게 말하자면 동쪽에서 서쪽으로 펼쳐진 미국의 역사를 거슬러 가는 길이다.

빅터빌(Victorville)을 지나자 태양의 열기는 점점 더해간다. 데스

밸리와 함께 북미에서 가장 뜨겁다는 모하비 사막을 관통해간다. 끝이 보이지 않는 황무지 같다. 아무리 달려도 거리감이 잘 느껴지지 않는다. 고개를 돌려봐야 풍경은 거의 비슷하다. 이 지역에서는 나지막한 구릉 위에 뾰족 솟은 돌기둥이 유명하다는데 기껏해야 나지막한 바위산이 간혹 나타날 뿐이다.

그런데 이 단순한 길이 주는 영감은 깊다. 내가 달리고 있는 편도 2차선 도로와 멀찌감치 떨어진 반대편 도로를 제외하면 사람 흔적을 전혀 찾아볼 수 없기 때문이다. 내 앞에서 달리는 차는 한 대도 없다. 나를 추월하는 차도 없다. 모처럼 왼편에서 나타난 하얀색 지프가 나를 빠르게 추월해간다. 반갑다. 잠시 후 지프는 저 아득한 도로의 끝에서 점이 되어 사라졌다. 다시 얼마를 달렸을까? 아주 오랜만에 커브 길이다. 이제야 꼼짝 않던 핸들을 살짝 돌린다. 커브를 틀어도 풍경은 다를 바 없다. 거의 똑같은 풍경이지만 지루하지 않다. 나는 이런 순간을 늘 그리워했다. 길은 있지만 사람은 없는 곳, 나는 이

지루한 풍광의 모하비를 보기 위해 여기에 왔다. 어쩌면 루트 66이 생기고 난 후 1930~40년대 모하비 사막의 모습과 현재 모습은 거의 다를 게 없을지도 모른다.

잠시 휴게소에 멈춰 그늘에 몸을 피해 봐도 열기는 떨어지지 않는다. 현관문 옆에 걸어놓은 온도계를 살펴보니 화씨 110도, 그러니까 47도다. 아, 여기는 정말 사막이구나. 휴게소 건물 옆에 녹이 잔뜩 낀 고물차가 보인다. 쓸쓸하지만 시간이 멈춘 듯 고요하다. 그 옆의 다른 건물은 폐가 같지만 아름답다. 이미 그 자리에서 보낸 긴 시간이 묻어 그곳 주인이 되었다. 세상 모든 존재가 제 자리에 있는 건 아니다. 기묘하거나 이상하다 해도 그 자체로 아름답다. 외롭지만 공상적인 풍경, 또는 서부영화에 나올법한 풍경 속에 뜬금없이 새하얀 내혼다 승용차가 비현실적이다. 다시 길을 달린다. 얼마 후 표지판이 나왔다. 뉴베리 스프링(Newberry Springs)까지 5킬로미터. 다 왔다. 한 카페를 찾아가는 길이다.

로스앤젤레스에서 219킬로미터, 두 시간 정도 걸렸다. 내셔널 트레일스 하이웨이(National Trails Hwy) 46548번지에 도착했다. 66번 도로와 노펄 길(Nopal Lane)이 만나는 지점이다. 이라크의 티그리스 강변 아닌 캘리포니아의 촌구석, 모하비 사막의 뉴베리 스프링스에 '바그다드 카페'가 있다. 여기 오기 전 누군가 그랬다.

"영화 〈바그다드 카페〉에 나온 그 카페가 실재로 모하비 사막에 있어."

처음에는 누군가 지어낸 얘긴 줄 알았다. 어차피 찾을 수는 없을 테니 모하비 사막 어딘가에 있다고 해버리면 그만 아닌가? 그런데 진짜…… 있다. 깜짝 놀랐다. 바그다드 카페는 영화 속 세트가 아니었다. 수십 년 전 지어진 건물이다. 칠이 벗겨지고, 녹이 슬고, 간판은 바랬지만 그 황량한 풍경이 황홀하리만치 아름답다. 주유소 기름통마저 예쁘다.

카페 안에는 달랑 테이블 다섯 개뿐이다. 어디에나 있을 법한 의자와 테이블이다. 손님은 한 사람도 없다. 나이 지긋한 남자 혼자 카페를 지킨다. 손님을 맞고, 커피나 음식을 만들고, 청소하고…… 모든 걸 혼자 다 하는 것 같다. 버거, 치즈버거, 베이컨 치즈버거, 그리고 버펄로 버거도 있다. 벽에는 관광객들이 남긴 메모가 다닥다닥 붙어 있다. 세계 각국의 지폐, 모자, 국기, 티셔츠 등도 다닥다닥…….

영화에서 본 듯한 노란색 커피 주전자도 보인다. '로젠하임'이라고 쓰였던 게 기억난다. 남부 독일의 도시, 로젠하임은 뚱보 야스민의 고향일지도 모른다. 야스민의 노란 주전자 덕분에 바그다드 카페 사람들은 커피를 마실 수 있게 되었지…….

오래전 이곳에 찾아온 야스민을 그려본다. 독일 바바리아 지방에서 라스베이거스로 여행을 온 그녀는 사막 한가운데서 남편에게 버림받고 갈 길을 잃어버린 신세로 바그다드 카페에 나타났다.

"커피 한 잔 주세요."

"안 되요. 커피 머신이 고장 났어요."

고장 난 커피 머신은 바그다드 카페 신세 같다. 카페 식구들은 기묘한 동거를 이어가지만 희망은 좀체 보이지 않는다. 카페와 함께 운영하는 모텔방에는 도대체 손님이 언제 들었나 싶게 먼지가 뿌옇다. 하지만 야스민은 이내 이곳의 일상에 스며들면서 마술처럼 사람들을 행복하게 해준다. 그녀 자신도 예상하지 못한 일이다. 야스민은 남편과 함께 로스앤젤레스에서 라스베이거스로 가는 길에, 내 생각엔, 길을 잘못 들어 40번 도로 쪽으로 들어섰다 여기까지 왔다. 길을 잃고 남편에게 버림받았기에 새로운 인생을 살게 됐다. 거리의 이동, 공간의 이동이 전해준 선물이다.

야스민처럼 멀리서 온 이방인에 대한 호의였을까? 주인 남자가 고색창연한 주크박스를 뒤척이더니 〈콜링 유(Calling You)〉를 틀어준다. 그런데 LP도 아니고 EP, 7인치 도넛 판이다.

모하비 사막에 살고 싶네.

편하고 느린 삶 끌리지 않아?

모든 게 마술 같아 슬플 일은 없지

시작해봐요. 오늘을 사는 거예요.

바그다드 카페에서 쇼가 시작됐으니까.

….

우울하다면 문신을 새겨봐요.

….

누구나 쉬어가는 곳

애리조나 모하비 사막

    카페 뒤편에는 영화에서 콕스가 머물던 캠핑카, 에어스트림 캐러밴이 그대로 있다. 영화가 촬영된 30년 전 모습 그대로다.

    바그다드 카페 맞은 길, 노펄 레인 쪽으로 들어가 봤다. 오른편에는 실버밸리 카센터, 왼편으로는 그냥 사막, 사람이 사는 것 같은 집 두세 채, 캠핑 카 두 세대가 전부다. 전신주가 있는 길에서 살짝 벗어나기만 하면 서부영화를 찍어도 아무 문제 없겠다. 노펄 레인에서 좌회전해 매그니 레인으로 갔다 다시 오리엔테 드라이브 쪽으로 좌회전하니 아예 비포장도로다. 옆에 집이 한 채 보이긴 한다. 여기 사람들은 도대체 뭐 하고 사는 사람들이람?

    바그다드 카페 주변 골목을 거닐다 새삼 이런 의문이 든다. 영화에 등장한 장소를 찾아가는 일은 대개 부질없다는 걸 알면서 나는 여기까지 왜 오고 싶었던가? 가만 생각해보면 나는 바그다드 카페보다는 황량한 모하비 사막과 미국의 과거를 관통하는 길에 끌렸다. 미국에 있는 네 개의 시간대, 그 경계선을 넘나들던 이들에게 자유를 선사한 길이다.

거리를 이동할 때 정신 또한 이동한다. 나는 오늘 이 길을 처음 달렸다. 내 앞에 얼마나 많은 이들이 이 길을 달렸을까? 같지만 다른 길이다. 각자가 있던 곳보다 좀 더 나은 곳으로, 뜨겁고 거친 바람을 맞으며 달려간다. 군데군데 물구덩이 위로 노란 노을이 진다. 저 길의 끝에서 누군가 나를 부른다. 나는 끝내 도착할 것이다.

 미국 애리조나 모하비 사막 * 바그다드 카페

몸은 찌뿌둥하고, 작은 배낭마저 무겁다. 영락없는 방랑자의 몰골이다.
산은 이내 완전히 어둠에 잠겨, 눈을 뜨고 있어도 아무것도 보이지 않았다.
저 멀리 해안을 따라 희미한 불빛만이 점점이 피어났다.
다시 저곳으로 돌아갈 수 있을까?

세니띠스, 떠도는 사람

바닷가의 시인

"내일이 뭐지, 안나?"

그리스의 테살로니키(Thessaloniki) 바닷가에 사는 남자가 묻자 그의 아내는 이렇게 대답했다.

"영원과 하루."

나는, 오늘의 다음날이 '내일'이라 생각했다. 내일이 어떻게 '영원과 하루'일까? 내일은 영원이자 하루란 말인가? 하긴 오늘이 가면 내일이 오지만 그다음에 모레가 안 올 수도 있다. 내일은 마지막 하루가 될 수도 있다.

내일은 무엇인가 하는 의문을 품고, 테살로니키의 바닷가를 걷는다. 해변을 따라 산책로가 널찍하다. 테살로니키의 바다는 안개 낀 듯 몽롱하고, 수평선은 흐릿하며 아침 공기는 평화롭다. 테살로니키 콘서트홀(Thessaloniki Concert Hall)에서 아리스토텔레스 스퀘어

(Aristotelous Square)까지 4.3킬로미터의 산책로는 도로처럼 반듯하다. 한쪽은 파도가 넘실거리는 지중해, 다른 한쪽은 나무가 우거진 공원이다. 아리스토텔레스 광장이라니……. 어딘가에는 소크라테스 광장이 있을지도 모르겠다.

한 시간쯤 걸어 테살로니키 세일링 클럽, 화이트타워 앞의 알렉산더 대왕과 아리스토텔레스 상 앞을 지났다. 하늘과 바다색이 비슷하다. 바다가 좀 더 짙게 푸를 뿐.

개를 데리고 산책하는 노인을 만났다. 평생 시를 써온 시인이지만 나이가 들어 몸이 아프고, 남은 날은 길지 않다. 하지만 아직도 해야 할 일이 있다고 한다.

"죽기 전에 시를 마무리해야 해요."

세상에는 시를 마무리하는 게 인생의 숙원인 사람도 있다. 그는 평생 시에 매달렸지만 누군가는 평생 회사에 매달렸고, 누군가는 평생 여행에 매달렸다. 어떻게 살아왔건, 무엇을 이루었건 세월이 지나면 귀한 시간을 무심히 흘려보냈다고 자책한다. 사람들은 소중한 무엇인가를 잃어버리며 산다. 그마저 뒤늦게 깨닫는다. 후회하지만 돌아가기에는 시간이 너무 흘러버린 후다.

죽기 전에 시를 마무리해야 한다고요? 하지만 시가 아니면 또 다른 먼가에 매달리셨겠죠. 인생의 의미를 찾기 위해서요.

나는 노인을 바라보며 이런 생각을 했다. 그런데 마무리가 될까요?

인생의 의미를 찾을 수 있을까요?

하지만 이런 고민조차 누군가에게는 다른 세상 얘기다. 나는 불가리아 소피아에서 그리스 아테네로 가는 길에 테살로니키에 들렀지만, 누군가는 제 나라를 떠나 그리스, 마케도니아, 세르비아, 헝가리를 거쳐 독일이나 영국으로 가기 위해 이곳에 머무른다.

일고여덟 살이나 됐을까? 꾀죄죄한 노란색 잠바를 입은 금발 남자아이를 만났다. 그리스 북쪽 알바니아에서 왔다. 유럽에서 가장 고립되고 가난하다는 나라다. 난민이라고 짐작할 뿐 알바니아에서 무슨 일을 겪었는지 나는 모른다. 군인들에게 쫓기며 가까스로 국경을 넘고, 다시 두어 시간을 걸어 테살로니키에 도착했지만 인신매매를 당할 처지에 빠졌다가 시를 마무리해야 한다는 노인 덕분에 간신히 탈출했다고 짐작할 뿐이다. 알바니아 집에는 할머니가 있다고 하는데 이마저 확실하지 않다. 아이는 알바니아로 돌아갈 수도 없고, 그리스에 머물 수도 없다. 이제 어디로 가야 하나? 노인은 답답한데, 노인이 좋아한다는 시인, 솔로모스는 이렇게 노래한다.

새벽이슬 머금은 샛별,
찬란한 아침 햇살 알리네
구름 한 점 없는 하늘
모든 근심 걷어가네
어디선가 불어오는 산들바람

맑은 대기를 어루만지고
그 안쪽 속살까지 간지럽히네
아름다워라 인생은……

"잠깐, 근데 내일은 있는 거요?"
가만히 듣고만 있던 노인이 솔로모스에게 반문한다.
"왜 삶은 바란 대로 안 되죠? 왜? 병든 나는, 저 알바니아 아이는 꿈만 가진 채 너무 아프다고요."
나도 묻고 싶다. 인생은 아름답다고요? 알바니아 아이는 나무에 매 놓은 형겊을 찾지 못하면 길을 찾지 못해 죽을지도 모르는데요? 지뢰밭 사이를 지나 국경에서 만난 건 시신뿐인데요? 주변을 둘러보세요. 누가 아름다운 인생을 사나요? 불빛 때문에 아이들은 국경까지 올 수 있었는데, 국경만 넘으면 다 괜찮아질 거라 생각했는데, 천만에요, 속았어요. 다 거짓 희망이에요.
아이는 눈밭을 헤매는 작은 새 같다. 국경에서 테살로니키까지 아이가 걸어온 길은 쓸쓸하고 황량했다. 눈은 녹아 진흙 길로 변했고, 앞은 보이지 않았고, 거센 바람만이 불어왔다. 기대와 달리 그리스는 황폐하고 거칠었다. 어떤 사람들은 진흙 길을 걷는 아이들에게 다가와 위협하고, 돈을 뜯어내고, 사기를 쳤다. 한 시리아 난민은 이렇게 말했다.
"브로커가 2000유로를 주면 이스탄불에서 테살로니키까지 차로 데려다 준다고 했어요. 그다음에 두 시간 정도 걸으면 마케도니아에 도착한다고 했어요. 다섯 살 미만은 50퍼센트 할인도 해준대요. 그런데 테살로니키에 도착하자마자 그는 사라졌어요. 다른 수가 없어요. 이제 스마트폰으로 길을 찾아야 해요."

그리스 어딘가에서 지금도 벌어지는 일들이다. 유럽을 홀로 떠도는 '어린이 난민'은 17만 명 정도다. 유니세프 얘기다.

아르가디니······ 아르가디니······

테살로니키를 떠나 아테네로 왔다. 산에 올라가 파노라마처럼 펼쳐지는 아테네를 내려다본다. 산 중턱에서 바라보는 아테네는 백색이다. 아테네가 가장 아름답고 은은하게 빛나는 순간이다.

산 밑으로 내려가면 아테네는 돌변한다. 공해는 악명 높고, 관광객을 노리는 소매치기는 극성이다. 구걸하는 아이들도 심심찮게 만난다. 한번은 늦은 저녁을 먹고 있는데 불쑥 여자아이가 다가 와 손을 내민다. 테살로니키에서 본 알바니아 아이처럼 일고여덟 살이나 되었을까 싶은 금발의 아이다. 유럽에서 간혹 마주치는 꾀죄죄한 집시 아이가 아니다. 인형처럼 예쁜데다 귀티까지 흐른다. 도대체 이 아이는 어디서 왔나?

유니세프에 따르면 2013년 그리스의 아동 빈곤율은 무려 41퍼센트다. 선진 41개국 중 빈곤율 1위다. 아이 둘 중 하나는 빈곤에 시달린다. 그리스의 신은 다 어디에 있나?

영화 〈은밀한 가족〉의 면도날 같은 가족이 생각났다. "다음엔 더 즐겁게 노세." 아빠는 늙은 남자에게 딸을 팔고 이렇게 말했다. 때로 세상을 여행하는 건 낭만 아닌 세상의 비극과 마주하는 일이다.

2008년 금융위기 이후 국가 경제는 파탄 났건 말건 매일 밤 아테네의 거리는 흥청망청 유흥에, 좋게 말하면 음악에 빠져있고, 곳곳에서 감미로운 노랫소리가 울려 퍼진다. 이상한 나라에 이상한 여행자다. 아테네에서 며칠을 지내면서도 나는 아크로폴리스에 가지 않았다. 가지 않았다고 보지 않은 건 아니다. 봤다. 게스트하우스 옥상에서 매일 아침저녁으로 아크로폴리스를 올려다봤다. 산 아래에서 올려다볼 때 가장 아름다울 거라고 생각했다. 나는 아크로폴리스가 어떻게 방치되고 있을지 쉬이 짐작됐다. 거리에서 본 다른 유적들 때문이다. 도무지 관리의 흔적이란 찾아보기 힘들었다. 그저 쇠창살로 가로막고 입장료를 받을 뿐이다. 속 빈 강정 같다. 그렇다 해도 여기까지 와서 입장료가 작년에 비해 두 배가 올랐건 네 배가 올랐건 아크로폴리스에 가지 않는 사람이 얼마나 될까?

한번은 게스트하우스 옥상에서 테살로니키의 난민을 취재하고 왔다는 그리스 사진기자를 만났다. 도무지 그림이 안 나와 고생했다며 술이나 먹으러 가자고 채근한다. 사실 그는 나와 얘기 중이던 한국 여자에게 노골적인 눈길을 보내고 있었다. 난민 거주지에서는 팔기 좋은 난민 사진을 찾고, 아테네에 와서는 여자를 찾는다.

아테네에서 나흘 정도 지내고 나니 더 이상 머물 이유가 없었다. 무작정, 피레아스(Pireas) 항구로 가 터키로 가는 페리에 탔다. 고생을 사서 한다. 비행기를 타면 아테네에서 이스탄불까지 1시간 20분이 걸리는데, 나는 얼추 잡아도 24시간쯤 걸릴 바닷길을 택했다. 페리에서 하룻밤을 자야 하는데다 이름도 몰랐던 히오스 섬(Chios)에서 배편에 따라 하룻밤을 더 보내야 할 수도 있으니 비행기보다 돈도 훨씬 더 든다. 그런데 나는 배를 타고 지중해 동부와 에게 해를 가로 지르고 싶었다. 야간 페리라는 점이 아쉽지만 어차피 낮 페리는 없으니 선택의 여지란 없다. 나는 궁금했다. 에게 해 한복판은 어떤 모습일까? 칠흑같이 어두울까? 달빛이 바다 위에 떨어지면 어떤 풍경이 펼쳐질까?

내가 탄 페리 이름은 니쏘스 사모스(Nissos Samos)호. 이 배는 아테네 피레아스 항구를 밤 9시에 출발해 새벽 5시에 그리스 히오스 섬에 도착한다. 페리 바닥에 구부정하게 누워 잠을 청했고, 캄캄한 어둠 속에서 히오스 섬에 도착했다. 두어 달 전, 한국을 떠날 때는 이름조차 몰랐던 섬이다. 페리에서 내린 승객들은 이내 모두 사라졌다. 나는 갈 데가 없다. 어디로 가야 할지 몰라 공연히 인적 드문 거리를 걸었다.

휴가철이 지났기 때문일까? 에게 해에 둘러싸인 히오스 섬은 을 씨년스럽다. 바람은 차갑고, 인적 없는 거리는 황량하다. 그리스 영화 〈영원과 하루〉에서 내가 기대한 것과는 전혀 다른 그리스의 황량한 풍경을 봤는데, 히오스 섬이 꼭 영화 속의 음울한 그리스 같다. 항구 주변을 무작정 걷다 보니 난민촌이 나왔다. 바닷가 모래사장의 난민촌이다. 엉성하고 허술한 텐트가 전부다. 차가운 바닷바람을 그대로 맞아야 할 것 같은……. 나는 멀찍이 난민촌을 바라보았다. 더 이상 다가갈 수 없었다. 난민들이 나를 돈 많은 관광객으로 오해하는 건 아닐지, 그럼 무슨 일이라도 생기는 건 아닐지 두려웠다. 알바니아 아이의 노래가 떠올랐다.

낯선 곳에서 떨고 있구나
운이 좋아 그 누군가가 날 잡아주었네
내 사랑의 보람, 코폴라 무 한 송이

아이는 시를 마무리하고 싶은 노인에게 '코폴라 무(korphoula mou, 나의 작은 꽃)'란 말을 선물했다. 돈으로 사는 물건이 아니라 자기가 간직한 말을 선물했다. 시를 쓰라고, 또 노인이 잊고 사는 코폴라를 찾으라고. 히오스 섬 항구의 난민들이 그들이 원하는 곳에 도착하기만을 바랄 뿐이다. 그들을 잡아줄 코폴라를 부디 만나기를.

항구로 돌아와 스쿠터를 빌렸다. 히오스의 산을 넘나들며 섬 남단으로 달리는 동안 아르몰리아(Armolia), 피르기(Pirgi), 올림피(Olimpi), 메스타(Mesta) 등 중세마을을 지났다. 히오스 섬의 산은 헐벗은 듯 황량하지만, 작은 마을은 정겹고 예쁘다. 겉으로만 보면 믿을 수 없을만큼 몇백 년 전 모습을 그대로 간직했다.

몇몇 마을을 지나 히오스 섬 남단, 아포티카 비치(Apothyka Beach)에 이르렀다. 인적이라곤 찾아볼 수 없는 바닷가다. 산 중턱에는 올리브나무가 빼곡하다. 지난밤, 페리에서 대충 잠을 때우고, 오늘 종일 찬바람을 맞으며 스쿠터를 타고 다녔더니 뜨거운 욕조 생각이 간절하다. 피곤한 몸으로 바닷가를 서성이는데 어디선가 고양이 한 마리가 나타났다. 주저 없이 내게 다가온 녀석은 발아래서 맴돌며 몸을 비빈다. 테살로니키 거리에서 소년을 만났을 때 노인의 기분이 이랬을까? 잠시 후 항구로 돌아가려니 고양이가 걸린다. 하지만 두어 번 뒤돌아보는 것 외에 내가 할 수 있는 건 없다.

다시 얼마를 달렸을까? 내가 멈춘 곳은 히오스 섬의 산자락, 풍차가 있는 언덕이다. 그리스의 동쪽 끝이다. 파란 하늘 아래 검은 땅에서서 나는 바닷가를 물끄러미 내려다봤다. 저 아래 마을의 불빛은까마득하다. 어쩌다 보니 에게 해를 가운데 두고, 이스탄불에서 출발해 불가리아, 그리스로 한 바퀴를 돌고 있다. 바다 저편은 터키의 세스메(Çeşme)다.

나도 모르는 새 바지가 헐렁해졌다. 몸은 찌뿌둥하고, 작은 배낭마저 무겁다. 한기는 점점 더해진다. 영락없는 방랑자의 몰골이다.

나는 무엇을 찾고 있나? 산은 이내 완전히 어둠에 잠겨, 눈을 뜨고 있어도 아무것도 보이지 않았다. 저 멀리 해안을 따라 희미한 불빛만이 점점이 피어났다. 다시 저곳으로 돌아갈 수 있을까? 나는 왜 여행을 하나? 여행이 나를 이끌 뿐이라고?

"세니띠스(xenitis). 떠도는 사람이요."

알바니아 아이가 시인에게 알려준 두 번째 말은 '세니띠스'다. 고향에서 듣던 말이라고 했다. 세니띠스, 떠도는 사람……. 히오스 섬에서의 내 신세가 세니띠스 같다. 어느 순간, 하늘에 떠 있는 별빛이 눈에 들어왔다. 조금 전까지 보이지 않았던 별빛이다. 바람처럼 스쳐 간 그 순간만큼은 점이 되어 사라져도 괜찮을 것 같았다. 몸이 아프자 무작정 여행을 떠나고 싶던 테살로니키의 노인을 이해할 것 같다. 이제 돌아갈 때가 되었구나. 집을 떠나고 나서 처음 이런 생각이 들었다.

아이는 노인과 헤어질 때 울먹이며 말했다.

"아르가디니(argathini). 아르가디니……."

아이가 노인에게 마지막으로 알려준 말이다.

"너무 많이 늦었어요. 너무 늦었어요."

하지만 아이는 이렇게 말하는지도 모른다.

"너무 늦으면 안 돼요. 늦기 전에 알아야 해요. 너무 늦기 전에 돌아가야 해요."

히오스 섬 산 중턱에서 여행은 끝났다. 나는 바다를 바라보며 되뇐다.

아르가디니 아르가디니…….

🎬 그리스 테살로니키 · 아테네 · 히오스 섬 * 영원과 하루

끝없이 펼쳐진 붉은 평원 사이로 길이 곧게 뻗었을 뿐인데
끝을 알 수 없다는 게 무서우리만치 소름 끼친다.
여기 오니 한 가지 엄청난 사실을 알겠다. 지구가 둥글다.
달랑 1차선 도로 너머 끝을 알 수 없는 지평선 양 끝이 살짝 굽었다.
마치 지구가 둥글다는 걸 증명이라도 하듯.

사막의 휴가

당신은 게이야?

처음 그를 보고 6개월이 지난 후에야 겨우 물었다. 괜스레 하면 안 되는 질문은 아닌지, 무례한 질문은 아닌지 머뭇머뭇하면서…….

1994년 시드니에서 지낼 때 일이다. 스물일곱 살의 나는 '게이'라는 말조차 몰랐다. 그때 한국에 '게이'란 말이 있었을까? 동성애? 타락한 자본주의가 썩어 세기말의 징후를 보이는 거라고……. 이십 대의 나는 참 거창하게도 생각했다. 그 시절 동성애란 광주나 제주 4·3 보다도 은밀한 금기이자 터부였다. 진보적이란 운동권 진영도 마찬가지였다.

난생처음 영어를 쓰며 시드니에서 지낸 지 채 며칠이 지나지 않아 만난 친구가 프랑소와다. 오페라하우스 아트숍에서 일하는 프랑스 남자다. 그는 처음 만난 내게 이런 저런 얘기를 건넸는데, 내가 영화를 공부한다고 하는 바람에 프랑스 영화가 어떻고, 장뤼크 고다르

감독이 어떻고 하는 얘기를 영어로 하느라 진땀을 뺐다. 그때 프랑
소와는 머리를 박박 밀고 귀고리를 했다. 한국에서 귀고리 한 남자
를 볼 수 없던 시절이다. 나는 더 이상 그를 찾지 않았다.

6개월이 지났다. 동성애에 대한 편견을 좀 알게 되었다. 레즈비언
아티스트가 성 정체성을 밝히며 레즈비언에 관한 작품을 전시하는
게 나는 참 낯선데 시드니에서는 별일이 아니었다. 시드니 생활이
끝나갈 무렵, 떠날 날을 얼마 남기지 않고서야 다시 프랑소와를 만
났다. 조심스럽게 물었다.

"프랑소와…… 한 가지 물어보고 싶은데…… 음…… 프랑소와,
당신은 게이야?"

"응!"

그는 잠시의 망설임도 없이 대답한다. 나는 좀 얼떨떨했고 프랑소
와는 이렇게 덧붙였다.

"영어로 '게이(Gay)'란 말 자체가 밝고, 유쾌하고, 화사하다는 말이
잖아. '게이'는 게이들의 자부심이 담겨 있는 말이야."

이럴 수가. 세상에 나 혼자만 망상에 빠져 있었다. 6개월 만에 헛
된 망상에서 깨어나는 내게 프랑소와가 말했다.

"이틀 후에 우리 집에서 파티가 있어."

프랑스인 게이가 호스트인 파티라면 뭔가 근사한 이벤트가 아닐
까 싶었는데 작은 스튜디오, 우리 식으로 말하면 좀 큰 원룸에 일고여
덟 명이 테이블도 없이 바닥에 둘러앉아 음식을 나눠 먹는 파티였다.

프랑스 남자, 호주 여자, 일본 여자와 일본 남자, 중국 남자, 한국 남자 등이 모였다.

그때 프랑소와 집에 머물던 일본 남자와 일본 여자가 '스키야키'를 만들었고 덕분에 난생처음 '진짜' 일본 음식을 맛보았다. 일본 남자뿐만 아니라 중국인 게이 한 사람도 그의 집에서 신세를 지고 있었다. '차이니스 게이'라……. 참 낯설기만 했는데 성적 자유를 찾아 시드니로 '망명' 온 남자였다.

며칠 후 프랑소와를 따라 게이 클럽에 갔다. 작은 무대에서 화려하게 치장한 여장 남자들이 춤추고 노래하는 걸 제외하면 여느 펍 같다. 여전히 이상했다. 남자들이 왜 화장을 하고, 저렇게 요란스럽게 여자 옷을 입지? 프랑소와에게 물었다.

"재밌잖아. 그냥 재밌으라고. 별 의미는 없어."

전보다 정도는 덜하지만 나로선 여전히 낯선 세계, 낯선 사람들이었다. 그가 말했다.

"혹시 〈프리실라(Priscilla)〉라는 영화 봤어? 한국으로 돌아가기 전에 꼭 한번 봐. 두 명의 '드래그 퍼포머'와 한 명의 트랜스젠더가 나오는 영화야."

드래그 퍼모퍼, 트랜스젠더가 무슨 말인가 했다. '드래그 퍼포머(drag performer)'는 여장을 하고 춤추는 남자다. 반대로 남자 옷을 입고 춤추는 여자도 드래그 퍼포머다. 다른 말로 드래그 퀸(drag queen), 드래그 킹(drag king)이라고 한다. 그러니까 〈프리실라〉에는 두 명의 여장 남자 퍼포머(성적으로 남성) 틱과 아담, 그리고 한 명의 트랜스 젠더(성적으로 여성) 버나뎃이 등장한다. 세 사람은 연보라색 스쿨버스를 타고 오스트레일리아 대륙의 한가운데 '앨리스스프링스(Alice Springs)'라는 사막의 오지로 '드래그 쇼(drag show)'를 하러 간다. 〈프리실라〉는 그 길 위에서 벌어지는 이야기다.

아웃백, 텅 빈 공간

영화 〈프리실라〉에서 본 오스트레일리아 사막은 너무나 강렬했다. 그 아름다움에 반해 오랫동안 그려온 여정이다. 사막의 휴가다. 〈프리실라〉의 여정을 따라 사막의 도시, 브로큰힐(Broken Hill)에서 쿠버페디(Coober Pedy)를 거쳐 앨리스스프링스로 간다, 라고 하면 말은 간단하지만 실은 간단치 않다. 〈프리실라〉에서 수다쟁이 아담이 한 말이 생각났다.

"비행기 탈 걸 그랬어. 대체 여기가 어디야?!"

끝없이 펼쳐진 붉은 평원 사이로 길이 곧게 뻗었을 뿐인데 끝을 알 수 없다는 게 무서우리만치 소름 끼친다. 여기 오니 한 가지 엄청난 사실을 알겠다. 지구가 둥글다. 달랑 1차선 도로 너머 끝을 알 수 없는 지평선 양 끝이 살짝 굽었다. 마치 지구가 둥글다는 걸 증명이라도 하듯. 오스트레일리아 원주민들은 마젤란보다 훨씬 빨리 지구가 둥글다는 걸 알아챘을 것이다.

시드니에서 앨리스스프링스까지는 대략 2773킬로미터다. 하루에 400킬로씩 달려도 일주일이 걸린다. 파란 하늘에 새하얀 구름이 둥둥 떠 있는 광대한 평원 또는 사막을 가로지르며 여행하다 보면 광대하고 무궁한 공간에 질려버린다. 그럴 수밖에 없다. 세계에서 가장 큰 섬이자 가장 작은 대륙인 오스트레일리아 면적은 남한의 77배이고, 해안선을 쭉 이으면 대략 2만 킬로미터에 달한다. 게다가 거칠고 쓸쓸하다. 휑뎅그렁하다는 말처럼 텅 빈 채 넓기만 한 곳에서 몇 시간을 홀로 달리다 맞은편에서 차라도 한 대 나타나면, 나도 상대방도 창밖으로 얼굴을 내밀고 반갑게 손을 흔든다. 참 단조롭고, 참 붉은 오스트레일리아 사막의 작은 이벤트다.

쿠버페디는 광산도시다. 여름철 기온은 40도가 넘어간다. 주민들은 무더위를 피하기 위해 더그아웃(dugout)이라 불리는 지하주택에서 산다. 호텔도, 슈퍼마켓도, 펍, 교회, 책방, 심지어 골프장도 지하에 있다. 겨울에도 햇살이 따가울 지경이니 본격적인 여름에는 어떨까 생각해보면, 그나마 지하생활이 얼마나 다행인지 모르겠다. 호텔에 가보면 바닥은 타일이지만 벽이나 천정은 동굴 같다. 지하 굴속에 침실이 있고 주방이 있는 식이다. 모든 일은 지하에서 이루어진다. 자연히 건물은 납작하다. 어느 영화에서는 우주선이 등장하는 장면을 여기서 촬영했다. 쿠버페디 인근에 70개 광산이 있는데 전 세계 40여

개국 사람이 일한다. 사막 한가운데 있는 글로벌 타운이다. 〈프리실라〉에서는 "땅 밑에서 일하는 거친 남자들"이 사는 동네이니 조심하라고 했는데 의외로 거리는 적막하다.

쿠퍼페디를 뒤로 하고 다시 길을 나선다. 붉은 모래사막은 수백 킬로미터를 달려도 끝이 없다. 그저 달릴 뿐 아무 생각도 들지 않는다. 단순히 광활하다, 웅장하다거나 하는 말로는 설명할 수 없는 한계지점 같은 곳, 그곳에는 말 그대로 어떤 인적조차 없는 '텅 빈 공간'이 존재한다. 흔히 '아웃백(outback)'이라 불리는 곳이다. 우리에게 스테이크 하우스로 익숙하지만 사실 '아웃백'은 오스트레일리아 내륙의 미개척지를 말한다. 아웃백에는 정말 아무것도 없다.

살이 탈 것 같은 열기 속에 파리 떼가 시도 때도 없이 달려드니, 아웃백을 여행하면 선글라스를 쓰고 복면을 할 수밖에 없다. 인터넷은 고사하고 전화조차 안 된다. 나는 붉은 모래사막을 달리며 파리 떼에 시달렸지만 〈프리실라〉의 주인공들은 도시와는 또 다른 시골 사람들의 앙칼지고 모진 편견에 부닥치며 여정을 이어간다. 버스 지붕에 커다란 하이힐을 싣고 버스보다 긴 자줏빛 천을 휘날리며 사막을 달려간다.

쿠퍼페디에서 앨리스스프링스까지는 대략 687킬로미터, 아직 멀었다. 앨리스스프링스는 흔히 '오스트레일리아의 중심'으로 여겨진다. 오스트레일리아 대륙을 가로지르며 여행하다 보면 500킬로미터 정도는 별거 아닌 거리처럼 느껴진다. 노던 테리토리(Northern Territory)의 아웃백 제한속도는 130킬로미터이지만 사실 오가는 차 한 대 보이지 않으니 130이건 200이건 무슨 의미가 있는진 모르겠다. 울룰루(Uluru)를 지나면 킹스캐넌(Kings Canyon)이다. 와타르카 내셔널 파크(Watarrka National Park)에 있는 붉은 절벽이다. 수다쟁이 아담은 이렇게 말했다.

"어릴 때부터 꿈이었어. 노던 테리토리를 달려 화려하고 우아한 차림으로 킹스캐넌에 오를 거야. 왕관을 쓰고 마치 사막의 여왕처럼."

〈프리실라〉를 따라 사막을 달리다 보니 오래전 난생처음 오스트레일리아 대륙을 달렸던 기억이 떠오른다.

웰 컴 투 오 지 월 드

"준, 멜버른 안 갈래? 열흘 예정이야. 크리스마스 여행."

시드니에서 지내던 어느 날, 카트리나와 마이클이 물었다. 내 인생 최초의 외국 친구들이다. 두 사람 덕분에 시드니의 기억은 지금까지도 특별하다. 두 사람의 계획은 이랬다.

"크리스마스에 시드니를 떠나 멜버른을 거쳐 오스트레일리아 남동부 해안의 '그레이트 오션 로드'까지 달리는 거야."

무더운 여름날, 크리스마스 여행은 시작됐다. 그때까지 한 도시에서 다른 도시로 갈 때 내 경험은 한국에 국한됐다. 차로 멀리 간다고 해야 서울에서 부산, 또는 서울에서 목포 가는 정도가 전부였다. 시드니에서 멜버른 가는 길은 전혀 달랐다. 인터넷이란 상상조차 못 했던 시절이었고, 내가 가진 건 종이지도가 전부였다. 지도를 펴면 시드니와 멜버른은 새끼손톱 길이보다 가까웠는데 막상 차를 타고 나선 길은 멀고 멀었다. 달리고 달려도 오로지 광활하고 메마른 들판뿐이었다. 한국 어디서나 볼 수 있는 동네 뒷산 하나 여기 갖다 놓으면 내셔널 파크가 되지 않으려나? 실없이 엉뚱한 생각을 하는데 마침내 펍 하나가 나타났다. 간판에는 큰 글씨로 이렇게 쓰여 있다.

"웰컴 투 오지 월드(Welcome to Aussie World!)"

여행 4일째, 멜버른에서 서쪽으로 200킬로미터 떨어진 '아폴로 베이 유스호스텔(Apollo Bay YHA)'에서 아침을 맞았다. 호스텔 앞으로는 바다가 넘실거리고, 뒤로는 푸른 언덕이 펼쳐졌다. 문득 '알프스 소녀 하이디'가 생각날 만큼 예쁜 곳인데 정작 몸은 안 좋았다. 전날 종일 비가 내린 탓에 좀 추웠는데 아니나 다를까 몸살이라도 걸린 듯 찌뿌둥하다. 게다가 술 먹고 소란 떠는 몇몇 '오지(Aussie)'들 탓에 잠까지 설쳤는데도 추위 탓인지 이른 아침 눈을 떴다. 난롯가에는 이미 나 같은 처지의 여행자 서너 명이 모여 있었다. 그중 한 사람이 일본인 '타쿠야'였다. 스물두 살 나이답지 않게 키는 작고 몸은 왜소했다. 그가 아무렇지도 않게 말했다.

"자전거로 오스트레일리아를 횡단하고 있어요."

그는 오스트레일리아 서부의 퍼스에서 아폴로 베이까지 4개월 동안 사막을 가로질러 왔다고, 태연하게 말했다. 맙소사! 그가 달리는 길은 '인디언 퍼시픽'이란 열차가 달리는 구간이다. 말 그대로 인도양에 접한 서부 퍼스에서 태평양에 접한 동부 시드니까지다. 인도양에서 출발해 태평양에 도착한다는 장장 4355킬로미터의 구간이며, 기차가 3박 4일 65시간 동안 쉬지 않고 달려야 닿을 수 있는 거리다. 이 구간 중 대륙의 남서부 쪽에 '눌레버(Nullarbor) 평원'이란 곳이 있는데 여기서는 기차가 6시간 동안 480킬로미터의 직선구간을 달리는 것으로 유명하다.

"달릴만 했어요. 사막을 달릴 때는 좀 힘들었지만."

타쿠야는 담담하게 말했고, 나는 그의 여행 스케일에 질렸는데, 그의 이어진 말은 나를 더욱 주눅이 들게 만들었다.

"일본에서 이런 여행은 특별하지 않아요."

2017년 아닌 1994년의 일이다. 한국에서 누구나 여권을 만들 수 있게 된 지 겨우 5년이 지났을 때이고, 다른 나라를 여행하면 늘, 매번 "일본 사람이죠?" 하는 소리를 들을 때다. 외국에서 한국과 일본은 아주 다르게 여겨진다는 걸 처음 알았다.

다음날, 멜버른으로 돌아가는 차 안에서 다시 타쿠야를 만났다. 가는 방법은 달라도 우리 모두 1100킬로미터 떨어진 시드니로 향하는 길이다.

"메리 크리스마스, 타쿠야~!"

나는 차창 밖으로 소리를 질러 인사했고 그는 손을 흔들며 웃었다. 믿을 수 없지만 타쿠야를 우연히 다시 만난 건 두 달 후 시드니 타워에서다. 우리와 헤어지고, 그는 두 달 동안 시드니를 향해 달려왔다. 결국 서부의 퍼스에서 동부의 시드니까지 오는 데 6개월이 걸렸다. 비행기를 탔으면 6개월이 아니라 네 시간이 걸린다. 그가 왜 자전거를 선택했는지 난 모른다. 그때는 그저 나와 비교되는 여행 스케일에 소스라칠 만큼 놀랐다. 스물두 살의 모험심이었을까? 아무리 생각해봐도 그는 뭔가에 진하게 매달렸다. 세월이 흘러 타쿠야는 이제 마흔다섯이 되었다. 그는 6개월의 시간을 어떻게 기억할까? 한 가지는 알겠다. 내가 한여름의 크리스마스 여행을 잊지 못하듯, 〈프리실라〉 주인공들의 대륙횡단 버스여행이 그러했듯, 그 또한 6개월의 자전거 여행을 인생 최고의 휴가로 간직하고 있지 않을까?

나는 이제야 자전거 여행을 꿈꾼다. 3년 전 여행용 자전거를 샀지만 이제껏 3천 킬로미터밖에 달리지 못했다. 여기에 천 킬로미터 정도를 더해야 타쿠야가 달렸던 거리다. 그처럼 언젠가 인디언 퍼시픽 구간을 달리고 싶다.

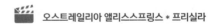 오스트레일리아 앨리스스프링스 * 프리실라

세상의 끝, 혹은 시작

탄자니아 커피는 견고한 커피다.
기름이 잘잘 흐를 만큼 프렌치 로스트 레벨까지 볶아도 맛이 흔들리지 않는다.
나이를 먹으면 사는 게 좀 쉬워질 줄 알았다. 웬걸, 어림도 없다.

끝까지 가보고 싶어서요

요다카 커피집

요다카는 새 이름이다. 우리말로는 쏙독새, 그러니 요다카 커피집은 '쏙독새' 커피집이다. 일본의 북알프스 너머 어딘가에 있다. 장대한 산맥을 넘어야만 다다르는 한산한 바닷가에 있다. 도쿄 사람들이 보면 높은 산과 바다 사이에 끼어 있어 외부와 완전히 단절될 수밖에 없는 변방 중의 변방이다. 사람들은 그곳을 노토 반도(能登半島)라고 부른다. 이시카와 현 북단, 오른쪽으로 휜 뿔처럼 보이는 땅이다. 반도의 남북 간 직선거리만 100킬로미터에 달하니 도쿄 사람들이 이곳을 일본 땅의 마지막으로 여기는 것도 무리는 아니다.

일본 중북부 호코리쿠 지방의 토야마 공항에서 여정을 시작해 노토 반도 스즈(珠洲) 시까지 가보려 한다. 우리나라 동해를 마주 보는 곳인데 공항에서 차로 2시간 40분쯤 걸린다. 거리는 160킬로미터에 불과한데 길이 고불고불한 탓이다. 스즈는 노토 반도를 일주하는

249번 해안 도로 끝에 있다. 요다카 커피집은 스즈 가는 길, 어딘가에 있다. 바닷가 축대에 지은 작은 집이다.

"어서 오세요."

카페 안으로 들어서자 여자가 조용히 인사를 건넨다. 손님이 뜻밖이란 표정이다. 손님은 한 사람도 없다. 커피집은 맞는데 카페라기보다 로스팅 가게에 가깝다. 커다란 커피 로스터 아래 10킬로그램짜리 탄자니아 생두 포대가 놓여 있다. 그녀는 커피를 볶고 있다. 부드럽고 순한 얼굴이지만 언뜻 얼굴에 그늘이 진다. 테이블은 달랑 하나뿐이고, 옆에는 낡은 천소파가 있다. 요다카라는 이름답게 쏙독새를 그려놓은 작은 액자가 벽에 걸려 있다. 명색이 커피집에 음악조차 없다. 들리는 건 오직 파도치는 소리뿐이다.

바다가 보이는 창문 앞 테이블에 앉았다. 이 외진 데까지 외국인이 찾아왔으니 어디서 왔느냐 물을 법도 한데 그녀는 아무 말이 없다. 창밖을 내다보니 많지는 않아도 쓰레기가 듬성듬성 보인다. 일본에서 쓰레기를 보다니……. 태풍 때문인가? 고개를 돌려 창 저편에서 출렁거리는 파도를 보자니 요다카는 바다에 떠 있는 커피집 같다.

그녀가 바로 앞에서 커피를 내린다. 뜨거운 물이 커피 위로 떨어지는 순간 커피는 풍선처럼 부풀어 오른다. 천천히, 천천히, 안에서 밖으로 원을 그리듯 물을 붓다 멈춘다. 다시 가늘게 물을 붓고 멈추고, 다시 가늘게 원을 그리듯 천천히 가늘게 물을 붓고, 멈춘다. 향미가 주변에 피어오른다.

"탄자니아 커피예요."

탄자니아? 아프리카 동부, 인도양에 면한 나라다. 탄자니아 커피는 달콤 시큼한 이르가체페나 톡 쏘는 쓴맛과 신맛이 겹친다는 케냐 커피에 비해 잘 알려지진 않았다. 내 기억에는 좀 묵직한 커피다.

헤밍웨이의 단편 「킬리만자로의 눈」이 떠올랐다. 그는 케냐에 머물며 「킬리만자로의 눈」을 썼는데 커피만은 탄자니아를 고집했다. 요즘도 탄자니아 커피는 종종 '헤밍웨이가 즐긴 커피'라는 식으로 사람을 유인한다. 탄자니아 커피의 또 다른 이름은 '킬리만자로 커피'다. 탄자니아 커피가 주로 재배되는 곳 중 하나가 킬리만자로이기 때문이다. 그중에서도 킬리만자로 경사지에 있는 농장이 유명하다. 지금 마시는 커피도 킬리만자로의 화산지대 경사지나 탄자니아와 케냐 국경 인근의 모시(Moshi)나 아루샤(Arusha) 농장 같은 곳에서 자란 커피일지 모른다.

킬리만자로 커피라……. 이름만으로 짜릿한 커피가 아닌가? 하는 생각이 들지만 킬리만자로의 높이는 5895킬로미터 정도. 사실 아프리카라는 거대한 대륙의 최고봉이라고 하기에는 높지 않다. 일본의 변방에서 탄자니아 커피 한 잔 마시면서 나는 엉뚱하게 아프리카의 킬리만자로와 헤밍웨이를 그린다. 그런데 왜 하필 요다카일까? 그녀에게 물었다.

"쏙독새는 벌레를 잡아먹고 살아요. 하지만 자기는 매에게 먹힐 운명이죠. 이런 운명이 싫어 쏙독쏙독 울었어요. 결국 쏙독새는 죽을 때까지 하늘로 날아올라 별이 돼요. 사람들은 아무것도 모른 채 별은 그저 아름답다고 해요. 나도 하늘의 별이 되고 싶긴 해요. 단, 살아서요. 나는 커피를 오래 마시고 싶거든요."

그녀가 어떻게 여기까지 왔는지는 묻지 않았다. 낯선 이에게 이렇게라도 마음을 열어주어 고맙다. 그러고 보니 탄자니아 커피는 견고한 커피다. 기름이 잘잘 흐를 만큼 프렌치 로스트 레벨까지 볶아도 맛이 흔들리지 않는다. 나이를 먹으면 사는 게 좀 쉬워질 줄 알았다. 잘 사는 건 고사하고 흔들리지는 않을 줄 알았는데 웬걸, 어림도 없다. 이런 기대를 하는 건 나뿐만이 아닌가 보다.

"인생의 중반에서 길을 잃고 어두운 숲 속을 헤매었네."

단테의 『신곡』에 나오는 한 구절이다.

"더 이상 이렇게 살 수는 없다고 중년의 흙바닥 위에 엎드려 물고기같이 울었다."

마종기의 시, 「낚시」의 한 구절이다.

마음 편히 푹 쉴 틈이 점점 줄어드니 물고기같이 우는 정도는 아니어도 한숨이 깊어진다.

요다카 커피집 창 너머 하늘에 옅은 핑크색 석양이 깔리기 시작한다. 요다카 건너편 야마사키 민박집에서 3천 엔으로 하룻밤을 지낸다. 다다미 여섯 장이 깔린 작은 방에서 바다를 망연히 바라본다. 어둠이 내리자 하늘도 바다도 새까맣게 변해간다. 세상에는 단 한 가지, 파도치는 소리뿐이다. 무슨 일이 생겨도 경찰차가 오는 데 30분은 걸린다는 곳, 어두운 바다는 아슬아슬하다. 요다카 커피집에서 새 나오는 불빛이 아니라면, 요다카 커피집의 작은 가로등이 아니라면, 세상은 칠흑 같은 어둠에 휩싸이겠다. 나도 모르는 새 어딘가 아주 외딴곳에 와버렸다. 요다카 커피집이 있어 다행이다. 불현듯이, 어딘가 '끝'을 찾아갔던 일이 떠오른다.

일본의 남쪽 끝에서 온 여자

세상의 끝을 찾는 정도는 아니어도 한번은 일본 열도의 끝은 가보고 싶었다. 왜 그럴 때가 있잖은가? 끝을 봐야만 할 것 같은 기분이 들 때 말이다. 일본 열도의 북쪽 끝에 '키타하마(北浜駅)'라는 곳이 있다. 러시아의 오호츠크 해를 마주 보는 바닷가다. 짐짓 거창하게 말하면, 일본 열도의 끝을 찾아 나설 참이다. 같이 안 갈래? 도쿄의 친구에게 연락을 했다. 대답은 간단했다.

"이 겨울에 키타하마에 간다고? 제정신이야? 거기 사무이(추워)! 사무이(추워)!"

동행은 포기하고, 도쿄에서 기차를 타고 이틀에 걸쳐 활 모양의 일본 열도를 따라 북으로 올라왔다. 홋카이도 북방 바다의 입구인 '시레토코샤리역'을 지나자 기차는 바다를 끼고 달린다. 말로만 듣던 오호츠크 해가 눈앞에 나타났다. 사할린, 시베리아, 캄차카 반도와 일본 사이에 있는 바다다. 마침내 일본 북단에 이르렀다. 시레토코샤리역을 떠난 지 20분쯤 지나 키타하마역에 도착했다.

바닷가에 면한 간이역이다. 하나, 둘, 셋……. 나까지 다섯 사람이 기차에서 내렸다. 플랫폼에 나무로 지은 나지막한 전망대가 있다. 계단을 오르니 눈 덮인 들판과 바다가 펼쳐진다. 바다 위에 군데군데 하얀 눈으로 길을 낸 것 같다. 아름답지만 쓸쓸하고 삭막한 풍경이다. 잠시 후 키타하마역에 정차했던 기차가 플랫폼을 떠나려고 할 때 조금 전 나와 함께 내린 세 남자는 다시 기차에 올랐다. 기차는 떠나고 이제 나와 한 여자만 남았다.

전망대를 오르내리며 사진을 찍는 그녀에게 어디서 왔느냐고 물었다.

"오키나와 알아요?."

뜻밖이다. 그녀는 겨울에도 따뜻한 일본의 남쪽 끝에서 사무치게 추운 일본의 북쪽 끝에 왔다. 얼추 잡아도 장장 2400킬로미터 떨어진 곳이다. 이런 한기가 익숙하지 않을 텐데 그녀는 아무 내색을 하지 않는다. 그녀가 전망대에 기대 안개에 휘감긴 북방의 바다를 바라보며 말을 잇는다.

"류~호우."

류~호우? 무슨 말인가 했다.

"오호츠크 저편에서 떠내려온 거예요."

그제야 짙은 안갯속에 가려 있던 하얀 얼음 덩어리가 눈에 들어왔다. 말로만 들었던 유빙이다. 류~호우(流氷)는 유빙이다. 놀랐다. 저게 사할린 또는 캄차카 반도에서부터 여기까지 흘러 왔다고? 꽁꽁 얼었던 바다가 녹아 생긴 유빙은 짙고 푸르다. 점점이 떠 있는 수많은 유빙 조각은 황량하고 차가우며 고요하다. 이런 풍경을 보러 난

여기까지 왔을까? 마침내 일본 북단에 다다랐구나 하고 안심하는대
신 더 이상은 갈 곳이 없어 막막하다. 오키나와에서 온 그녀도 나와
비슷한 생각을 했을까? 어떻게 여기까지 왔느냐는 말에 그녀는 이렇
게 말했다.

"끝까지 가보고 싶어서요."

그녀는 이내 다시 말을 잇는다.

"끝까지 가본 적이 없어서요. 일이건 연애건……."

끝까지……? 난 어떤가? 생각이 잘 나지 않는다. 누군가는 끝까지
가본다면서 고작 키타야마냐고 하겠지만 어딘가에 있을 극단의 종

착지를 찾는 건 순간이라도 소멸을 경험하는 작은 의식 같다. 내가 있는 곳은 키타야마라는 간이역인데, 나와 그녀라는 두 개의 점을 제외하면 온통 새하얗다. 너무 하얗고 너무 고독한 세상이다.

그이 또한 그랬을까? 경비행기를 타고 탄자니아 상공을 날던 헤밍웨이가 떠올랐다. 그에게 만년설이 쌓인 킬리만자로는 극단의 종착지, 죽음 같았을까? 그는 「킬리만자로의 눈」에 이렇게 썼다.

'눈앞에는 세상처럼 웅장하고, 높고, 햇빛 아래에서 믿기지 않을 정도로 새하얀 킬리만자로의 평평한 정상이 보였다. 그 순간 해리는 그곳이 바로 자신이 갈 곳임을 깨달았다.'

탄자니아 고원을 날아가는 경비행기에서 킬리만자로를 죽음으로 바라본 헤밍웨이는 아프리카 여행을 마치고 몇 년 지나지 않아 스스로 생을 마쳤다. 헤밍웨이는 인간이 고통에서 벗어날 수 있는 유일한 길을 죽음이라 말했을까? 그는 돌아오지 않았다.

꽁꽁 얼어붙은 듯한 키타하마역에서 한동안 시간이 고요하게 흘렀다. 우리는 다음 기차에 다시 몸을 실었다.

"여름에 녹음이 질 때 다시 한 번 오면 좋겠어요. 그때 바다는 찬란하게 푸르겠죠."

말을 마친 그녀는 이내 무릎 위에 올려놓은 노란 배낭에 얼굴을 기대고 눈을 감는다. 일본의 북쪽 끝을 찾아온 한국 남자 옆에서, 뜨개질로 만든 모자를 바싹 감아 손에 쥔 채, 일본의 남쪽 끝에서 온 일본 여자가 잠을 잔다. 겨울철 홋카이도에서는 네 시만 넘으면 해가 진다. 열도의 끝에 점점 더 다다르고 있다. 그 끝에서 무엇을 더 보게 될지는 알 수 없다. 우리가 내릴 아바시리역(網走駅)이 점점 가까워진다. 뜨거운 커피 생각이 간절하다.

 일본 이시카와 현 노토 반도 * 세상의 끝에서 커피 한 잔

여자와 함께 여기까지 오기 위해 모든 걸 다 버리고, 목숨을 걸어야 했던 남자는
헛된 꿈을 꾼 것일까? 두 사람은 매 순간 열심히 살았고 어제까지 사랑했으나
오늘은 헤어져야 한다고 생각한다. 사랑은 하루 사이 과거가 되었고, 이내 잊힐 것이다.

여기 머무는 건 어때요?

리스본 또는 리스보아

어느 도시의 여정은 좁고 거미줄처럼 얽힌 골목길에서 출발한다. 돌을 네모나게 쪼개 모자이크하듯 바닥에 깔았다. 낡았지만 멋스럽다. 좁고 비탈진 골목으로 오르면 평지가 나오고, 평지에서 다시 좁은 골목으로 들어서면 비탈이다. 때로는 분홍꽃나무를 지나고, 때로는 애잔한 노랫소리가 흘러나오는 하얀 집을 지난다. 고소한 냄새를 풍기며 생선 굽는 식당도 있다. 할아버지는 벤치에 앉아 손을 지팡이에 기댄 채 낮잠을 자고, 이층 창가에 서 있던 할머니는 나와 눈이 마주치자 가만히 웃는다. 할머니는 난간에 기댄 채 옆집 할아버지와 얘기 중이다. 할머니네 문은 하얀 레이스 뜨개로 장식했다. 빨래는 창밖으로 널고, 화분들은 담벼락에 옹기종기 모았다. 현관을 칠한 색은 제각각 다르다. 분홍색, 파란색, 빨간색, 노란색, 흰색…… 색의 향연 같다.

골목 사람들에게는 별거 아닐 풍경이 나를 사로잡는다. 사랑스러운 그림책 같은 골목이다. 벽뿐만 아니라 길바닥도 종종 색색의 타일로 장식했다. 이곳의 독특한 타일 장식인 '아줄레주(Azulejo)'다. '작고 아름다운 돌'이란 의미의 아라비아어가 아줄레주다. 어느 집은 벽 전부를 푸른 아줄레주로 장식했다. 이곳에선 그라피티마저 아이들의 그림책 같다. 유럽 어느 도시에서도 보지 못했던 예쁜 그라피티다.

형형색색의 아줄레주 공방 골목을 오를수록 지나온 시간을 살피듯 자꾸 뒤를 돌아본다. 전혀 모르는 이들이 어떤 결로 살고 있는지 전해진다. 무작정 걷기만 해도, 길을 잘못 들어도 좋다. 서울에서 잊고 사는 뭔가를 이곳은 고이 간직했다. 어느 골목 안 18번지와 20번지, 두 집 사이에는 할머니의 흑백사진이 걸려 있고 밑에는 이렇게 쓰여 있다.

Dona Egilda, 2009년

이 할머니가 여기 살았구나. 아니, 여전히 이 집에 살고 있겠구나. 때로는 사진 한 장이 한 사람의 인생을 말해준다. 원피스가 유난히 허름하다. 일흔은 훌쩍 넘겼을 할머니, 그녀의 청춘이 어땠을까 짐작해본다.

"열심히 살았는데 세월이 지나도 형편은 나아지지 않았어요. 내가 입은 원피스를 보면 짐작이 좀 되죠? 안락한 인생은 아니었는데 그래도 꿋꿋하게 살았죠."

사진이 한 장 더 있다. 안토니아(Antonia). 할머니의 남편 같다. 사진 속의 그는 구부정하게 창문 아래쪽으로 몸을 내민다. 할머니에게 다 양보하고 살았을 것처럼 순한 인상이다.

문 옆에 걸린 흑백사진은 이 집뿐만이 아니다. 골목에 살았던 이들의 인생을 동네 사람뿐만 아니라 우연히 이곳을 지나는 여행자도 돌이켜 생각한다. 사진으로 된 문패는 처음 봤다. 사진뿐만이 아니다. 어느 집은 직접 그리고 쓴 문패를 내걸었다.

'Casa da Lucia(루시아의 집)'

파란색 타일에 노란색 바탕을 만들고 써놓은 푸른 글자가 참 예쁘다. 이제껏 여러 도시를 여행하는 동안 내가 무엇을 보고 싶어 했는지 분명히 알게 해주는 곳이다. 이런 풍경이 늘 그리웠다.

알파마 지구의 골목을 무작정 걷다 보니 한눈에 도시가 내려다보이는 곳에 이르렀다. 문득 바다 같은 테주(Rio Tajo) 강이 내려다보인다. 포르타스 두 솔(Portas Do Sol) 전망대다.

하늘은 잿빛인데 어두운 구름 아래 빨갛고 하얀 집들은 환하게 빛난다. 그 너머 짙은 바다처럼 드넓은 강에서는 유유히 흘러가는 크루즈 선박이 보인다. 수평선에 기다란 구름이 낮게 깔렸다. 이베리아반도의 작은 항구도시의 오래된 찬란함에 가슴이 떨린다.

때로는 황금빛 바다, 때로는 에메랄드빛 바다에 둘러싸인 일곱 개의 언덕에 자리 잡은 도시, 여기는 리스본이다. 포르투갈어로는 '리스보아(Lisboa)', 이곳의 골목은 인생이란 수수께끼 같다.

다리가 아프면 트램을 타고 나무의자에 앉아 다시 골목 탐험을 이어간다. 28번 노란색 트램은 리스본의 동서를 가로지른다. 리스본을 한 가지 컬러로 말한다면 빛바랜 노란색이다. 바로 28번 트램의 노란색이다.

명색이 전차가 도로뿐만 아니라 좁은 골목길마저 오간다. 때로 트램이 다니는 골목에서 벽과 트램 사이 거리는 내 팔보다도 짧다. 고불고불한 골목 안 철로 옆에 주차된 차가 있어도 신통하리만치 잘 피해 다닌다. 찌릉찌릉~ 트램 경적 소리는 자전거 벨 소리 같다.

굴곡 있는 리스본 거리를 달리는 트램이나 납작돌 사이에서 자라는 오렌지 나무, 포도나무는 한 장의 그림엽서 같다.

어둠이 완전히 내리면 다시 골목길을 걸어 언덕에 오른다. 바다 같은 강과 하늘을 가르는 경계에 희미하지만 빛의 길이 났다. 거리 바닥의 납작돌은 푸르게 빛난다. 난간에 바짝 붙은 테이블에 앉아 어둠 속에 잠긴 도시를 바라보며 맥주를 마신다. 오랫동안 노란 불빛과 푸른 납작돌을 잊지 못할 것 같다.

내게는 잊지 못할 도시이지만 유럽 서남부의 끝자락에 위치한 항구도시, 리스본은 종종 변방 취급을 받는다. '대항해 시대'라 일컫는 한 시절, 세계 최대의 영토를 가졌다느니 하는 말은 이제 완연한 과거가 되었고, 포르투갈 영토는 몇십 분의 일쯤으로 줄었다. 유럽 일주를 한다 해도 스페인을 지나 포르투갈까지 오는 이는 많지 않다.

파리에 가면 에펠탑을 보러 가고, 런던에 가면 빅 벤을 보러 간다. 리스본은? 리스본에 가면…… 어디에 가야 할지 딱히 떠오르는 곳이 없다. 100년쯤 된 엘리베이터가 리스본의 명소 중 하나로 종종 회자되는데 그때 빠지지 않는 말이 있다.

"에펠탑을 지은 에펠 제자가 만들었어요."

우연한 여행

'일탈'이란 말이 있다. 정해진 길, 영역에서 벗어난다는 말이다. 영화 〈리스본행 야간열차〉의 주인공 그레고리우스는 스위스 베른에서 살다 우연히 일탈처럼 리스본에 빠져든다. 단 한 번도 계획해보지 않은 여정이었다. 그런데 일탈(逸脫)의 한자는 뜻밖에 '편안하게 달아난다'는 말이다. 이상하다. 일탈이 과연 쉬운가?

여기 일탈을 감행한 젊은 남녀가 있다. 두 사람은 가파른 벼랑에 서 있다. 벼랑 저편은 끝을 알 수 없는 바다다. 배를 타지 않는 한 더 이상 갈 곳은 없다. '피니스테라(Finisterra)' 혹은 '피스테라(Fisterra)'로 불리는 스페인의 땅끝이다. 두 사람은 지난밤 저 남쪽의 포르투갈 리스본에서부터 밤새 북으로 600킬로미터를 달려 간신히 이곳에 도착했다.

남자가 말했다.

"우린 떠나는 거야. 아마존까지 배를 타고 우리 둘만 존재하는 세상으로. 난 거기서 책을 쓸 거야. 우리 둘만 아는 새로운 언어로 말이지."

여자는 남자 말에 반색하는 대신 이렇게 되묻는다.

"나는 뭘 하지? 그건 모두 당신이 바라는 거지. 나를 위한 게 아니야. 당신은 온 마음으로 모험을 떠나길 원하지만 난 그렇지 않아."

여자와 함께 여기까지 오기 위해 모든 걸 다 버리고, 목숨을 걸어야 했던 남자는 헛된 꿈을 꾼 것일까? 도무지 여자를 이해할 수 없다. 가장 절친한 친구마저 외면해 버린 두 사람의 격정적인 사랑은 단 몇 주 사이에 잊힐 운명이다. 하지만 두 사람은 매 순간 열심히 살았고 어제까지 사랑했으나 오늘은 헤어져야 한다고 생각한다. 사랑은 하루 사이 과거가 되었고, 이내 잊힐 것이다.

여기 또 다른 중년 남녀가 있다. 두 사람은 리스본의 오리엔테 기차역 플랫폼에 서 있다. 남자는 스위스의 집으로 돌아가는 기차에 막 오르려는 참이다.

남자가 말했다.

"이 칸이에요. 음, 5분쯤 시간이 남았군요. 여기 와보니 내가 얼마나 지루하게 살았는지 알았어요. 내가 지루하지 않다고 말해줘서 고마워요."

여자가 말했다.

"그런데 돌아가려고요? 여기 머무는 건 어때요?"

남자는 무슨 말을 할까?

젊은 남녀가 스페인의 땅끝 벼랑에 서 있을 때 남자는 지병을 앓고 있었다. 겨우 서른 초반의 나이에. 그는 노트에 이런 메모를 써놓았다.

'젊은 시절에 삶이 영원하다고 여긴다. 죽음이 우리 주위를 날아다니며 얼굴을 스치는 하늘하늘한 리본처럼 닿을 듯 말 듯 가까이 존재하는데…… 변화는 언제 찾아올 것인가. 우리의 목을 언제쯤 옥죄어 올 것인가.'

막상 죽음은 너무 빨랐다. 그는 여자와 헤어진 후 이내 세상을 떠났다. 여자 때문은 아니다. 그의 운명이 그랬다. 두 사람이 사랑을 지키기 위해 어떻게 해야 했을까 하는 질문은 소용없다. 무한한 가능성이 앞에 놓여 있고 깃털처럼 자유로운 게 청춘이라고? 두 사람에겐 그렇지 않았다. 오히려 불확실함 때문에 버거웠다.

오리엔테에서 기차를 기다리는 중년 남자 또한 기로에 섰다. 대단한 일탈은 아니어도 베른에서 리스본으로 떠난 작은 모험이 단조로웠던 그의 일생에 미세한 파열음을 내고 있다. 그는 충동적으로 리스본에 왔고, 사람을 찾아다녔고, 사람 얘기를 들었고, 우연히 손에 쥔 책을 내내 읽었다. 우연한 여행이었다. 그는 짧은 리스본 여행을 계기로 지금까지 살아온 것과 완전히 다르게 살 여지가 생겼다.

"여기 머무는 건 어때요?"

남자는 아직 대답을 하지 못했다.

"우리는 서로를 잘 몰라요. 돌아가 곰곰이 한 번 생각해볼게요."

만약 그가 이렇게 말하고 떠난다면 이 운명적인 순간은 금세 과거가 되어버릴 것이다. 세월이 흐른 후 어쩌면 부질없이 그리워할 순간으로…… 또는 겁이 많아서 그녀의 사랑을 수수방관한 순간으로.

그가 어떤 선택을 할지 나는 모른다.

꿈 같은 바람

리스본에서 마지막 여정은 '마르띠뇨 디 아르카다(Martinho da Arcada)' 카페다. 리스본의 몽상가, 시인 페르난두 페소아(Fernando António Nogueira Pessoa)가 단골로 드나들었던 카페다. 카페 한 편에는 중절모를 쓰고 타이를 한 페르난두 페소아의 그림이 걸려있다. 그의 시는 쉽게 슬픔을 극복할 수 있다고 말하지 않는다. 잘 될 거라고 말하지도 않는다. 추측이지만 여행 후 삶이 간단히 바뀔 거라고 말하지도 않을 것 같다. 몽상가인 그에게도 인생은 기쁨보다 슬픔에 가까웠을까? 그는 마흔일곱 나이에 세상을 떠났다. 리스본 중심가인 시아두역 주변 '카페 아 브라질레이라(Café a Brasileira)' 앞에서 본 그의 브론즈 상이 떠오른다. 역시 중절모를 쓰고 슈트를 입었는데 카페 손님처럼 의자에 앉아 테이블에 한쪽 팔을 기대고 있다. 왼쪽 다리는 오른쪽 무릎 위에 포개 놓은 채.

우리나라에서 유일하게 출간된 그의 책 제목은 『불안의 책』이다. 한 구절이 떠오른다.

"이상을 추구하는 사람으로서 나의 가장 큰 열망은 이 카페의 탁자와 의자를 차지하고픈 열망을 뛰어넘지 않을 것이다. 모든 것은 재를 다시 휘젓는 것처럼 헛되고 아직 새벽이 되지 않은 순간처럼 공허하다."

카페 아 브라질레이라에서 옆자리에 앉아 있던 미국 남자가 환하게 웃으며 꿈 같은 바람을 말한다.

"리스본에 도착하자마자 반했어요. 포르투갈 여자랑 결혼해 여기서 살고 싶어요."

꿈 같은 바람이다.

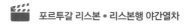 포르투갈 리스본 * 리스본행 야간열차

"눈 깜짝할 새 흐르는 게 인생이네. 타볼 텐가?" 결혼을 3개월 앞두고 시한부 인생을
선고받은 주인공 벤은 토론토에서 밴쿠버까지 오토바이를 타고 달리기로 했다.
우리 또한 결국 벤처럼 시한부 인생이다. 망설이고 싶지 않다.

로키에서 보낸 일주일

모터사이클 타볼 텐가?

"나는 모터사이클을 타고 여행을 하고 글을 씁니다. 이게 전부입니다."

이렇게 말할 수 있으면 좋겠다. 내 꿈이다.

할리 데이비드슨 광고에 이런 문구가 있다.

I'll do it someday. Monday, Tuesday, Wednesday, Thursday, Friday, Saturday, Sunday. See? There is no Someday. It's time to ride.

언젠가 할 거야. 월요일, 화요일, 수요일, 목요일, 금요일, 토요일, 일요일 끝……. 보라고. 언젠가는 없어. 지금이 달릴 때야.

좀 간지럽긴 해도 내게는 참 유혹적이다. 철이 없다고? 글쎄…….

빠라빠라밤밤~ 이렇게 요란하게 경적을 울리며 오토바이 타는 이들 때문에 사람들은 흔히 이렇게 말한다.

"그거 타면 죽어."

위험하다. 그래서 더 내 몸뚱이에 대해 생각한다. 사고 나지 않게, 다치지 않게 조심하며 달린다. 모터사이클을 타며 바람을 맞는다. 바람을 느끼고 때로 바람에 맞선다. 소중하지만 두려운 바람이다. 모터사이클이란 기계와 함께 호흡하며 마음과 몸을 통제하는 가운데 나만의 시간이 흐른다. 절대 잃고 싶지 않은 꿈이다.

"자신에게 남은 날이 단 하루, 일주일 한 달뿐이라면 무슨 일을 하겠는가? 어떤 비밀을 말하겠는가? 어떤 이들을 만나겠는가? 어떤 이에게 사랑을 고백하겠는가? 어떤 소망을 이루겠는가? 어디로 날아가 커피 한 잔을 하겠는가?"

영화 〈원 위크〉는 이런 질문으로 시작한다. 결혼을 3개월 앞두고 느닷없이 말기 암으로 시한부 인생을 선고받은 주인공 벤은 토론토에서 밴쿠버까지 오토바이를 타고 달리기로 했다. 치료는 다녀와서 받겠다.

동부 토론토에서 서부 밴쿠버까지는 4329킬로미터. 차로 달리면 42시간, 비행기를 타면 4시간 40분 걸린다. 캐나다 횡단고속도로(Trans Canada Highway). 길은 하나뿐이니 길 잃을 일은 없겠다. 달리기만 하면 되겠지. 온타리오 주, 매니토바 주, 서스캐처원 주, 앨버타 주를 지나 브리티시컬럼비아에 이른다. 북대서양에서 북태평양으로, 대양에서 대양으로 떠나는 여행이다. 나 역시 언젠가 달리고 싶은 길이다.

그가 운명처럼 만나게 된 오토바이는 노튼(Norton)의 코만도 850, 1973년 모델이다. 영국 클래식 빈티지 모터사이클인 동시에 30년 쯤 된 구닥다리 오토바이다. 몇 달 전에는 1000달러였는데 지금은 800달러다. 오토바이는 바보들이나 탄다고 생각하는 약혼녀를 둔 그에게 개러지 주인이 한마디 한다.

"눈 깜짝할 새 흐르는 게 인생이네. 타볼 텐가?"

두구두구두구두구~ 공랭(空冷 ; 공기냉각) 방식 특유의 걸걸한 진동음이 그를 순간 사로잡는다. 그러고 보니 영화 〈모터사이클 다이어리〉에서 체 게바라가 남미를 여행할 때 탔던 오토바이 '포데로사'도 노튼 500의 1939년 모델이다.

오토바이를 샀지만 어디로 갈지는 모른다. 그럼 일단 커피부터 마시자. '팀 홀튼(Tim Horton)'은 캐나다 어디서든 볼 수 있는 커피 브랜드다. 여기서 고민은 더블더블 커피로 할 것이냐, 싱글싱글 커피로 할 것이냐? 일명 '더블더블 커피'는, 설탕 둘에 크림 둘을 넣은 커피로 우리나라 믹스커피랑 비슷하다. 캐나다 사람이라면 더블더블 커피에 메이플 시럽을 얹은 캐내디언 메이플 도넛을 빼먹을 수 없다.

달콤한 더블더블 커피를 마시며 할 일이 한 가지 있다. 입술이 닿는 종이컵의 둥그런 가장자리를 펼쳐 '도넛 하나 무료' 같은 경품 당첨 여부 확인하기. 팀 홀튼이 벤에게 전한 메시지는 운명적이다.

'서쪽으로 가게, 청춘이여(GO WEST YOUNG MAN).'

벤은 환자가 되기 전에 모험을 해야겠다며 길을 나선다.

버펄로 점프 사냥법

벤이 캐나다를 동서로 가로지른다면 나는 로키를 남북으로 종단한다. 로키의 남부 워터튼 레이크에서 북부의 레이크 루이스까지 600킬로미터를 로키 산맥 따라 달린다. 아주 작은 마을인 워터튼 레이크 빌리지가 여행의 출발지다. 워터튼 호수를 사이에 두고 미국과 국경을 접하는 곳이다. 국경이라곤 하지만 울창한 원시림과 호수뿐 어떤 장벽도 없다. 겨울철 이곳 인구는 겨우 몇십 명으로 줄어든다. 5월의 어느 날, 내가 머물던 통나무 숙소 밖에는 산양이 유유히 돌아다녔다. 뭔가 비현실적이다.

워터튼 레이크 국립공원을 떠나 도착한 곳은 '헤드 스매시드 인 버펄로 점프(Head Smashed in Buffalo Jump)'다. 대평원에 있는 절벽이다. 거칠게 부는 바람에 풀이 누운 이곳에서 원주민들은 버펄로 무리를 절벽으로 몰아 떨어뜨리는 방법으로 사냥했다. '버펄로 점프'로 불리는 사냥법이다. 6천 년 이상 계속됐다고 추정되는데 어떤 학자는 6천 년이 아니라 만 년 전이라고도 주장한다. 나로선 6천 년이건 만 년이건 고대 인류의 자취가 이렇게 남아 있다는 게 놀랍다. 절벽 아래에는 수천 년 동안 쌓여온 들소 뼈들이 10미터 이상 포개져 있다.

여기서 버펄로 사냥을 구경하던 소년이 절벽 아래로 추락하면서 머리가 깨진 채 발견되었는데 이를 계기로 헤드 스매시드 인 버펄로 점프란 이름이 붙여졌다.

"161년 전 마지막 버펄로 사냥이 있었어요."

원주민 블랙풋(Blackfoot) 부족의 아가씨가 말한다.

"우리 부족 텐트에서 캠핑할 수도 있어요. 올드 맨 리버 밸리가 보이는 대평원에서요."

헤드 스매시드 인 버펄로 점프 절벽의 그림자가 드리우는 텐트에서 하룻밤을 보낸다는 상상만으로 기분이 좋아진다. 떠나기 전 그녀에게 원주민 말을 한 가지 배웠다.

"오키(안녕하세요)."

인디언 아가씨를 다시 만나면, 오키~ 인사해야지.

대평원의 절벽을 떠나 밴프로 향한다. 해발 1583미터의 밴프 타운은 로키의 동쪽 비탈면에 자리 잡았다. 로키의 심장 같은 밴프국립공원에는 140여 마리의 곰이 사는 것으로 알려졌다. 무턱대고 산으로 들어갔다간 발톱을 바짝 세운 그리즐리곰과 마주칠지도 모른다. 세계적인 관광지, 로키를 여행하기 위한 베이스캠프라고 하면 북적북적하고 세계적인 호텔이 즐비한 거리를 상상했는데 밴프 타운은 의외로 소박하다. 흔하디흔한 브랜드 호텔 하나 없다.

지난밤을 보낸 곳은 '밴프 카리부 롯지(Banff Caribou Lodge)'다. 롯지(lodge)란 이름 그대로 산장 스타일이다. 욕실의 수건걸이 위에 하얀 카리부 흉상을 걸어놓고, 통나무를 뚝뚝 베어 롯지의 안팎을 장식했다. 욕실의 비누와 샴푸는 '로키 마운틴'이란 브랜드다. 로비에는 손바닥보다 조금 큰 돌로 장식한 벽난로가 있다. 벽난로 앞에는 큼직한 통나무를 사각으로 쓱쓱 잘라 만든 테이블이 놓여 있다. 붉은 기가 도는 클래식한 산장이다.

롯지를 나와 큰 도로인 밴프 애비뉴에서 부러 한 블록을 벗어나 걸었다. 언뜻언뜻 보이는 로키 산의 모습이 아니라면 여느 캐나다의 작은 타운과 다를 바 없이 조용하고 평화롭다. 걷다 보니 밴프 기차역이 나왔다. 1885년 완공된 대륙횡단철도의 한 구간이다. 철로 끝에 로키 산이 눈부시게 하얗다. 대자연 원시림의 장엄한 풍광을 가진 밴프에서는 단지 설산을 바라보는 것만으로 가슴이 벅차다.

무작정 걷다 보니 밴프 중심가에서 좀 벗어났다 싶었을 때 마침 팀 홀튼이 나타났다. 건물 앞에 잔뜩 심은 나무 때문에 까딱했으면 지나칠 뻔했다. 여기가 어디쯤인지는 모르겠으나 〈원 위크〉의 벤처럼 일단 더블더블 커피와 캐내디언 메이플 도넛부터 먹어야겠다.

세상에서 가장 아름다운 나라에 사는군요

"당신도 영화 〈원 위크〉를 봤군요? 팀 홀튼에게 메시지를 받는 장면은 캐나다인만 이해할 수 있거든요. 그런데 안됐지만 '롤 업 더 림 (roll up the rim)' 이벤트는 2월에만 해요."

영화 속 벤처럼 종이컵 가장자리를 신중하게 밀어 올리던 나를 보고 옆자리 남자가 말을 건넨다.

"그런데 팀 홀튼이 유명한 하키 선수인 건 알아요? 하키는 우리나라 국기죠. 〈원 위크〉를 보면 마니토바에서 벤이 더위를 피해 하키 링크에 들어가 스탠리컵과 키스하는 장면이 나오잖아요. 스탠리컵은 캐나다 최고의 영예라고요. 이 장면이 빠졌으면 〈원 위크〉는 캐나다 영화가 아녜요. 사실 다른 나라 사람들은 캐나다를 잘 몰라요. 우리 같은 다이하드한 사람들만 이런 전통을 알죠."

캐나다 사람들 말에 따르면 불임 판정을 받은 여인도 북미 하키 리그 우승컵인 스탠리컵에 키스만 하면 9개월 후 사내아이를 낳게 된다고 한다.

다이하드한 건지는 모르겠지만 '드럼헬러(Drumheller)'에 도착했을 때 나는 내가 몰랐던 캐나다를 보았다. 길을 가는데 곳곳에 생뚱맞은 공룡들이 있다. 멋있지도, 무섭지도, 귀엽지도 않다. 왠지 난감했다. 삼류 놀이동산에 있을법한 공룡이라고 할까? 공룡 표정이 기막히다. 날카로운 이빨을 내보이며 입을 쩍 벌리고, 눈은 천진난만하게 동그랗게 뜨고 있는데 뭔가 어설프다. 그중 하나는 엄청나게 크다. 공룡 발톱이 사람보다 더 클 정도다. 깨끗하고 단정하기만 할 것 같은 캐나다에 이런 조악한 조형물이 있는 게 좀체 믿어지지 않았다. 알고 보니 드럼헬러는 세계적인 공룡 유적지이고, 내가 본 거대한 공룡은 드럼헬러의 마스코트라고 한다. 그런데 이런 게 뭔가 어색했던 건 나뿐만이 아니다. 캐나다 남자, 벤도 그랬다.

"나도 몰랐어요. 우리나라가 이렇게 거대한 것에 대한 열병에 빠져 있는 줄……. 나도 영화를 보고 처음 알았어요. 세계에서 가장 큰 5센트짜리 동전, 세계에서 가장 큰 하키 스틱, 세계에서 가장 큰 사향 물고기, 세계에서 가장 큰 낙타, 세상에서 가장 큰 새, 세계에서 가장 큰 티피(TeePee : 원주민의 원뿔형 천막), 세계에서 가장 큰 티라노사우루스, 세상에서 가장 큰 파이프, 의자……. 그 밖에도 많더라고요. 세계에서 가장 큰 양철 병정, 토템 폴, 코카콜라캔, 웨스턴 부츠 등등."

예쁜 풍경을 해칠 것 같은 이런 조형물만 보면 캐나다는 참 엉뚱하다. 한편, 자기 나라에 대한 자부심이 너무 강해 자랑조차 할 필요가 없으니 이런 키치스러운 거대함에 몰두하는지도 모른다. 팀 홀튼에서 만난 남자는 이렇게 말했다.

"캐나다의 풍경이야 진작 세계 최고이니 그에 대해 할 얘기는 없죠. 캐나다 사람들은 다른 나라를 여행하다가 문득문득 깨달아요. 아, 파라다이스는 우리 집 뒷마당에 있구나. 나는 앨버타에서 태어났는데 〈원 위크〉의 주인공이 가본 곳의 절반도 못 가 봤어요. 죽기 전에 꼭 다 가볼 거예요."

〈원 위크〉의 마지막 장면은 서핑 포인트인 토피노(Tofino)의 한 비치다. 북태평양을 코앞에서 마주하는 곳에서 독일인 관광객이 벤에게 말했다.

"캐나다 사람들은 세상에서 가장 아름다운 나라에 사는군요."

벤은 이렇게 대답했다.

"맞아요. 나도 알아요."

영화 〈원 위크〉는 캐나다를 향한 진솔하고 투박하면서 아름다운 러브레터다.

팀 홀튼에서 롯지로 돌아가는 길에 내 눈을 확 잡아끈 정보가 있다.

'당신을 위한 특별한 요금, 1주일 숙박은 185달러, 한 달은 600달러, 아침식사 와이파이 포함.'

'밴프 인터내셔널 호스텔' 현관에 붙어있던 메모다.

'헤드 스매시드 인 버펄로 점프'에 갔을 때 인디언 아가씨가 선물로 준 '드림 캐처(Dream Catchers)' 열쇠고리가 생각났다.

"인디언들은 동물 깃털과 구슬로 드림 캐처를 만들어요. 가운데 둥근 그물이 있죠? 좋은 꿈은 그물 사이로 미끄러져 오게 하고, 나쁜 꿈은 그물로 막아준다는 물건이에요."

스탠리컵에 키스할 수는 없으니 드림 캐처를 손에 쥐고 되뇌어 볼지도 모르겠다. 언젠가 밴프에 다시 오고 싶다고. '프레리(prairies)'라 불리는 대평원에서 협곡을 바라보며 말을 타고 싶다고. 나 또한 결국

벤처럼 시한부 인생이다. 망설이고 싶지 않다. 두구두구두구두구~
캐나다를 동서로 횡단하는 벤의 고물 오토바이 엔진 소리가 귓전에
울린다.

두구두구두구두구~

삶을 향해 달린다.

캐나다 동서 횡단 * 원 위크

"어떻게 이런 나라를 견디느냐고요? 주변을 살펴보세요.
빛, 색채, 미소 그리고 삶을 주어진 것으로 보는 사람들의 방식 같은 거……
처음엔 완전히 압도당해버렸어요. 하지만 인도는 점차 파도 같다는 걸 알게 됐어요.
파도에 뛰어드니 다른 편으로 갈 수 있더라고요."

그녀는 돌아왔을까

아이 러브 인디아?

영국 친구 알렉스에게 물었다. 가장 대표적인 영국 음식이 뭘까? 감자의 나라답게 속으론 '피시 앤 칩스' 정도를 떠올리는데 그의 대답은 뜻밖이다.

"인디언 음식, 예를 들면 치킨 마살라?"

아이고, 인도 음식이 자기 나라 음식이란다. 그가 영국 음식이라고 딱 꼬집어 말한 건 바로 '티카 치킨 마살라 커리(tikka chicken masala curry)'다.

바라나시의 어두운 골목에서 만났던 압헤이(Abhay)란 인도 친구가 "소고기를 먹는다"고 말했을 때만큼 깜짝 놀랐다.

알렉스와 이런 얘기를 나눌 때 우리는 런던의 인디언 레스토랑에서 저녁을 먹고 있었다. 인도 사람이 주인인 식당에서 인도 사람이 만들어준 인도 음식을 먹으며 나는 헷갈렸다. 우리가 먹고 있는 게 인도 음식인지 영국 음식인지……

한번은 그가 한국 우리 집에 왔을 때 카레를 해주었다. 그가 좋아하는 '인디언 커리' 아닌 일본 카레였지만 그는 맛있게 한 그릇을 비우고 말했다.

"아이 러브 커리!"

그는 종종 이렇게도 말한다.

"아이 러브 인디아~!"

정작 그는 인도에는 가보지 않았다. 뭐 그래도 런던에는 꽤 많은 인도 레스토랑이 있으니까. 아무튼 알렉스처럼 영국인들의 인도 사랑은 각별해 보인다. 당장 인도 사람들 입장을 들어볼 순 없는 게 유감이지만.

크리스마스를 나흘 앞둔 어느 날, 인도의 자이푸르(Jaipur)에 왔다. 12월의 북인도는 아침저녁으로 제법 춥다. 한여름 인도의 더위만 생각했다간 큰코다친다.

오랜만에 '사이클 릭샤(Cycle Ricksaw)'를 타고 시내를 한 바퀴 돈다. 세월이 꽤 흘렀지만 사이클 릭샤, 그러니까 말 대신 자전거가 끄는 릭샤는 사라지지 않았다. 사람을 두 명 태우고, 게다가 짐까지 얹고 오로지 두 발로 페달을 밟아 세 개의 바퀴를 끈다. 인도에서 처음 사이클 릭샤를 탈 때는 이들을 동정했다. 오만했다. 이들은 단단한 몸뚱이로 인생을 살아낸다.

낮은 물론 밤에도 릭샤에 누워 잠을 자는 릭샤왈라(릭샤를 모는 사람)
도 여전하다. 나도 저렇게 한 번 누워볼까 하는 마음이 들 만큼 편안
해 보인다. 맨발의 릭샤왈라만 보면 내가 처음 왔을 때나 20년이 지
난 지금이나 인도는 별반 변하지 않았다.

라지 만디르 극장(Raj Mandir) 앞에는 표를 사려는 사람들이 장사진
을 치고 있다. 1976년 문을 연 극장이라 모처럼 인도 영화를 보는 것
도 좋지만 극장 자체가 궁금했다. 말 그대로 바글바글하다. 에고, 영
화 보긴 글렀다. 그나저나 인도 사람들만큼 영화에 열광하는 이들이
또 있을까? 오래전 인도에서 처음으로 극장에 갔던 게 생각난다. 이
름도 모를 작은 동네였다. 할리우드 아닌 '볼리우드 무비'라 불리는
인도 영화가 으레 그렇듯 주인공은 뮤지컬 공연을 하듯 춤을 추고
노래했다.
　처음에는 몰랐다. 나는 스크린을 보고 있지만 내 옆자리 인도 사
람들은 모두 스크린 아닌 날 쳐다보고 있다는 걸. 인도 극장에 몇 번
더 가보고 나서야 알았다. 내가 없었으면 이들은 팝스타 공연장에
라도 온 듯 손뼉 치고, 환호성을 올리며 영화를 봤을 텐데 희한한 외
국인이 하나 나타나는 바람에 왼편 남자도, 오른편 남자도 고개를
45도쯤 돌리고 나를 관찰 중이다. 그들의 묘한 시선을 알아차린 나
와 눈이 빤히 마주쳐도 이들은 손톱만큼도 시선을 피하지 않는다.
여전히 빤히, 노골적으로 나를 구경한다. 영화 중간 쉬는 시간에 화

장실에 가도 이들은 내 뒤를 졸졸졸 따라온다. 내게 카메라 없냐며, 사진을 같이 찍자 하는 남자도 있다. 시골이라서 그랬나? 그때 나는 볼리우드 스타들보다 인도 사람들의 시선을 잡아끌었다. 사인은 왜 안 해달라나 몰라?!

라지 만디르 극장 부근 동그란 교차로 한 가운데 작은 타워에는 이렇게 쓰여 있다.

'핑크 시티 페스티벌 시티'

그러고 보니 라지 만디르 극장도 분홍색이다. 전 세계 어디서도 인도처럼 총천연색으로 알록달록한 나라는 못 봤으니 '핑크 시티'를 자처해도 사실 뭐 큰 관심은 없다. 어딜 가나 인도는 제각각 화려하고 강렬하다. 색으로, 소리로, 냄새로, 촉각으로 여행자를 자극한다. 인도만큼 사람의 공감각을 모조리 일깨우는 나라가 또 있을까? 자이 푸르 거리를 조금만 다녀보면 이곳을 왜 핑크 시티라고 하는지 금방 알게 된다. 왜 이리 건물을 죄다 분홍색으로 칠해버렸는지는 모르겠지만……

'바람의 궁전'이란 뜻을 가진 분홍색 '하와마할'에서 라씨를 한 잔 마신다. 한국에서 인도를 생각하면 가장 그리웠던 게 라씨(lassi)나 짜이(chai)다. 인도에서는 아침마다 눈 비비고 일어나자마자 제일 먼저 짜이를 한 잔 마시곤 했다. 게스트하우스에서 나와 골목에 쭈그리고 앉아, 또는 밤 기차나 밤 버스를 타도 아침이면 언제나 짜이를 마셨다. 홍차에 우유, 향신료를 넣어 끓여 만든 게 짜이다. 통밀을 반죽해 아주 얇게 구운 짜파티(chapati) 두세 장과 짜이 한 잔. 소박하지만 부족하지 않은 아침식사다. 한낮에 햇살이 뜨거우면 시원하고 달달한 '스윗 라씨' 또는 소금을 넣은 '솔트 라씨'를 마신다. 짜이, 짜파티, 라씨는 인도에서 하루라도 빼먹을 수 없는 일상이다.

라브라 켐푸르 호텔

자이푸르가 핑크 시티라면 우다이푸르는 화이트 시티다. 거대한 호수 주변 건물은 모두 하얗다. 271년 전 문을 연 '타지 레이크 팰리스(Taj Lake Palace)' 호텔은 우다이푸르의 상징이다.

인도를 여행한 이들은 대개 인도의 가난에 혀를 내두른다. 맞다. 지독히 가난하다. 동시에 인도의 금 소비량은 세계 최고다. 타지 레이크 팰리스 호텔에 가면 커피 한 잔 마시며 부자 인도 사람이 어떻게 사는지 엿볼 수 있다. 피촐라 호수 가운데 떠 있는 이 호텔의 꼭대기 층, 프레지던셜 스위트룸의 숙박비는 하룻밤에 1500만 원 정도다. 누군가는 이곳을 20세기 전 세계 호텔 중 가장 낭만적인 곳이라고 하고, 누군가는 전 세계 베스트 호텔을 열 개쯤 꼽으면 그중 하나가 이곳이라 한다.

우다이푸르를 벗어나 동북쪽으로 50킬로미터를 달려 도착한 곳은 '라브라 켐푸르(Ravla Khempur)' 호텔이다. 라자스탄어로 '라브라'는 족장의 집이고, 켐푸르는 이 지역 이름이니 이름 그대로 지역의 통치자가 살았던 궁전이라지만 타지 레이크 팰리스와는 급이 다르다. 이름만 비슷할 뿐 비교를 한다는 자체가 말이 안 된다. 시대가 바뀌어 족장 형편이 여의치 않은지 궁전은 호텔로 변했다. 영화 〈더 베스트 엑조틱 메리골드 호텔〉에 나오는 바로 그 호텔이다. 영화에서는 자이푸르에 있다고 하지만 실은 자이푸르 아닌 우다이푸르에 있다. 자이푸르에서 보자면 남서쪽으로 350여 킬로미터 떨어진 곳이다.

〈베스트 엑조틱 메리골드 호텔〉의 영국인 투숙객들은 노년에 느닷없이 인도에 왔다. 인생이 거의 끝났다 느끼는 이들이다. 자이푸르 한적한 교외에 숨 막히게 아름다운 풍경……을 기대하고 왔지만, 인도는 너무 낯설다.

그들 중에는 하나에서 열까지 인도의 모든 게 다 싫지만 오로지 저렴한 관절 수술을 받으러 온 할머니도 있다. 인도에 대한 그녀의 의심과 분노는 도무지 끝이 없다.

"사람들은 새까맣고, 커리 냄새는 진동하고! 망할 놈의 인도! 다 싫어!"

다른 여자도 마찬가지다. 영국은 계급사회 아니던가? 그녀는 하이 클래스 영국인답게 차분하고 우아하게 불평한다.

"아무래도 여기는 내가 있을 곳이 아녜요. 영국으로 돌아가고 싶어요."

하지만 모두 다 이렇진 않다.

"여기에 볼 게 얼마나 많은데요."

"무덥고, 더럽고, 가난하고…… 어떻게 이런 나라를 견디느냐고요? 주변을 살펴보세요. 빛, 색채, 미소 그리고 삶을 주어진 것으로 보는 사람들의 방식 같은 거……"

"처음엔 완전히 압도당해버렸어요. 하지만 인도는 점차 파도 같다는 걸 알게 됐어요. 파도에 뛰어드니 다른 편으로 갈 수 있더라고요."

일행 중 한 남자는 관절 수술 할머니를 위로한다.

"나도 당신만큼 겁나요. 아, 아녜요. 여기서 보내는 시간은 특별할 거예요."

그는 인도에 '돌아온' 남자다. 그가 말했다.

"어렸을 때 우다이푸르에서 호숫가에 앉아 석양을 보는데 이보다 행복할 순 없었어요."

그때 그는 혼자 석양을 보지 않았다. 그에게 우다이푸르는 첫사랑의 도시다. 고등법원 판사였던 그레이엄은 은퇴하고, 40년 만에 인도에 왔다. 그는 어렸을 때 인도의 대저택에서 자랐다. 하인 중 한 아이와 친구가 되었고, 사랑에 빠졌으며 우다이푸르에서 함께 석양을 보았고, 몇 달 후 인도를 떠나야 했다. 하인 아이가 남자인 게 문제였다. 40년 만에 돌아온 인도에서 그는 마침내 옛 연인을 만나고 이렇게 말했다.

"그는 오랫동안 못 만난 남자, 내가 평생 사랑한 남자 '마즈노'죠. 나 때문에 그의 가족들은 다 집에서 쫓겨나고 곤란을 겪었으니 당연히 날 싫어할 거로 생각했죠. 그런데 아니었어요. 우리는 밤새 얘기했는데, 행복했대요. 평화롭게 잘 살았고, 날 잊지 않았다고 했어요. 이제껏 내가 그를 죄인처럼 살게 했다고 생각했는데 갇혀 산 사람은 그가 아니라 나였어요."

마즈노에게는 아내가 있었다. 놀랍게도 아내는 그레이엄을 알고 있다.

"남편이 다른 남자를 사랑했고, 늘 사랑한다는 걸 알았대요. 선을 볼 때 이미 남편이 말해줬대요. 두 사람에겐 비밀이 없었어요."

그녀는 다른 남자를 사랑한다는 남자를 어떻게 남편으로 받아들였을까? 사랑했던 사람도 아니고 선을 봐 처음 만난 사람인데…… 신비한 사랑이다. 이해할 수 없는, 한편 알 수 있을 것도 같은…….

사랑했고, 그리워하지만 그때는 모든 게 지난 일이었을 테니…….

어떤 사람들은 제 마음과는 상관없이 제자리를 지킨다. 강렬한 사랑을 느껴도 자기를 보호하려고 거부한다. 20년이 지나도록 사랑을 표현하는 게 어려운 두 남자 이야기인 영화 〈브로크백 마운틴〉

에서 들었던 '엘밀루 해리스(Emmylou Harris)'의 노래 한 구절이 떠오른다.

'Cause I know a love that will never grow old(사랑은 나이가 들지 않을 걸 알아요)'

그레이엄은 40년 전 연인을 만나고 다음날 지병으로 세상을 뜬다. 결국 그는 인도의 연인 가까이에서 죽고 싶었다. 어쩌면 그는 다음날 세상을 떠난다는 걸 느끼지 않았을까? 내일 죽더라도 그는 오늘 다시 출발했다.

그레이엄뿐만이 아니다. 〈베스트 엑조틱 메리골드 호텔〉의 투숙객들은 변하기에 너무 늙었다고 두려워하면서도 아침에 일어나 최선을 다한다. 여기 베스트 엑조틱 메리골드 호텔에서 변화를 축복하며.

나는 그녀를 계속 사랑하기로 했어요

그레이엄의 얘기를 듣다 보니 인도에서 들었던 또 다른 사랑 이야기가 떠오른다. 2000년 여름이다. 그때 나는 인도의 북쪽 끝, 스리나가르에 있었다. 장장 1천 페이지가 넘는 두툼한 론리 플래닛 인도 가이드북에서 스리나가르에 관한 정보를 전혀 찾을 수 없을 때다. 여기서 숙소를 찾는데 론리 플래닛은 아무 소용이 없었다. 위험하다는 건 대충 알았지만 나처럼 철없거나 용감한 외국인 여행자는, 설마 무슨 일이 있겠어? 하며 일을 벌인다. 그런데 막상 와보니 예상보다 훨씬 심각했다.

카슈미르의 이곳저곳에서 인도 군인들은 독립을 요구하는 무장 무슬림 세력과 매일 총격전을 벌였고, 반대로 반군은 무차별적인 테러를 자행했다. 중무장한 군인들은 장갑차를 앞세우고, 당장 시가전이라도 벌일 듯 시내를 정찰했다. 전쟁 영화에서나 보던 장면이다.

한편 이런 사정이야 어떻든 간에 스리나가르 공항 앞은 외국인 여행자를 기다리는 호객꾼들로 바글댔다. 제복 입은 남자가 내게 다가와 어디로 가느냐고 물으며 택시를 잡아주겠다 한다. 인도 어디를 가나 똑같은 수법이다. 그에겐 등을 돌리고 마침 옆에 있던 영국 여자와 택시를 타고 '달 레이크(Dal Lake)'로 갔다.

"하우스보트(House Boat)가 그리워 돌아왔어요."

'하우스보트'라는 말도 몰랐던 내게 그녀가 말했다. 그녀를 따라 달 레이크를 둘러보며 알았다. 하우스보트는 달 레이크에 떠 있는 작은 궁전 같은 숙소다. 화려한 샹들리에, 고가구, 근사한 나무 패널로 내외부를 장식한 하우스보트는 투숙객에게 매끼 식사와 차를 제공한다.

분쟁과 테러로 관광객이 없는 탓에 모든 하우스보트가 엄청나게 저렴한 가격을 내세우며 손님을 잡느라 정신없다. 그제야 나를 차지하려는 하우스보트 호객군들의 소동이 이해됐다.

공항에서 나온 지 한 시간도 안 된 그때만 해도 당장 스리나가르를 떠나고 싶었고, 이 위험한 곳에 왜 왔을까 후회했는데 결국 나는 달 레이크에서 보름 동안이나 머물렀다. 하우스보트 때문이다. 예스럽고 화려한 영국 스타일로 하우스보트를 꾸몄다는 건 빈말이 아니다. 스리나가르에 하우스보트, 우리말로 '집배'를 처음 들여온 건 영국인들이다.

하우스보트는 제각각 이름을 가졌다. 나는 '킹스 로즈(King's Rose)'에 머물렀는데 종종 이른 새벽에 뱃머리 테라스에 나와서 달 레이크를 바라봤다. 내가 머무는 동안에도 폭탄테러로 스리나가르 인근에서는 수백 명이 다치고 죽었지만 하우스보트에 머문 그 시간만큼은 바깥세상과 완전히 단절된 듯 느껴졌다.

하루는 지붕 있는 작은 배, 시카라(shikara)를 타고 달 레이크를 오가다 '무스탁'이란 무슬림 친구를 만났다. 그는 '솔로몬 앤 시바(Solomon and Sheba)'라는 이름을 가진 하우스보트에서 일했는데 아내 사진을 보여주며 말했다.

"아내는 아이랑 미국에 살아요. 나도 곧 미국으로 갈 거예요."

아내는 백인 여자다. 그는 플루트를 즐겨 불었다. 내가 머물던 화려한 하우스보트와는 달리 작고 보잘것없는 그의 하우스보트에 놀러 갔을 때 그는 종이를 찢어 그 위에 이렇게 썼다.

'왕국은 없지만 나는 왕이에요. 음악과 함께 하는 건 나의 사명이에요.(Me The King But Without Kingdom, Me the Mission, always with music)'

웬일일까? 순간 그는 왕처럼 보였다. 여기서 사는 게 만족스럽고 행복하다고 했다. 나는 이해하기 어려웠다. 그와 미국 여자 사이에 무슨 일이 있었을까 생각해 보았다. 오래전 그가 일하던 하우스보트에 연상의 미국 여자가 왔다. 그녀는 잠시 머무는 동안 그와 사랑을 나누고 캘리포니아로 돌아가 아이를 낳았다. 그녀는 여전히 미국에 있고 몇 년이란 시간이 흘렀다. 과연 그녀가 돌아올지 난 모르겠다. 사람들이 뭐라 하건 무스탁은 이렇게 말한다.

"기다릴 뿐이에요."

그의 말에는 한 치의 동요가 없다. 그녀가 돌아올 거라 믿고 있다. 그녀는 진작 무스탁을 잊지 않았을까? 그 앞에선 차마 입 밖으로 꺼내지 못한 말이다. 어쩌면 말과 달리 그 또한 알고 있지 않았을까? 그 순간 무스탁이 말했다.

"나는 그녀를 계속 사랑하기로 했어요."

과거를 보낼 때 인생과 사랑은 새로 출발한다. 〈베스트 엑조틱 메리골드 호텔〉의 그레이엄과 마즈노가 달랐듯 미국 여자와 무스탁이 서로를 사랑하는 방식은 다르다. 하지만 마즈노와 무스탁, 두 인도 남자가 자신을 어떻게 여겼는지는 비슷하다. 자신을 소중하고 귀

하게 여겼고, 자기 인생을 확신했다. 마즈노는 평생 행복했다고, 무
스탁은 음악을 자신의 사명 같다고 말했다. 가난하건 부자이건 상관
없이 마음만은 부유하고 관대했다. 가히 부족한 게 없으니 그들만의
세계에선 왕이라 불려도 이상하지 않다.

안개 낀 푸른 산 아래 달 레이크에 하얀 꽃이 피어난 어느 날, 나
는 시카라를 타고 달 레이크를 둘러보았다. 연꽃이 활짝 폈다. 갑자
기 비가 내리자 연꽃잎에 후드득 떨어진 빗방울은 잎을 차고 튀어
올라 수백 개의 다이아몬드가 춤추는 듯 보였다. 그때 스리나가르는
호수 위에 핀 보석 같았다.

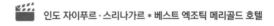 인도 자이푸르·스리나가르 * 베스트 엑조틱 메리골드 호텔

그들은 그저 일상을 살고 있는지 모른다. 일상의 종류가 좀 다를 뿐이다.
시아파이건 수니파이건, 이라크의 아랍 사람이건 쿠르드 사람이건
이라크 땅에서 그들의 삶은 지속된다. 때로는 슬프고, 때로는 무섭고,
때로는 사소한 일에도 웃음을 터뜨리며 보통 사람들처럼.

그곳에서도 삶은 계속된다

이라크의 에덴동산

'강이 에덴에서 흘러나와 동산을 적시고 갈라져 네 근원이 되었으니 첫째 강의 이름은 비손이라 금이 있는 하윌라 땅을 흘렀으며 둘째 강의 이름은 기혼이라 구스 땅을 흘렀고 셋째 강의 이름은 힛데겔이라 앗수르 동쪽으로 흘렀으며 넷째 강은 유브라데더라.'

— [창세기 2:10~14]

성경의 사실 여부를 밝히려는 연구자들은 이렇게 말한다.

"에덴동산은 이라크 바스라 지역에 있었어요. 성경에서 말하는 힛데겔(Hiddekel) 강은 티그리스 강입니다. 헬라어(그리스어) 성경에는 힛데겔 강을 티그리스 강으로 썼어요. 유브라데더 강은 티그리스 강과 나란히 흐르는 유프라테스 강이고요."

티그리스 강은 터키에서 이라크로, 유프라테스 강은 시리아에서

이라크로 흐른다. 메소포타미아 문명의 발상지인 이라크는 세계에서 가장 오랜 역사를 가진 나라다. 고대 메소포타미아 땅은 현재의 이라크 땅과 거의 동일시된다.

메소포타미아 문명은 기원전 4천 년으로 거슬러 올라간다. 그리스어 '메소포타미아'는 '강 사이의 땅'이란 말이다. 메소포타미아 문명은 티그리스 강과 유프라테스 강 사이에서 번성했기 때문이다. 이 지역은 우리에게도 익숙한 이름인 '알 자지라(Al Jazeera)'라고 불리기도 했다. 아랍어로 '알 자지라'는 '섬'이란 뜻이다. 비가 내려 티그리스 강과 유크라테스 강이 범람하면서 땅이 섬처럼 보였기 때문이다.

초기 메소포타미아 문명의 하나인 수메르 문명은 인류 최초의 문명이다. 강물이 넘치며 쌓인 흙으로 만들어진 메소포타미아 평야에서 번성했다. 수레를 만든 이도, 원과 하늘을 360도로 나누고, 일 년을 열두 달로 나누어 30일로 된 달력을 만든 이도, 인류 최초의 문자인 쐐기문자를 만든 이도 수메르인들이다.

두 강을 따라 인류 최초의 문명이 탄생한 후 8세기에 건설된 이라크의 수도 바그다드는 13세기까지 이슬람 황금기 내내 이라크뿐만 아니라 아랍세계의 수도이지 문명의 중심지였다. 메소포타미아 강가에서 발원한 문명은 고대 오리엔트 전역으로 퍼져나갔다. 수메르어 '에딘'은 초원 또는 평원이란 뜻이다. 인류가 처음 살았던 에덴동산이 이라크에 실제로 존재했다는 건 괜한 소리가 아니다. 무장단체, 테러, 폭발, 피랍 같은 말들이 맨 먼저 연상되는 이라크의 다른 모습이다.

축구 경기장의 염소

"야, 두, 쎄~!"

하나, 둘, 셋~! 선생님의 선창에 아이들이 노래를 부른다.

신이시여 우리 땅을 돌려주소서
우리를 행복하게 하는 아름다운 땅을
신이시여 우리 땅을 돌려주소서
우리를 행복하게 하는 아름다운 땅을

어린아이들이 신에게 우리 땅을 돌려달라고 간청한다. 이라크에 사는 쿠르드족 아이들이다. 아이들이 노래 부르는 이곳은 교실 아닌 경기장 관중석이다. 경기장이라곤 하지만 제구실을 못 한 지 오래됐고, 학교에 갈 수 없는 아이들이 모여 수업을 받는다. 선생님과 아이들 옆에선 염소가 한가롭게 노닌다. 부서진 축구 골대에 메인 염소는 음메에에에에 으메에메 울고, 때로는 말이 운동장을 뛰어다닌다.

염소나 말뿐만이 아니다. 경기장에는 어른과 아이도 많다. 경기를 보러 온 이들이 아니다. 이런저런 사연으로 여기서 사는 이들이다. 단지 몇 식구가 아니다. 수백 명이 먹고 잔다. 대개 난민인 이들은 운동장에서 염소를 키우고, 장사를 하고, 때로는 물을 구하기 위해 물차를 둘러싼 채 이웃과 싸우며 하루하루를 산다. 의족을 단 아이도 종종 보이는데 여자아이도 있다. 한쪽 다리는 없지만 아이는 웃는다. 여자아이를 바라보는 사람들 표정은 무덤덤하다.

끊이지 않는 테러와 분쟁 속에서도 아이들은 잘 논다. 한 아이는 공을 차다 다리를 잃었다. 지뢰밭으로 굴러간 공을 가지러 간 탓이다. 공이 하나만 더 있었으면 아이는 다리를 잃지 않았을 것이다. 아이는 다리를 잃고도 여전히 등 번호 21번, '지단(JIDANE)' 티셔츠를 입었다. 아이들이 사고를 당하는 건 지뢰밭 때문만은 아니다. 운동장에선 종종 이런 얘기를 듣는다.

"파예그 씨 아들이 죽었대……"

"저런 시장에 갔나 보네……"

아이는 그저 시장으로 엄마 심부름을 갔거나 친구들과 노느라 정신없었을 것이다. 어느 순간 쾅~! 땅이 흔들리고 아이의 몸은 하늘로 붕 떠올랐다 떨어졌다. 폭탄 파편과 부서진 건물 잔해가 달려들었다. 여기는 '키르쿠크(Kirkuk)', 이라크 북부의 도시다.

이라크, 이란 국경에 접한 자그로스 산맥 서쪽에 위치한 키르쿠크의 여름철 기온은 50도에 육박하는데 물 사정도, 전기 사정도 좋지 않다. 매일 어딘가에선 폭발음이 터져 나온다. 키르쿠크 운동장에 사는 이들 대부분은 쿠르드족이다. '중동의 집시'라 불리는 이들은 오랜 세월 터키와 이라크, 시리아와 이란을 떠돌고 있다. 적은 수가 아니다. 어디서는 2900만 명이라고, 어디서는 3500만 명이라고 말한다. 우리에게 익숙한 '아르빌'도 쿠르드족 지역이다. 원래 티그리스 강과 유프라테스 강의 발원지에서 살았던 이들은 나라 잃은 설움을 이렇게 드러낸다.

'쿠르드족에게 친구는 없고 산만 있다.'

이라크 북부에서 발견된 기름에 눈이 멀었을 뿐 터키, 시리아, 미국, 영국 등 누구도 쿠르드족을 돕지 않기 때문이다. 이라크의 쿠르드족 대부분이 터키 동남부와 이라크 북동부의 산악지대인 '쿠르디스탄' 지역에 모여 사는데 키르쿠크도 그중 한 도시다.

시내의 번듯한 집 아니라 키르쿠크 운동장에 사는 게 좋은 점도 있다. 운동장은 시내의 좋은 호텔과 비교해 상대적으로 안전하다. 종종 운동장 상공을 날아가는 헬리콥터가 무섭기도 하지만.

하루는 운동장에서 축구경기가 열린다. 쿠르드족, 아랍인, 터키인, 아시리아인 간 친선축구시합이다. 이 시합을 주선한 아소의 동생이 지뢰밭에 축구공을 찾으러 갔다 다리를 잃은 디야르다. 아소는 축구경기를 통해 디야르를 위로하고 싶다. 아소와 그의 친구인 뚱보 사코는 시합을 준비하며 제일 먼저 운동장에 직접 그린 올림픽 깃발을 건다. 드디어 시합이 시작되었다고 기뻐하던 그 순간 어디선가 꽈아앙~! 폭발음이 들려온다.

뭐 별일도 아니다. 매일 그렇듯이 오늘도 꽈아앙~! 소리를 들었을 뿐이다. 그러니 시합을 포기할 순 없다. 경기를 하려고 보니 골대부터 고쳐야 한다. 골대를 손보려고 하니 염소 한 마리가 골대를 턱 하니 차지했다.

"아줌마, 염소 좀 치워주세요. 축구 시합이 있어서 골대 고쳐야 해요. 여긴 동물원이 아녜요."

"그럼 어디다 묶으라고! 동물원이든 아니든 난 매일 여기다 묶었어. 난 몰라!"

우여곡절 끝에 시합은 열리지만 관중은 거의 없다.

뚱보 사코가 말한다.

"폭발사고 날까 봐 무서워서 그래."

관중이 있건 없건 경기는 열렸다. 한 남자는 염소와 어깨동무를 하고 축구를 본다. 선수들은 쿠르드인, 아랍인의 자존심을 걸고 운동장을 뛰어다니는데 갑자기 흐흥흥흥~ 요란한 소리를 내며 말 한 마리가 운동장으로 들어와 뛰어다닌다. 겨우 말을 내쫓고 다시 경기를 재개했는데 이번에는 "휘발유요, 휘발류우~" 휘발유 장수가 마차를 끌고 나타나 확성기로 떠들어댄다. 지금 아니면 휘발유를 살 수 없다. 축구보다 중요한 일이다. 엄마는 축구하던 아들에게 큰 소리로 말한다.

"시아만, 기름 장사 왔어! 빨리 가서 기름 사와!"

"엄마, 지금 축구 시합 중이야!"

아들 말은 씨알도 먹히지 않고 아들은 바로 기름통을 가지러 집으로 간다. 이쯤에서 경기가 마무리되었으면 좋았을 것이다. 터져버린

축구공 때문에 시장으로 바삐 축구공을 사러 간 아소를 맞은 건 "꽝
~!" 하는 폭발이다. 아소도 동생처럼 하늘로 붕 떠올랐다 떨어졌다.

키르쿠크에 꿈 같은, 드라마 같은 엔딩은 없지만 "야, 두, 쎄~!" 아
이들의 노래는 이어진다.

언젠가 월드컵에 나갈 거야

아담과 이브가 에덴동산을 떠난 후 이라크는 암울한 듯 보인다.
400년 동안 오스만 튀르크의 지배를, 1차 세계대전 후에는 영국의
지배를 받았으며, 2003년 사담 후세인을 빌미 삼은 미국의 침공을
받았다. 지난 수십 년간 계속된 이라크의 혼란은 낙원에서 쫓겨난
인간의 신세 같다. 후세인 정권 붕괴 후에도 이라크에서는 정파, 종
파의 갈등으로 매일 수백 명이 죽고 2014년 1월부터 내전이 지속되
고 있다. 치안이 악화하자 약탈, 강도, 납치, 살인이 끊이지 않는다.

이라크 여행은 꿈도 꿀 수 없다. 주이라크한국대사관에서는 "이
라크를 방문하는 건 거의 목숨을 내놓는 일"이라고 경고한다. 우리
에게 이라크는 여행 금지 국가이고 흑색 경보 국가답게 지도에는 새
카맣게 검은색으로 표시된다. 모든 곳에서 테러와 납치가 발생할 수
있다지만 그곳에서도 삶은 지속된다.

누군가는 이라크 사람들을 보고 이렇게 말할지 모른다.

"이들에겐 하루하루가 투쟁이겠어요."

하지만 그들은 그저 일상을 살고 있는지 모른다. 일상의 종류가 좀 다를 뿐이다. 시아파이건 수니파이건, 이라크의 아랍 사람이건 쿠르드 사람이건, 터키 사람이건 아시리아 사람이건 이라크 땅에서 그들의 삶은 지속된다. 때로는 슬프고, 때로는 무섭고, 때로는 사소한 일에도 웃음을 터뜨리며 보통 사람들처럼.

이라크와 사우디아라비아가 축구경기를 하는 날 키르쿠크 운동장에 사는 아소와 사코, 그리고 아이들은 운동장 한편에 확성기를 걸고, TV에 연결한 스크린에 돌을 매단 채 경기를 본다.

"조용히 해. 우리 국가 나올 거야."

"아냐, 이라크 국가야!"

"언젠가 우리 쿠르드 국가가 나올 거고 우리 팀이 월드컵에 나갈 거야!"

"하와르가 넣었어. 쿠르디스탄 만세! 쿠르디스탄 만세!"

쿠르드 아이들은 쿠르드 선수를 응원하고, 아랍 아이들은 아랍 선수를 응원한다. 같은 나라 이라크에 살아도 쿠르드 아이들이 아랍 선수를 응원하긴 쉽지 않을 것 같다.

이라크의 평화는 요원하다. 그럼에도 불구하고 나는 그날을 꿈꾼다. 쿠르디스탄에서 발원해 1899킬로미터를 흘러가는 티그리스 강을 따라 동남쪽으로 가다 서아시아에서 가장 긴 유프라테스 강을 만나고, 다시 페르시아 만까지 나아가는 여정을. 두 강을 따라 곳곳에서 수메르, 바빌로니아 등 메소포타미아 고대 도시를 둘러보는 그날을.

 이라크 키르쿠크 * 킥 오프

바닷속의 수면

쿄코는 '독특한 사람'이 아니라 그저 자기가 어떤 사람인지 느끼고,
그 결대로 살고 싶고, 그렇지 않고선 살 수 없는 사람인지도 모른다.
'고독'이란 말로 그녀를 이해할 수 있을지 모르겠다.

왠지 여기서 살고 싶어지네

별꽃 게스트하우스

치앙마이에 몇 번을 왔지만 이런 데 게스트하우스가 있을 줄은 몰랐다. 하긴, 여긴 치앙마이다. 방콕에서 북쪽으로 700킬로미터 떨어졌어도 전 세계 여행자가 모여든다. 치앙마이에서 지내다 보면 매일 자연스럽게 외국인과 마주친다. 여행객뿐만 아니라 아예 정착해 사는 이도 많다. 특히 유럽인이 많다. 타페 게이트 부근의 '온 더 로드 (On The Road Books)'라는 헌책방에서는 영어는 물론이고 독일어, 프랑스어, 스페인어 책을 판다. 여행 좀 했다는 사람들이 늘 빼먹지 않고 손꼽는 도시가 바로 치앙마이다.

시내는 그렇다 해도 이곳 항동은 시내에서 20킬로미터나 떨어졌다. 차를 갖고 와도 40분 정도 걸린다. 그러니 툭툭(오토바이를 개조한 삼륜택시)이나 쏭태우(트럭을 개조한 미니 버스)로 찾아오긴 쉽지 않다. 누가 여기까지 온다고 게스트하우스를 열었담? 더더구나 주변에는 아무

것도 없다. 막다른 골목 안에 게스트하우스 하나가 전부다. 그 흔한 카페 하나, 술집 하나 없다. 뭐 덕분에 조용하긴 하지만.

　정원이 아주 넓다. 아름드리나무도 많다. 정원이 아니라 울창한 숲의 한 편처럼 느껴진다. 삐이 삐삐삐삐~ 휘리 삐요 삐요~ 꽃과 나무로 가득 찬 정원 이곳저곳에서 새소리가 들려온다. 새소리를 제외하면 아주 고요하고, 짙은 녹음에 싸여 있는 이곳은 '호시하나 게스트하우스'다. 일본인이 운영한다. '호시하나'는 '별꽃'이란 말이다. 별꽃 게스트하우스라……. 왠지 치앙마이보다는 일본 교토 어디쯤 있을 법한 이름이다. 꽃나무가 많아 어딘가에는 별꽃이 피어 있을 것 같다.

　게스트하우스치고는 매우 적요하다 싶었는데 알고 보니 이곳에 방은 일곱 개뿐이다. 그마저 독채 방갈로이니 다른 투숙객과 마주칠 일도 별로 없다. 방갈로 옆에 바냔 나무가 보인다. 달걀 모양의 큰 잎을 가졌고, 뿌리는 땅 밖으로 나와 있는 희한한 나무다. 공기에 노출된 뿌리를 '공기뿌리'라고 하는데, 수많은 가지에서 공기뿌리가 생겨나 뿌리 내린 모습이 커튼 같다.

　울창한 바냔 나무 옆에 자리한 방갈로를 보면 호시하나는 말 그대로 '숲 속의 게스트하우스'다. 게스트하우스 바로 옆에는 '반 롬 사이(The Ban Rom Sai)'라는 보육원이 있다. 반 롬 사이? '바냔 나무 아래 집'이란 말이다. 에이즈균에 감염된 아이들이 머무는 곳이다. 게스트하우스의 수익은 아이들을 돌보는 데 사용된다고 한다.

그나저나 한 편의 영화 때문에 여기까지 왔다. 〈수영장〉이라는 일본 영화다. 치앙마이의 어느 게스트하우스를 배경으로 하는, 게스트하우스 한편에 있는 넓은 수영장이 인상적인 영화였다. 그런데 영화에 나온 게스트하우스가 실제로 있을 줄은 몰랐다. 치앙마이에 진짜로 있다! 뭐, 그럴 수 있지 하고, 여길 수도 있다. 나는 영화에서 본 어느 곳이 좋다 해도 가보고 싶은 마음은 크게 들지 않는다. 영화에 흠뻑 취한 채 찾아갔을 때 실망하기 일쑤이기 때문이다. 내 경험으론 그랬다. 그런데 여기는 영화 속 게스트하우스와 외관이 똑같을 뿐만 아니라 영화 속 게스트하우스 그 자체처럼 보인다. 영화 속 게스트하우스는 감독의 상상이 아니었다. 애초 여기 있던 게스트하우스를 영화 속으로 옮겼을 뿐이다. 오오모리 미카(おおもり みか) 감독, 운이 좋았다. 호시하나 게스트하우스 덕분에 영화를 찍었을 테니. 그녀는 치앙마이의 느긋하고 평온한 바람에 홀린 게 분명하다.

수영장의 고독

방에 짐을 풀고 제일 먼저 수영장으로 나갔다. 영화를 봤다면 누구나 궁금할 곳이다. 실제로 보니 제법 크다. 햇볕을 받아 수면이 반짝

반짝 찰랑거린다. 따가울 정도는 아니지만 제법 후끈한 태양 빛을 받으며 물속에 발을 담그고 첨벙거린다. 물결이 인다. 편안하고 따뜻하다. 나처럼 발을 담그고 서 있던 사요가 생각났다.

"예전부터 엄마는 하고 싶은 일이 생기면 바로 떠나버렸어요. 그것도 즐겁게 말이죠. 너무 이기적이야. 도대체 왜 나를 일본에 버려두고 여기에 혼자 온 거지?"

사요는 따지지만, 엄마 쿄코는 미안한 기색 없이 또박또박 말한다.

"어쩔 수 없잖아. 스스로 결정한 거니까. 사는 데 우연이란 없어. 매 순간 자신이 원하는 것을 선택해야 하는 거야. 하고 싶은 걸 하며 사는 것을 이해 못 하는 사람도 있겠지만 난 자신이 선택한 길을 가는 게 좋다고 생각해. 자신이 하고 싶은 대로 하는 게 좋아. 어른이든 아이든 똑같아. 사람과 사람이 늘 함께인 것만이 좋은 건 아닐 거야."

그뿐이다. 엄마랑 함께 살고 싶었다는 딸에게, "그랬구나", 하고 말할 뿐이다. 성급히 변명하거나 위로하지 않는다. 어쩌면 어떤 표현을 해야 한다고 생각하지 않을지도 모른다. 그녀는 그냥 그런 사람이다. 쿄코는 왜 떠나야 했을까? 그녀는 하고 싶으니까 했다고 말할 뿐이지만 그녀의 노래를 들어보면 이유를 좀 알 것 같다.

점점 길어지고 있어 벽에 드리운 그림자
점점 흐려지고 있어 우리들의 그림자
창문 밖 너무나 아름다운 풍경

왠지 발끝부터 없어지는 것 같아
점점 가늘어지고 있어 우리들의 불
점점 늦어지고 있어 우리들의 시간
무엇일까 이 아름다운 소리
왠지 머리 위에서 들려오는 것 같아

쿄코는 어쩔 수 없는 존재의 슬픔에 대해 노래한다. 말로 설명할
만큼 간단한 게 인생이면 좋겠지만 그렇지 못해 모두가 힘들다고 하
지 않나? 마흔을 넘기고, 마흔 중반을 넘기고, 쉰을 바라볼 때쯤이면
여자이건 남자이건 자기 존재가 뭔가 사라져가는 듯한 기분이 들지
않으려나? 그녀가 무슨 일을 겪었는지는 모르지만 그녀는 일본을 떠
나야 했다. 떠나고 싶은 게 아니라 절박하게 떠나야 했을 것이다. 모
녀 사이에 아빠 얘기는 없다.

"엄마가 독특한 사람이라고 해도 왜 자기 딸이랑 살지 않고 남의
아이랑 살고 있지?"하는 사요의 의문에 대한 답이 여기 있다.

쿄코는 '독특한 사람'이 아니라 그저 자기가 어떤 사람인지 느끼
고, 그 결대로 살고 싶고, 그렇지 않고선 살 수 없는 사람인지도 모른
다. '고독'이란 말로 그녀를 이해할 수 있을지 모르겠다.

철학자이자 신학자, 수학자이자 물리학자였던 파스칼은 인간의
고독에 대해 이렇게 말했다.

"세상의 모든 불행은 방안에 조용히 혼자 있는 것을 이해하지 못하는 데 기인한다. 인간은 누구나 고독 속에서 적나라한 자기 자신과 마주하게 되기 때문에 그것을 두려워한다."

하지만 "자기 자신과 마주하라"는 말처럼 식상한 말이 또 있을까? 그런데 너 자신을, 나 자신을 아는 건 파스칼도, 소크라테스도 풀지 못한 인간의 숙제다. 17세기에 살았던 파스칼이 이런 고민을 했다는 게 한편 우습다. 그때는 인터넷도, 스마트폰도 없었는데……. 인구도 많지 않고, 사는 게 지금처럼 치열하고 복잡해 자기 자신을 둘러볼 시간이 부족할 것 같지도 않은데……. 그는 왜 방안에 조용히 혼자 있지 못했을까? 그때 아무리 바빴다 해도 장장 400년이 지난 지금의 현대인에 비할까? 그가 원했건 종교적인 이유이건 파스칼은 서른아홉에 요절했다.

근데, 이렇게 허망한 게 인생인가? 수영장의 고요한 물처럼, 뜨거운 열기 속에 순간 불어오는 미풍처럼 살 수는 없나? 좋아하는 일이 생기면 바로 떠나라고? 그저 그 순간 하고 싶은 일을 하는 게, 그게 좀체 쉽지 않다. 사요만 그런 게 아니다. 나도 어쩌면 당신도 그렇다.

사요가 오기 전 쿄코는 수영장 주위에 앉아 기타를 치고 노래를 부른다. 〈당신이 좋아하는 꽃〉이란 곡이다. 일본에 두고 온 딸에게 들려주고 싶은 노래가 아니었나 싶다.

당신이 좋아하는 노래 불러 볼까,

동그란 웃는 얼굴이 보고 싶으니까

......

별이 내리는 밤은 당신의 얼굴

별을 이어서 그려볼까

웃는 걸까 화내는 걸까, 내가 좋아하는 얼굴, 당신의 얼굴

사랑하고 있어 사랑하고 있어

당신이 좋아하는 꽃, 연분홍색 꽃

바람에 날려 흔들리고 있네

바람에 날리는 꽃을 바라보며

삐이 삐삐삐삐~ 휘리 삐요 삐요~

호시하나의 하룻밤이 흘러갔다. 새소리 덕분에 이른 아침에 눈을
떴다. 아침을 먹으러 갔다 일본 여자를 만났다. 나는 운이 좋았던 모
양이다. 그녀 역시 영화를 보고 여기 오고 싶었는데 오기까지가 쉽
지 않았다고.

"작년에 치앙마이에 왔다가 여기를 알게 됐는데 방이 없었어요.
일본에 돌아가자마자 방을 예약했어요. 비행기 표는 사지도 않은 채
말이에요. 비행기 표야 늦게 사도 가격이 좀 비쌀 뿐이지만 호시하
나는 예약이 다 차면 묵을 수가 없잖아요."

"게스트하우스 한 번 해보지?"

나는 종종 이런 얘기를 듣는다. 게스트하우스는, 여행 좋아하는 이들이 흔히 갖는 꿈이다. 나로선 아직 한 곳에 머물기보다 떠돌아다니는 게 좋지만 언젠가 게스트하우스를 한다면 이런 생각을 한다.

여러 나라 여행자를 만나 그들의 이야기를 들으면 재밌겠다. 무엇보다 고요한 곳이어야 한다. 정갈한 침구, 단순하게 정돈된 방, 집밥 같은 음식, 좋은 커피를 준비하리라. 여기에 새소리 들리는 수영장까지 있으면 완벽하겠다. 그러고 보니 내가 게스트하우스라는 꿈을 꿀 때 그릴 수 있는 완벽한 모습, 그게 호시하나다.

식당에서 만난 일본 여자처럼 어렵게(?) 호시하나에 온 손님들은 고요하게 시간을 보낸다. 수영하는 이들도 드물다. 선덱에 누워있거나, 수영장 앞에 둘러앉아 수영장만 바라보거나 그저 나무 그늘 아래 앉아 하늘을 바라볼 뿐이다. 또 다른 이들은 영화에서처럼 '수영장호'란 이름의 셔틀을 타고 항동시장에 가거나 빨래를 하고 있을지 모르겠다. 쿄코가 그러지 않았던가?

"나 여기 와서 세탁하는 게 좋아졌어. 바람이 좋은 곳이야. 마음이 편해져. 정말 기분 좋은 곳이야."

쿄코의 말 덕분에 하지 않아도 될 빨래를 하고 빨랫줄에 넌다. 옷가지가 잔바람에 슬쩍 흔들린다. 문득 몸이 아픈 게스트하우스의 진짜 주인 키쿠코의 기분을 좀 이해할 것 같다.

"하, 기분 좋은 아침이네, 왠지 더 살고 싶어지네……."

그녀 말을 듣고 나는 이렇게 말하고 싶다.

하, 나는 여기서 좀 살아보면 좋겠네. 좋아하는 꽃이 바람에 날리는 모습을 바라보며. 돌아가면 뜨거운 태국의 공기와 함께 호시하나 수영장의 물결이 그리울 것이다. 햇볕에 반짝반짝 빛나는 물결이.

태국 치앙마이 * 수영장

소녀는 노래를 부르며 바닷속으로 사라졌다. 바다의 깊은 심연, 그 끝을 알 수 없는 세계로.
바닷속으로 들어가니 모든 게 거꾸로 보였다. 수면은 보석처럼 반짝이고,
고래들은 날아다녔다. 진짜 바다와 만난 파이키아는 노래를 부르며 헤엄친다.

혹등고래 등에 탄
소녀를 찾아

하얗고 긴 구름의 땅

흔히 뉴질랜드를 북섬(North Island)과 남섬(South Island)으로 구분한다. 이름만 보면 두 개의 섬을 가진 섬나라 같다. 섬이 커봐야 얼마나 크겠어? 막연히 한국보다 작겠지 싶었고, 영국 식민지였으니 호주와 비슷하려니 하고 말았다. 오래전 시드니에서 6개월을 지내는 동안에도 뉴질랜드에 가지 않았던 이유다.

그런데 뉴질랜드를 여행하다 보니 북섬에선 초원을 달리고, 남섬에선 빙하 사이 협곡을 걷는다. 오전에는 수영, 오후에는 스키를 즐긴다. 미처 몰랐다. 뉴질랜드에 화산, 열대해변, 빙하계곡이 있는지……

〈반지의 제왕〉에서 본 압도적인 신세계, 무변광대한 신대륙 같은 그곳이 뉴질랜드일 줄이야. 대륙 아닌 '섬'이었기에 충격은 더 컸다.

한편, 천 년 전쯤 뉴질랜드에 도착한 이들이 있었다.

폴리네시아 어딘가에 있다는 전설의 땅 '하와이키'에서 태평양을 가로질러 이곳까지 온 이들에게 뉴질랜드는 새로운 땅이자 신대륙이었다. 이들은 나무로 만든 카누를 타고 장장 4400킬로미터 바닷길을 항해했다. 살아남기 위해 고향을 등졌는지, 새로운 세계에 대한 호기심 때문인지는 모르지만 한낮에는 살이 타들어 가는 열대의 태양을 고스란히 받고, 한밤에는 칠흑 같은 어둠 속에서 실의에 빠지면서도 항해를 이어갔다. 험난했을 그 여정을 짐작조차 하기 어렵지만, 망망대해에서 길을 잃었을 때는 다 포기하고 죽고 싶었을지도 모른다. 하지만 이들은 선조들을 생각하며, 선조들에게 후손들과 더불어 살아갈 새로운 땅을 찾게 해달라고 기도했다.

"오이오 흐이! 오이오 흐이! 오이오 흐이! 오이오 흐이!"

시간이 얼마나 흘렀는지조차 알 수 없는 날이 지나고, 마침내 신세계에 도착했다. 몇 달 만에 땅에 발을 디딘 이들을 맞은 건 끝없이 장대하게 펼쳐진 새하얀 만년설이다.

'아오테아로아(Aotearoa)', 이들 말로 그곳은 '하얗고 긴 구름의 땅'이었다. 뉴질랜드 원주민 마오리족은 이렇게 뉴질랜드 북섬의 호키앙가(Hokianga)에 최초로 도착했다.

이들이 타고 온 카누 이름은 각 부족의 이름이 되었다.

이들은 새로운 세상의 문을 열었다.

비바람이 치던 바다 잔잔해져 오면
오늘 그대 오시려나 깊은 바다 건너서……

〈연가〉를 들으며 운전을 한다. 나만 몰랐나? 이 곡이 원래 마오리
족 민요라는 걸. 곡명은 〈포카리카리 아나(Pokarekare Ana)〉인데 서로
부족이 다른 남녀의 러브 스토리다. 뉴질랜드의 '비공식 국가'라고
부를 만큼 사랑받는다. 한국전쟁에 참전한 마오리족 병사들에 의해
한국에 전해졌다. 마오리족 하면 한국 사람들과 아무 상관 없을 것
같은데 이런 인연을 가졌다. 발랄한 〈연가〉와 달리 실제 곡은 느리고
애잔하다.

와이아푸의 바다엔 폭풍이 불지만
그대가 바다를 건너갈 때는 잠잠해질 겁니다
그대여 내게 다시 돌아오세요……

〈포카리카리 아나〉를 들으며 북섬의 해밀턴에서 출발한 지 5시간
쯤 지났다. 해밀턴에서 400킬로미터 떨어진 팡아라(Whangara)로 가
는 길이다. 기즈번을 지나 북쪽으로 스테이트 하이웨이(State Highway)
35번 도로를 달린다. 이름은 거창하지만 기즈번을 벗어나니 달랑

1차선 시골길이다.

35번 도로의 다른 이름은 '팡아라 로드(Whangara Road)'다. 나지막한 구릉 같은 초원에서 양들이 한가로이 노닌다. 오가는 차 한 대 보이지 않을 만큼 한적한데 기즈번에서 포우아와(Pouawa)까지는 쭉 뻗은 해안도로다. 왼편에서는 나지막한 초원 구릉이 푸르고, 도로 오른편에서는 바닷물결이 출렁거린다. 도로와 바다가 너무 가까운 데다 가로등 하나 없어 캄캄한 밤에 여차하면 바닷물 속으로 차를 처박을 것 같지만, 낮에는 가슴이 쿵쾅거릴 만큼 아름다운 길이다. 인적이라곤 바닷가 풀밭에 서 있는 살림집 같은 캠핑카뿐이다.

팡아라 로드를 달리다 파 로드(Pa Road)로 우회전해 3킬로미터 정도만 가면 팡아라다. 작은 이정표 하나 없어 무심코 달리다간 길을 놓치기 십상이다. 마을 진입로인 '파 로드'에서 '파'가 무슨 의미인가 했더니 마오리 말로 '마을'을 뜻한다고. 파 로드, 말 그대로 마을 진입로다.

드디어 뉴질랜드 북섬, 북동쪽 바닷가의 작은 마오리족 마을에 도착했다. 태평양을 마주하는, 조용한 바닷가 마을이다. 마을 오른편에 팡아라 섬이 보인다. 팡아라 마을은 영화 〈웨일 라이더(Whale Rider)〉가 촬영된 곳으로 세상에 알려졌지만 영화를 촬영하기 전 이미 팡아라는 파이키아 전설의 고향이자, 실제로 존재하는 마을이다.

먼저 '팡아라 머라이(Whangara marae)'를 둘러본다. 마을 광장이다.

머라이 한가운데 있는 '화레누이'는 마오리어로 큰 집, 즉 부족 회관이다. 지붕에 혀를 내밀고 있는 조각상이 서 있다. 마침내 앞을 지나가던 마오리 남자가 말을 건다.

"키아 오라(Kia ora)! 어서 오세요. '키아 오라'는 마오리 인사말이에요. 저 조각상은 힘을 보이며 후손을 보호하는 우리 선조의 모습이에요. 당신도 영화를 보고 여기 왔겠죠? 참, 나도 영화에 출연했는데…… 뭐 단역이긴 하지만. 그거 알아요? 영화에서 주연을 제외한 모든 배우가 팡아라 주민이라는 거……"

남자는 마오리에 관해 한 가지라도 더 알려주겠다는 듯 말을 이어간다.

"저기, 와카(waka, 카누)도 봐야죠. 영화에 나왔던 그 와카에요. 촬영 팀이 선물이라고 주고 갔어요. 카누라곤 하지만 제법 크죠? 60명 정도 탈 수 있어요. 우리에게 카누는 조상의 몸과 같아요."

영화에서 본 카누가 머라이 한 편에 놓여 있다. 마오리족 전설에 따르면 파이키아가 카누를 타고 태평양을 가로질렀다. 어쩌면 카누가 아니라 고래였는지도 모른다.

파이키아의 본명은 '카후티아 테 랑이(Kahutia-te-rangi)'이다. 카누가 물속으로 가라앉게 되자 혹등고래가 나타나 그를 구해주고, 그는 이름을 파이키아로 바꾼다. 마오리어로 파이키아는 혹등고래다. 마오리 신화에서 고래는 바다의 신 '탕아로아'의 자손이니 파이키아 또한 탕아로아의 아들이다.

마을을 둘러보며 팡아라 머라이에 모여 종종 춤추는 사람들 모습을 떠올려본다.

"호이호이 호야야아~!"

마오리족은 싸울 때 춤을 추는 것으로 유명하다. 눈을 부릅뜨고 손바닥으로 가슴을 치며 혀를 내밀고 노래하듯 소리를 내지른다. 혀를 내미는 건 적에게 두려움을 주기 위해서다. 마오리족과 싸울 일 없는 사람들이 영화로만 봐서 우습게 보일 수도 있다고 생각했는데 뉴질랜드 미식축구팀 '올 블랙(All Blacks)'이 소리를 지르며 마오리족 전투춤인 '하카(haka)'를 추는 걸 보고 맙소사, 소름이 돋았다.

"나는 죽네 나는 죽네 나는 사네 나는 사네…… 한 발 높이 쳐들고 다시 한 발 내딛으니 한 발 높이 쳐들고 다시 한 발 내딛으니 태양이 빛나네!"

수많은 관중이 밀집한 경기장에서 그들의 춤과 노래는 쇼맨십으로 보일법한데 머리칼이 쭈뼛 일어섰다. 두 손으로 무릎을 내려치고, 두 손을 흔들고, 혀를 내밀고 목이 쉬도록 내지르는 소리는 사람이 내는 소리가 아니라 원시림에 사는, 한 번도 보지 못한 짐승의 울부짖음 같았다. 기가 빨린다는 말은 이럴 때 써야겠다. 500년쯤 전 네덜란드 선원들이 마오리족과 싸움을 벌였다가 혼이 빠지도록 당하고 줄행랑을 쳤다던데 그게 무슨 영문인지 잘 알겠다.

하지만 팡아라 사람들은 전투 때뿐만 아니라 결혼식과 장례식 때도 흰자가 흰히 보일 정도로 눈을 부릅뜨고 가슴을 세게 두드리며

춤을 춘다. 마오리족은 언제나 춤추고 노래 부른다.

"호이호이 호야야아~!"

"호이호이 호야야아~!"

영화 〈웨일 라이더〉에서 마을 사람들은 춤추고 노래 부르며 고래를 타고 올 새로운 지도자를 기다린다. 새 족장이 될 남자애를. 열두 살 소녀, 파이키아는 이렇게 말했다.

"난 태어날 때부터 축복받지 못했어요. 나를 낳을 때 엄마는 파이키아를 부르며 세상을 떠났어요. 쌍둥이 오빠는 죽고 나만 태어나자 할아버지는 아빠한테, 다시 낳아야 해. 계집앤 안 된다고 했어요. 할아버지는 내가 혈통을 끊었다지만 그건 누구의 잘못도 아닌 거죠. 내 자리를 찾고 싶었어요. 남자 역할도 할 수 있어요. 그걸 증명하기 위해 고래 등에 타야 한다고 해도 말이죠."

어느 날, 팡아라 해안에 고래 떼가 좌초했다. 고래는 죽기 전에 해변으로 올라온다고 했다. 가라앉든 수영을 하든 고래가 스스로 움직이지 않으면 누구도 거대한 덩치를 가진 고래를 살릴 순 없다.

파이키아는 고래 등에 올라타 고래를 쓰다듬으며 말한다.

"가자."

파이키아를 태운 고래는 금세 남극해 차가운 심연 속으로, 침묵 자체인 곳으로 사라질지 모른다. 속으론 무서웠지만 탈 수밖에 없다. 자기에게 주어진 운명을 넘기 위해, 손자만 찾는 할아버지에게 사랑

받기 위해.

"할아버지. 난 겁나지 않아요. 가자, 혹등고래야."

소녀는 노래를 부르며 바닷속으로 사라졌다. 바다의 깊은 심연, 그 끝을 알 수 없는 세계로. 바닷속으로 들어가니 모든 게 거꾸로 보였다. 수면은 보석처럼 반짝이고, 고래들은 날아다녔다. 고래에게는 인간이 미스터리하다. 바닷속에선 수면이 하늘 같다. 이제야 고래가 다 보인다. 진짜 바다와 만난 파이키아는 노래를 부르며 헤엄친다.

"아이 웨에에~! 아이 웨에에~!"

부드럽고 관능적인 소리다.

고래는 파이키아의 목소리를 알아챌까?

내 뼈로 돌아왔다

마오리족의 다른 이름은 '탕아타 훼누아(Tangata Whenua)'다. '땅의 사람' 또는 '대지의 종족'이란 말이다. '바다신의 아들'에 이어 이번에는 '대지의 종족'이라니……. 마오리족의 자부심은 이렇듯 강하다. 이들에게 고래는 단순한 물고기가 아니라 정신적, 신화적으로 연결된 존재다. 지금도 마오리족은 낚시할 때 처음 잡은 물고기는 바다의 신에게 바친다. 어쩌면 고래에게 바치는 것인지도 모른다. 뉴질랜드 바다를 찾아오는 고래들과 깊은 인연을 맺듯 자연과 어우러져 살고 싶다는 바람인지도 모른다.

남섬의 카이코우라(Kaikoura)에서 배를 타고 나가면 고래를 볼 수 있다는 얘길 들었다. 카이코우라 연안에서 80킬로미터 떨어진 바다에 깊고 좁은 '히쿠랑기 해구'가 있기 때문이다. 해구 깊이는 3.5킬로미터에 달하는데 향유고래, 범고래, 대왕고래, 그리고 혹등고래 등이 모여 산다고 한다.

혹등고래의 몸은 통통하고 가슴지느러미는 길다. 물 위로 점프해 거대한 몸 대부분을 드러낼 때도 있다. 등은 흑회색이고, 배는 흰색이다. 꼬리지느러미 모양은 제각각 달라 마치 사람 지문처럼 고래를 구별할 수 있다. 임신 기간은 10개월이고 수명은 60년 정도이니 이 또한 사람과 비슷하다.

고래가 마오리족 족장의 말을 다 알아듣는 건 아닌지 모르겠다. 파이키아의 전설은 말한다. '고래의 이빨'을 목에 거는 자는 고래 등에 타고 고래를 다룰 수 있으리라. 마오리족 사람들에게 고래는 믿음이고, 이상향으로 회귀하고 싶은 갈망 같다.

"내 뼈로 돌아왔다."

마오리족 사람들은 여행에서 돌아오면 이렇게 말한다. 마오리 말로 '이위'는 부족 또는 뼈라는 두 가지 뜻이다.

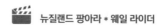 뉴질랜드 팡아라 ＊ 웨일 라이더

"믿음을 주고 존중하는 게 여기서 내가 할 수 있는 일의 전부요. …… 이해하려고 하지 마요."
모란으로서, 스위스 여자로서, 한국 남자로서, 일본 여자로서 자기를 부정할 수 없다면,
때로 사랑은, 이탈리아 신부 말대로, 이해하려고 하지 않는 것인지도 모르겠다.

스위스 여자,
마사이 남자

놈사, 카롤라, 이쿠미

남아프리카를 여행하던 어느 날이다. 요하네스버그 시내에서 흑인 여자와 마주쳤다. 아시아 남자란 이유만으로 주변 사람들 시선을 받는 게 머쓱하던 참에 그녀와 눈이 딱 마주쳐버렸다. 나는 바로 고개를 돌렸다. 그녀를 똑바로 바라볼 수 없었다. 사람을 보고 깜짝 놀라 눈이 커진 적이 있었던가?

숨이 탁 막혔고 가슴이 두근거렸다. 스무 살이나 됐을까? 타이츠를 입어 잘록하고 날씬한 몸의 선이 고스란히 드러났다. 꿈을 꾸는 것도, 영화를 보고 있는 것도 아니었다. 그녀는 의류 매장에서 일하는 직원이었다.

단지 예쁜 게 아니다. 그녀의 눈빛은 단순한 미모와는 다른 순정 자체였다. 한 생명으로서 그녀의 존재 자체에서 뿜어져 나오는 순정이었다. 강렬한 눈빛을 피해 다짜고짜 돌아섰다 십여 미터나 걸었을까?

다시 발걸음을 돌렸다. 오락가락, 허둥지둥, 갈팡질팡 이다. 이대로 떠나면 후회할 거 같다. 다시 한 번 봐야겠다. 그녀에게 무턱대고 다가갔다.

'놈사'. 묻지 않고도 그녀의 이름을 알았다. 민소매를 입은 그녀의 왼쪽 쇄골 위에 'Nomsa'가 새겨져 있다. 태연한 척하며 사진을 몇 장 찍어도 되겠느냐 물었다. 사진을 찍긴 찍었는데 정신은 없었다.

요하네스버그에서 내가 놈사에게 잠시 정신이 나갔듯 케냐를 여행하던 한 스위스 여자, 카롤라도 그랬던 모양이다. 케냐의 항구도시, 몸바사에서 운명처럼 한 남자를 보아 버렸다. 남자는 그녀를 보고 수줍게 웃었다. 놈사 같은 순정의 눈빛을 반짝였을 것이다.

스치고 말 찰나였을 그 순간을 카롤라는 덜컥 잡아버렸다. 나는 놈사를 잠깐 바라보며 사진을 몇 장 찍는 것으로 그쳤지만 카롤라는 달랐다. 일순간에 모든 게 변해버렸다. 처음 그 남자를 본 순간을 카롤라는 이렇게 기억한다.

"붉은색 천, 슈카(shuka)를 두른 그는 아주 아름다웠어요. 배에 기댄 채 석양빛을 받으며 서 있는데 마치 신처럼 보였어요. 젊은 신. 순정의 눈빛, 검은빛을 띤 주홍색 피부, 목과 머리를 감싼 화려한 장식들……. 그와 눈이 마주친 후 난 눈을 뗄 수 없었어요. 내 옆에는 몇 년 동안 만난 남자친구가 있는데 말이죠. 믿을 수 있겠어요? 그를 만나려고 이제까지 살았구나…… 이런 생각이 들었다는 게……."

그는 로마 병사처럼 붉은 망토를 두른 마사이족이었다. 영어 한마디 못 하는 스위스 여자와 독일어를 할 리 없는 마사이족 남자가 처음 만나 어떻게 대화를 나눴는지는 모르겠다. 처음 카롤라 얘기를 들었을 땐 좀체 믿기지 않았다.

"스위스에서 온 백인 여자가 아프리카에서 마사이 남자를 만나 대번에 사랑에 빠졌대."

누군가 불쑥 이런 얘기를 할 때 순순히 수긍할 사람이 얼마나 될까? 두 사람은 사랑했을 뿐인데 그들과 아무 상관 없는 사람들은 이를 지레 억지라고 치부한다. 잘난 백인 여자와 미개한 마사이족 전사의 결혼은 말도 안 된다는 소리다. 할리우드 스타도 아닌 평범한 흑인 남자, 흑인 여자와 사랑을 꿈꾸기에 심정적으로 아프리카는 너무 멀다. 나 또한 그랬다. 놈사와 마주치기 전까지는.

언젠가 잠비아 리빙스톤의 갤러리에서 이십 대 미국 여자를 만난 적 있다. 화가인 그녀는 잠비아 남자와 결혼해 리빙스톤에서 산다. 봉사 활동을 왔다가 남편을 만났다고 했다. 그녀의 사랑 얘기를 들을 때도 정도는 다르지만 참 남다르다고 생각했다.

그러고 보니 다른 친구도 생각난다. 미얀마에서 만난 이쿠미다. 삿포로 출신인 그녀는 오스트레일리아로 조기유학을 갔고, 멜버른의 대학에 입학할 예정이라고 했다. 2009년, 그때만 해도 미얀마 군부가 위세를 떨치고 아웅 산 수 치(Aung San Suu Kyi)가 구금돼 있었다. 군부가 하룻밤 사이 미얀마 수도를 양곤에서 북쪽으로 320킬로미터 떨어진 네피도로 옮겼다고 발표하던 시절이다. 버스에서 이쿠미를 만났을 때 그녀는 고등학교를 갓 졸업했다. 이렇게 어린 친구가 관광지도 아닌 미얀마까지 어떻게 왔는지 신기했는데 알고 보니 동갑내기 미얀마 남자친구를 만나러 왔다. 1년 전 그녀가 처음 미얀마에 왔을 때 알게 됐다고 한다. 어린 나이에 부모를 떠나 멜버른에 혼자 살고, 이렇게 여행하는 게 놀랍다고 하니 그녀가 멋쩍은 웃음을 지으며 한마디 했다.

"어휴, 나이 많아요. 스무 살이나 됐어요."

'스무 살이나 된' 이쿠미를 보면서 기분이 묘했다. 멜버른에서 유학하는 일본 여자와 마차 타고 다니는 미얀마 시골 남자의 사랑이 가능할까? 얼마나 지속될까? 스위스 여자 카롤라를 의심쩍은 눈으로 바라보듯 이쿠미 또한 의심했다.

내 예상은 절반만 맞았다. 이쿠미의 사랑은 오래가지 않았고, 카롤라는 스위스로 돌아가지 않았다. 카롤라는 케냐와 탄자니아 국경 인근 마사이족 마을에서 결혼식을 치르고, 소똥으로 지은, 자기 키보다 훨씬 작은 집에서 살았다. 4년 동안. 짧지 않은 시간이었다.

염소는 잘 있어?

카롤라가 살았을 것 같은 마사이 마을을 찾아가는 길이다. 맘 같아선 하룻밤 지내고 싶은데 벼룩이 걱정이다. 제아무리 오지로 여행을 다닌다 해도 벼룩을 어찌 이길 텐가! 한번 물렸다 하면 당장 여행을 포기하고 싶을 정도다. 언젠가 라오스에서도 밤새 뜯겼다. 리셉션을 두드려 방을 옮겼지만 아무 소용이 없었다. 괴롭고 기나긴 밤이었다. 다음 날 아침 나는 여행을 중단하고 태국으로 줄행랑을 쳤다. 며칠간 가려움에 몸부림치는 건 피할 수 없었다.

그런데 마사이들은 염소랑 집 안에서 함께 산다. 마사이 가족과 염소는 나란히 잠을 잔다. 마사이 집에서 하룻밤을 잔다 치자. 그럼 누구 말대로 내 잠자리 옆에서 으메에에에헤 하고 울어대는 새끼염소 몸에는 벼룩이 한 백 마리쯤 살고 있을지도 모른다. 상상만으로 오싹하다.

내게 염소는 절대적으로 피해야 할 대상이지만 마사이에게 염소는 마사이, 자기들 자신과 같다. 마사이는 염소이고, 염소는 마사이다. 염소는 마사이에게 우유와 고기를 주고, 가죽을 준다. 우유를 넣은 차 한 잔으로 아침을 때우는 마사이들이 염소 없이 사는 건 불가능하다. 아이와 염소랑 있다가 맹수와 마주치면 아이가 아니라 염소부터 보호한다고 할 정도다.

"염소는 잘 있어?"

마사이들의 아침 인사말이다. 잠에서 깨어 "잘 잤느냐?" 하고 말하는 대신 이들은 이렇게 말한다. "염소는 잘 있어?"

또 다른 마사이는 이렇게 말한다.

"염소는 우리의 모든 거예요. 우리의 심장, 우리의 은행이에요."

케냐와 탄자니아 국경 지역은 평원이다. 케냐에서는 이 지역을 '마사이 마라'라 부르고, 탄자니에서는 세렝게티라 부른다. 마사이 마라(Masai Mara)는 '마사이의 땅'이란 말이다. 사실 마사이에게는 세렝게티 또한 마사이 마라다. 케냐와 탄자니아 사이에 일직선으로 그어진 국경은 마사이에게 아무런 의미가 없었다. 선조들이 살아왔던 땅에서 똑같이 살아갈 뿐이었다.

하지만 시대가 바뀌었다. 케냐 정부는 마사이 마라를 '자연보호구역'으로 지정했고, 마사이 마라에서 밀려난 마사이족은 인근 초원에 퍼져 살고 있다. 이미 30여 년 전 케냐 정부는 유목민인 마사이족에게 원하지도 않는 땅을 주고 강제로 정착시키려 들었다. 적잖은 마사이는 더 이상 유목민이 아니다. 마사이 전사는 목동이 되어버렸다. 하지만 여전히 창을 들고, 허리에 칼을 찬 채 초원을 걷고, 초원을 달린다. 갓 잡은 염소 몸에 코를 박고 뜨거운 피를 벌컥벌컥 마신다. 나무에 퍽퍽 꽂히는 창끝은 무디지 않다. 마사이 남자는 모두 사자와 싸웠고, 잡은 사자 머리 가죽을 뒤집어쓰고 다녔다. 사자를 피해 도망가는 건 마사이의 수치다. 시대는 변했지만 사자와 맞서는 마사이 전사의 용기와 배짱은 변치 않았다. 변한 건 더 이상 사자를 죽일 수 없다는 사실뿐이다. 케냐 정부가 사자 사냥을 엄격히 금지하기 때문이다.

마사이 전사는 마사이말로 '모란(Moran)'이라 불렸다. 타조 깃털로 머리를 장식하고, 붉은 흙으로 머리를 굳혔으며, 긴 머리를 화려하게 따 내린 모습은 모란의 상징이다. 염소 기름을 바른 피부는 매끈하게 반짝거렸다. 남자가 봐도 아름답다는 생각이 들 정도다. 카롤라가 본 마사이 남자, 리말리안 또한 삼부루 부족의 모란이었다.

두 사람이 만났을 때 남자는 바르살로이(Barsaloi)에 살았다. 마랄랄(Maralal)에서 129킬로미터 정도 떨어진 곳이다. 카롤라는 몸바사에서 버스를 타고 새카만 어둠 속을 13시간 달려 나이로비로 갔고, 거기서 다시 마랄랄로 가는 마타투(미니버스)에 몸을 실었다. 마침내 흙먼지 풀풀 날리는 마랄랄에 도착했다. 그때만 해도 마랄랄은 지도에 나오지도 않았다. 그녀가 할 수 있는 일은 여기까지다. 마랄랄에서 남자가 사는 마을까지 가려면 걷는 수밖에 없다. 또는 남자가 카롤라 앞에 나타날 때까지 기다리거나.

난 삼부루 모란이다

잠비아 리빙스톤에서 한 부족의 족장을 만난 적이 있다. 뜻밖에 족장의 차림은 특별하지 않았다. 세상은 급히 변해 가는데 우리 부족은 어떻게 살아야 하나 고민하는 것도 남다르지 않았다. 하지만 처음 족장의 집무실 같은 흙집에 무심코 들어갔다가 가슴이 철렁 내려

앉았다.

사자가 이를 드러내고 울부짖고 있었다. 성한 건 머리뿐이다. 거죽은 벗겨져 족장 발밑에 깔렸다. 거죽에 머리만 달린 건 사자뿐만이 아니다. 긴 뿔을 가진 검은 소도 있다. 몸의 거죽은 소머리 아래 가지런히 포개져 있다. 그래도 박제가 된 사자 머리나 소머리는 참을 만했다. 내가 경악한 건 소머리가 놓인 의자였다. 이케아에서 파는 스툴(stool) 모양이다. 얼핏 봤을 땐 시커먼 나무에 빤질거리고 유들유들한 돌덩이가 붙어있는 줄 알았는데 그건 코끼리 발목이었다. 발목을 댕강 잘라 고대로 둥근 테이블로 쓰고 있다. 밖에서 새 들어오는 빛을 받아 코끼리 발의 잘게 잡힌 주름이 선명하게 빛났다. 갑자기 좀 무서워졌다. 내가 사는 곳과는 완전히 다른 어딘가에 와버렸다.

단지 남자 때문에 카롤라는 완전히 다른 세상으로 떠나왔다. 마랄랄에 살던 백인 여자 엘리자베스는 카롤라에게 충고했다. 엘리자베스 또한 케냐 남자를 만나 여기서 살고 있었다.

"삼부루 부족이 사는 바르살로이는 여기와 완전히 달라요. 나무와 먼지뿐이죠. 전기도 식수도 없어요. 삼부루에선 유목을 해요. 일정한 거처도 없죠. 백인 여자가 거기서 산다는 건 불가능해요. 그리고 이게 중요한데…… 마사이에게 여자는 중요한 존재가 아녜요. 당신이 아무리 그 남자를 보고 싶어 해도 그건 의미가 없어요. 그가 원하면 당신을 찾아올 거예요. 당신이 원하는 건 아무 의미가 없어요."

다행이었을까? 남자는 카롤라를 찾아왔고, 두 사람은 결혼하고, 전기도 식수도 없는 마사이 마을에서 살았다. 가시나무로 울타리를 치고 벽과 천장에는 소똥을 바른 집에서.

소똥 바른 집은 큰 문제가 아니었다. 문제는 엉뚱한 데서 터져 나왔다. 남자가 카롤라를 의심하기 시작했다. 단지 그녀가 다른 남자를 보고 웃는 모습을 보고 다른 남자와 놀아난다고 생각했다. 결국 카롤라는 4년 후 도망치듯 마을을 떠나 스위스로 돌아간다.

"돌아올 거지?"

남자가 묻자 카롤라는 이렇게 답했다.

"당연히 돌아오죠."

다시 남자가 말을 잇는다.

"난 알고 있어. 돌아오지 않을 거란 걸."

그래도 그는 카롤라를 보내주었다.

나는 카롤라 얘기만 들었고, 남자 얘기를 들을 기회는 없었다. 그러니 카롤라 말이 전적으로 옳다곤 못 하겠다. 카롤라가 힘들었다면 남자 또한 그랬을 것이다. 그가 마사이의 상징 같은 긴 머리를 자르고 바지를 입은 후 "이제 내가 좋아?" 하고 물은 건 좀 뒤틀려 있었을망정 그녀를 사랑하는 한 가지 표현이었다.

마사이 마을에서 오랜 세월을 살아온 이탈리아 신부는 카롤라에게 이렇게 충고했다.

"믿음을 주고 존중하는 게 여기서 내가 할 수 있는 일의 전부요.

겨우 열다섯 소녀한테 할례를 하는데 왜 가만있느냐고요? 내가 여기 온 지는 20년밖에 안 됐지만 할례는 몇 세기가 된 거요. 이해하려고 하지 마요."

카롤라는 자기가 스위스에서 교육받은 대로 마사이를 재단하고, 남자는 마사이의 방식으로 카롤라를 재단한다. 카롤라를 의심하는 남자를 보고 처음에는 의아했다. 도대체 그의 질투는 어디서 오지? 그가 삼부루 모란이기 때문이다. 삼부루 모란이 삼부루 모란의 방식을 부정할 수 있을까? 카롤라가 결국 남자를 떠난 것도 그녀가 스위스 여자이기 때문이다. 그녀는 스위스 여자라는 자기 존재를 부정하고 마사이 여자가 될 수는 없었다.

"난 삼부루 모란이에요."

"난 스위스 여자예요."

"난 한국 남자예요."

"난 일본 여자예요."

모란으로서, 스위스 여자로서, 한국 남자로서, 일본 여자로서 자기를 부정할 수 없다면, 때로 사랑은, 이탈리아 신부 말대로, 이해하려고 하지 않는 것인지도 모르겠다.

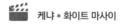 케냐 * 화이트 마사이

저기, 그리고 여기 머물다 사라지는 것. 어쩌면 그의 여행이, 우리 인생이 그렇다.
결국 그 역시 그 아름다운 순간에 머물기 위해 아이슬란드 여정을 이어간다.
누구도 아닌 그 자신을 위해.

지구 속으로 떠난 여행

'세상을 보고, 무수한 장애물을 넘어 벽을 허물고, 가까이 다가가 서로를 느끼는 것. 그것이 우리가 살아가는 인생의 목적이다.'

이렇게 근사한 모토를 가진 「라이프(LIFE)」 잡지사에서 16년간 일한 월터는 어느 날 갑자기, "당신은 해고야!" 한 마디에 내쫓긴다. 그는 이제껏 회사에 다니며 부모를 부양하고, 여동생을 보살폈다. 집에 돈 쓸 일은 언제나 월터의 몫이었다. 애인도, 취미도, 가본 곳도 없이 회사에서 묵묵히 또는 소심하게 일하며 살아왔다. 간혹 현실에서 일어날 수 없는 상상, 이를테면 자기가 좋아하는 여자가 웃으며 다가와서 키스하는 뭐 그런 상상을 즐기는 게 유일한 낙이었다. 상상 속에서 그는 무엇이든 할 수 있었다. 누군가 그에게 "왜 좀 더 인생을 즐기지 못하느냐?"라고 하면 그는 이렇게 말한다.

"자넨 이해 못 해……."

상상도 즐겁다는 얘기이거나 또는 인생을 즐긴다는 게, 자네는 쉬운가? 하는 반문이다. 잘난 회사 모토처럼 인생을 즐기고, 심지어 벽을 넘어 세상을 바라보라고⋯⋯? 말만 쉬운 게 세상의 모든 모토다. 그라고 해서 인생의 주인공이 되고 싶지 않을까? 인생의 주인공은 커녕 당장 정리해고를 모면해야 하는 게 현실이다. 그는 정리해고를 당하지 않기 위해 그린란드행 비행기를 탄다. 상상조차 못 한 모험 끝에 어선을 타고 아이슬란드에 이르렀을 때, 그가 제일 먼저 한 일은 지난 며칠 동안의 은행계좌 입출금 내역 살펴보기다.

엄마 노인아파트 보증금 2400달러, 엄마 집수리 900달러, 엄마 피아노 창고 보관료 200달러, 엄마 피아노 배달료 75달러 등등.

한 가지, 자기를 위한 지출도 있다. 인터넷 데이트 사이트 e하모니 회비 137달러. 여기에 느닷없이 그린란드와 아이슬란드에 간다고 여권 급행 발급 400달러, 뉴욕에서 그린란드 가는 비행기 푯값 2872달러를 썼다. 이제 잔고는 3568달러. 폼 나는 회사에서 16년간 일했는데⋯⋯ 어째 잔고가 시원찮다. 그린란드에서 아이슬란드로 갈 때 상어한테 잡아먹힐 뻔했지만 돈 안 드는 어선을 얻어 탄 게 다행이다.

「라이프」 사진팀에서 일하다 느닷없이 시작된 그의 여행은 한 사진가를 만나기 위해 시작됐다. 사진가가 다음 호에 실어야 할 표지 사진을 주지 않고 사라졌기 때문이다. 월터는 온갖 우여곡절 끝에 아프가니스탄에서 사진가를 만나지만, 그는 딴전만 부린다. 사진가는 험한 산악지대에 사는 눈표범을 바라만 본다. 셔터를 눌러야 하는 순간에 그저 침묵만 지킨다.

"언제 찍을 거예요?"

참다못한 월터가 묻자 사진가는 이렇게 말했다.

"안 찍을 거야. 아름다운 순간을 보면 카메라로 방해하고 싶지 않아. 그저 그 순간에 머물고 싶지. 그래, 바로 저기, 그리고 여기……사라졌어. 갔어……"

저기, 그리고 여기 머물다 사라지는 것. 어쩌면 그의 여행이, 우리 인생이 그렇다. 결국 그 역시 그 아름다운 순간에 머물기 위해 아이슬란드 여정을 이어간다. 누구도 아닌 그 자신을 위해.

얼음 땅의 화산

'북대서양 한가운데 있는 나라'라고 하면 감이 잘 안 온다. 차라리 북극해에 있는 그린란드에 가깝다는 게 낫다. 아이슬란드는 영어로, '아이스 랜드(Iceland)', 얼음의 땅이다. 이름 그대로 꽁꽁 얼어 있는 땅이 아닐까 싶었는데 2010년 4월에 희한한 일이 있었다. 유럽 전역의 항공 길이 다 끊겨버리는 사상 초유의 일이 벌어졌는데 그 이유는 아이슬란드의 화산 폭발 때문이었다. 그 무렵 유럽에 갔던 미국 사람, 브라질 사람, 한국 사람 등이 모조리 집에 갈 수 없게 된 탓에 아이슬란드라는 이름은 전 세계 사람들 입에 오르내렸다. 아니, 여기는 아이스 랜드 아닌가? 아이스 랜드! 얼음의 땅에서 화산 폭발이라니 이게 웬일이람?!

내가 몰랐을 뿐 아이슬란드 화산폭발은 2010년 전에도, 후에도 있었다. 과거로 가보면 1783년에 라키(Laki) 화산이 폭발했다. 불과 유황, 시커먼 재로 뒤덮였다. 6개월 동안 폭발이 지속됐고, 1년 내내 용암이 흘렀으며, 25킬로미터의 땅이 갈라졌다. 인구의 3분의 1만이 살아남은 대재앙이었다. 폭발과 용암이 멈춘 후에도 재앙은 계속됐다. 화산 가스가 분출해 어떤 농작물도 재배할 수 없게 되자 이내 대기근이 들었다. '거인들이 불을 지르자 하늘이 무너져 내리고, 세상은 바닷속으로 잠겨버렸다'는 예언자의 계시가 떠오르는 변고였다.

아이슬란드에는 활화산만 30여 개가 있다. 전 세계 용암의 반 이상이 여기서 흘러나온다고 할 만큼 부글부글 끓고 있는 땅이다. 수시로 쩍쩍 갈라지고, 검은 화산재로 뒤덮이는 무시무시한 나라다. 작가 '쥘 베른(Jules Verne)'의 장편소설 『지구 속 여행』을 보면 이런 얘기가 나온다.

"대담한 나그네여, 7월 1일 이전에 스카르타리스의 그림자가 상냥하게 떨어지는 스네펠스요쿨(Snaefellsjokull)의 분화구 안으로 내려가라. 그러면 지구의 중심에 도달할 것이다."

예언자 '아르네 사크누셈'의 말이다. 그의 말대로라면 아이슬란드는 지구의 중심을 가졌다. 아이슬란드 지도를 보면 왼편 가운데 돌출된 곳이 있는데, 바로 지구의 중심으로 들어갈 수 있는 입구 '스네

펠스요쿨'이다.

아이슬란드 여행을 궁리하니 누구도 알지 못하는 세상이 기다리는 것 같다. 존재 자체로 아름답고 숭고하다. 그곳에서는 검은 땅에 흰 연기가 바람처럼 흘러간다.

어머, 화산이 또 폭발했네

얼음과 화산의 나라, 아이슬란드로 가는 길은 멀다. 방콕이나 호찌민처럼 오늘 마음먹고 내일 가는 게 쉽지 않다. 일단 비싸다. 들리는 이야기가 한결같이 맹랑하다. 식당에서 간단하게 먹으면 5만 원이더라, 음료도 시켰더니 한 끼에 10만 원은 넘는다더라. 날이 추워 동네 구멍가게에서 스웨터 하나 사려고 했더니 20만 원이라더라 등등…….

틀린 말은 아니지만 방법이 없진 않다. 아이슬란드에는 '보너스 마트(Bonus Mart)'가 있다. 마트 이름이 '보너스'다. 여기서 파는 1리터짜리 우유는 2500원, 한국과 거의 비슷하다. 여행자에게 보너스 마트는 구세주다. 보너스 마트 아닌 일반 마트는 두 배 이상 비싸기 때문이다. 아이슬란드 수도, 레이캬비크(Reykjavik)에는 일곱 개 정도 있다. 레이캬비크를 벗어나도 보너스 마트는 있다. 북쪽에 하나, 남쪽에 하나. 아이슬란드 국토 면적은 우리나라와 비슷하니 서울을 벗어나면 중부 지방에 하나, 남부 지방에 하나가 있는 셈이다. 이쯤 되면 아이슬란드를 여행할 때 보너스 마트 위치는 무엇보다 중요한 정보가 아닐까 싶다.

배를 채울 방법이 또 한 가지 있다. 일단, 핫도그다. 어느 핫도그 가게에는 빌 클린턴도 왔다 갔다더니 늘 사람들이 줄을 서 있다. 여기 핫도그에는 소시지 아닌 양고기와 튀긴 양파가 들어간다. 400크로나, 4100원 정도다. 작은 열쇠고리가 650크로나인 이곳에서 만원으로 배를 채울 수 있다니!

물가야 그렇다 치고, 머나먼 나라에서 아이슬란드까지 왔는데 하늘이 잔뜩 찌뿌둥하고 비가 내린다고 툴툴대자 핫도그 가게 주인이 말했다.

"5분만 기다리세요."

5분이 지나 비는 그쳤는데 거센 바람이 불자 그가 다시 말했다.

"다시 5분만 기다리세요."

5분간 비를 맞고, 5분간 거센 바람을 맞으며 레이캬비크 거리를 걷는다. 명색이 한 나라의 수도에 고층빌딩은 고사하고 중층빌딩도 보기 어렵다. 사람도 별로 없다. 중심가인 로이가베구르(Laugavegur) 거리를 걷는데 뜻밖에 인적이 드물다. 좀 과장하면 텅 빈 도시 같다. 여기가 아이슬란드 최대 쇼핑 거리 맞아? 아무리 인구가 적다고 해도 걷는 이를 볼 수 없다. '크롤(Kroll), 디자인 스토어'라고 쓰인 가게에 들어갔다.

"고단 다인~"

주인이 인사를 건넨다. '고단 다인(góðan daginn)'은 아이슬란드 인사말인데 종종 '다인~'이라고 줄여 말한다. 크롤에서 제일 먼저 눈에 띈 건 '북극해 소금'이다. 북극해 소금이라고 하면 뭔가 엄청난 소금 같은데 잠깐 생각해보니 여기서는 그냥 소금이다. 사실 북극해 소금이란 말보다는 소금을 담은 박스에 그려진 뇌쇄적인 반라의 여인, 아니 인어 때문에 눈길이 갔다.

소금 옆에는 돌멩이가 놓여 있다. 하얀 실로 사오각형이나 별 모양으로 감아놓긴 했으나 아무리 봐도 그냥 돌멩이다. 가격은 4750크로나, 5만 원 정도다. 음, 나도 밖에서 돌멩이를 하나 주워 하얀 실로 감아 가져가야겠다. 이런 문구가 쓰인 컵받침도 있다.

'Eg tala ekki islensku(나는 아이슬란드어를 못해요)'

'어머, 화산이 또 폭발했네!'

'우리는 Cash(현금)를 가질 순 없지만 Ash(화산재)는 가질 수 있어.'

'아이슬란드 빙하 한 조각(Bit of Iceland - Glasier)'이라 쓰인 작은 유리병도 눈에 띈다. 사용법은, 봉지에 넣고 얼리세요. 그럼 진짜 아이슬란드 빙하를 갖게 됩니다. 내용물은, 얼음 한 조각과 당신의 행운.

그 옆에서 '아이슬란드 화산 조금(Bit of Iceland - Volcano)'도 판다. 2010년 화산 폭발 때 생긴 화산재가 담겼다. 용도는, '한 달에 한 번 아이슬란드의 추억을 되새길 때'라고 쓰여 있다. 두 가지 모두 가격은 1190크로나, 1만 2000원이다. 어머나, 대동강 물 팔아먹은 봉이

김선달은 아이슬란드에도 있다.

바닷물을 떠다가 '북극해'를 팔고, 검은 화산재를 병에 담아 '아이슬란드 추억'을 판다. 화산 덕분이다. 그러고 보니 이곳에선 지열로 전기를 만들고 난방을 한다. 덕분에 난방 걱정, 관리비 걱정은 필요 없다. 지구가 알아서 데워 주는 뜨끈뜨끈한 물로 목욕하니 이런 호강이 또 있을까? 아이슬란드 사람들은 종종 눈보라 속에서 아이스크림을 먹으며 이렇게 말한다. "더울 때만 먹으면 우리는 아이스크림을 언제 먹나요?"

겨울에 아이슬란드는 영하 40도까지 떨어지고, 여름이라고 해도 기온은 0도에서 5도 사이 정도다. 중앙과 동부 지역은 '아이스 랜드'란 이름대로 빙하 지역이다. 자작나무를 빼면 나무라곤 볼 수 없다. 면적은 우리나라와 비슷하지만 인구는 33만에 불과해 도시에서 조금만 벗어나면 사람 구경조차 어렵다. 지난 천 년 동안 이곳 사람들은 화산을 품고 살았고, 앞으로도 화산과 빙하란 대자연과 함께 살 것이다. 지구 상 어디에서도 볼 수 없는 풍경이다. 아이슬란드 사람들 말대로 불의 신, 오딘(Odin)이 창조한 세계인지도 모른다.

영화 〈월터의 상상은 현실이 된다〉에는 아프가니스탄과 히말라야 장면이 있는데 두 장면 모두 아이슬란드의 '바트나요쿨 국립공원(Vatnajökull National Park)'에서 촬영했다. 영화를 보며 살짝 석연찮기는 했지만 여기가 아프가니스탄이구나, 여기가 히말라야구나 하고 대충 넘어갈 만했다. 그만큼 이곳의 대자연은 다채롭다. 종종 영화에서 외계의 어느 행성으로 아이슬란드가 등장하는 이유다. 비행기 덩치보다 훨씬 작은 그린란드 공항 장면도 아이슬란드의 캉켈루수아크(Kangerlussuaq) 공항에서 찍었다. 아이슬란드를 그린란드라고 우겨도, 이 땅에는 여덟 사람밖에 안 산다고 해도 이상하지 않을 풍경을 어찌 말로 설명할까? 공항조차 고요하고 외로워 보이는 땅이다.

새벽 1시. 이제야 해가 지기 시작한다. 그런데 지평선 뒤로 곧 넘어갈 것 같던 해는 지평선에 걸친 채 슬금슬금 오른쪽으로 움직이더니 새벽 3시에 다시 떠오른다. 백야, 하얀 밤이다. 내일 아이슬란드 동부의 피오르(fjord)로 유명한 세이디스피오르뒤르(Seydisfjordur) 마을까지 671킬로미터를 달릴 텐데, 날이 어두워질까 걱정할 일은 없겠다. 영화 〈월터의 상상은 현실이 된다〉에서 월터가 스케이트보드를 타고 질주한 93번 도로가 이 부근이다.

딱히 특별히 해 본 일이 하나도 없고, 딱히 특별한 곳에 가본 적도 없는 남자, 월터가 여기선 두 팔을 활짝 벌리고 웃었다. 그가 아름다운 풍경에 머물러 있다. 누구도 아닌 그 자신을 위해 존재하는 순간이다. 93번 도로는 월터처럼 스케이트보드를 타건 자전거를 타건 걷건 뛰건 누구나 두 팔 벌릴 수밖에 없는, 가슴 벅찬 길이다.

 아이슬란드 * 월터의 상상은 현실이 된다

미국이나 유럽은 아프가니스탄을 돕는 척 하지만
결국 그들이 원하는 건 석유나 천연가스 같은 자원뿐이다.
〈천상의 소녀〉를 만든 세디그 바르막 감독의 말을 빌리자면
"여성 백 명의 피눈물보다 기름 한 방울을 더 귀하게 여기는 세계"다.

뽕나무 숲으로
언제 다시 소풍을 갈까

파키스탄 소녀, 말랄라

'말랄라(Malala)'는 파키스탄 북서부 스왓(Swat Valley) 지역에 사는 열한 살 여자아이이다. 2008년 탈레반은 파키스탄의 150여 개 학교를 폐쇄했다. 1997년에 태어난 말랄라는 학교가 문을 닫기 직전인 2009년 1월 일기에 이렇게 썼다.

1월 3일 토요일

스물일곱 명의 반 친구들 중 열한 명만이 등교했다. 탈레반 때문이다. 세 친구는 부모님과 함께 페샤와르, 라호르, 라왈핀디로 떠났다. 학교에서 집으로 오는데 한 남자가 나를 죽일 거라고 말했다.

1월 4일 일요일

탈레반이 오기 전 우리 가족은 일요일마다 소풍을 갔다. 하지만 지난 일 년 반 동안은 가지 못했다. 우리 가족은 저녁식사 후 종종 산 책하러 갔는데 요즘은 해가 지기 전에 돌아온다. 밤이 되니 가슴이 두근거린다. 불안하다. 내일 학교에 가기 때문이다.

1월 5일 월요일

라디오에 나와서 교육금지령을 발표한 이들 중 한 사람인 마우라 나(Maulana Shah Dauran)가 죽었다는 소문을 들었다. TV에서 라호르 에서 있었던 폭발 소식을 들었다. 왜 우리나라에서는 폭발이 끊이지 않을까?

1월 7일 수요일

내가 사는 스왓은 매우 아름답지만 이곳엔 평화가 없다.
......

1월 14일 수요일

기분이 안 좋다. 내일부터 겨울방학인데 교장 선생님은 개학이 언 제인지 말해주지 않았다. 전에는 날짜를 분명히 말해주었는데……. 탈레반은 1월 15일부터 나 같은 여자애들의 교육을 금지했다. 왜? 방 학이지만 전혀 기쁘지 않다. 다시 학교에 갈 수 없을지도 모른다. 어 느 친구는 2월에 개학할 거라 하고, 어느 친구는 학교에 갈 수 있는 다른 도시로 간다고 한다. 나는 학교가 언젠가 다시 문을 열 거라고 생각하지만, 학교를 나올 때에는 다시 오지 못할 것처럼 학교 건물을 바라봤다. 오늘이 마지막 날이기에 늦게까지 운동장에서 놀았다.

1월 15일 목요일

잠자다 포격소리에 세 번이나 잠에서 깼지만 상관없다. 어차피 아침 일찍 학교에 갈 필요가 없다.

아프가니스탄 소녀, 마리나

"영화가 뭔데요?"

2002년, 아프가니스탄 카불에 사는 열세 살 소녀, 마리나 골바하리(Marina Golbahari)는 영화 〈천상의 소녀〉를 찍자는 제의를 받고 이렇게 되물었다. 그럴 수밖에. 마리나는 영화를 한 번도 본 적 없기 때문이다. 1989년생인 마리나가 한창 뛰어놀 나이에 아프가니스탄은 탈레반에 의해 장악되었다. 영화는 물론 TV조차 금지되고, 여자아이는 교육을 받을 수 없던 시절이다. 여자아이가 학교에 가기 위해 남장을 했고, 이를 알아차린 탈레반이 교사를 처형했다는 얘기가 흉흉하게 떠돌았다. 마리나는 쓰레기통을 뒤지며 살던 거리의 아이였다. 언니는 폭격으로 죽고, 아빠는 탈레반의 고문으로 다리를 못 써 일을 할 수 없었다.

〈천상의 소녀〉에서 마리나는 '레일라'로 나오는데 두 아이 처지는 크게 다르지 않다. 여자라서 학교에 갈 수 없고, 일도 못 한다. 전쟁과 가난으로 고통받는다. 집 밖으로 나가려면 머리에서 발끝까지 부르카를 덮어 써야 하고, 그마저 남자 없이 혼자 나갈 순 없다. 눈도 보이지 않는 부르카를 입었다 해도 발이 보여선 안 된다. 발이 보였다간, "당장 발 집어넣어! 이교도야!" 하는 상소리를 듣고, 종교경찰에게 매를 맞을지도 모른다.

레일라의 아빠는 카불전쟁 때 죽었고, 삼촌은 러시아전쟁 때 죽었다. 엄마는, 알라가 자기를 벌해 다 죽었다고 말하며 알라를 원망한다.

"레일라가 딸이 아니라 아들이라면 밥벌이를 할 텐데…… 알라는 왜 여자를 만드셨나요?"

그때 할머니가 말한다.

"내일부터 레일라는 사내아이다."

겁에 질린 레일라에게 엄마는 이렇게 말한다.

"네가 일을 안 하면 우린 다 굶어 죽어."

소녀 레일라는 하룻밤 사이에 소년이 되었다. 거리에서 마주치는 강아지도 무서워하는 여자아이가 남장을 한 채 엄마와 할머니의 생계를 책임진다. 탈레반이 알면 당장 자기를 죽일 거라 두려워하면서. 하지만 레일라가 여자라는 사실이 발각된 건 탈레반 때문이 아니다. 레일라 또래의 남자애들 때문이다. 남자애들은 재미 삼아 놀이라도 하는 것처럼 레일라를 놀리고, 쫓아다니고, 잡겠다고 덤벼든다. 남자

아이들은 자기들로 인해 레일라에게 어떤 일이 닥칠지 모른다. 천진한 아이들이 휘두르는 잔인한 폭력이다. 결국 열두 살 레일라는 노인과 강제로 결혼할 처지에 이른다. 탈레반 지도자는 군중들 앞에서 선언한다.

"계집의 죄를 사해주겠다. 고아라 의지할 곳 없는 처지니 이슬람법으로 결혼을 선언하노라. 알라의 뜻이 이루어졌소. 정의가 실현되었소. 알라를 찬양하라. 알라는 위대하시다!"

그의 말에 이의를 제기하는 사람은 눈곱만큼도 없다.

탈레반과 '사랑의 여름'

말랄라와 마리나, 두 소녀에게 그림자를 드리운 '탈레반(Taliban)'이란 말의 의미는 뜻밖이다. '종교적인 학생'이란 의미의 탈레반은 아프가니스탄 인구의 40퍼센트를 차지하는 파슈툰족 말이다. 말만 보면 공부하고 이슬람에 순종하는 이들이다. '종교적인 학생'들은 카불 점령 후 춤과 노래, TV, 사진, 화장은 물론 매니큐어, 립스틱을 금지시켰다. 탈레반의 법에 따라 어떤 남자 의사도 여자 환자를 진료할 수 없다. 젊은 여자는 젊은 남자와 얘기할 수 없었고, 이를 어기면 즉시 결혼해야 했다. 이뿐만이 아니다. 장사꾼들이라 해도 여자 속옷을 팔 수 없었으며, 여자는 집 밖에서 일할 수 없다. 여자 속옷 판매를 금지하는 게 이슬람을 급진적으로 해석한 탓인지 난 잘 모르겠다. 영화 〈천상의 소녀〉를 보면 수백 명의 여자가 푸른색 부르카를 덮어쓴 채 목숨을 걸고 시위에 나선다. 실상 그녀들의 요구는 간단하다.

"일하고 싶다! 일할 권리를 달라."

"정치는 모른다! 우리는 과부다! 배가 고프다!"

아프가니스탄을 장악했던 탈레반 정권은 2001년 11월 붕괴했다. 겉만 보면 그렇다. 1994년 아프가니스탄 남부 칸다하르 인근 도시에서 태동한 후 1996년에 카불을 점령하고, 1998년에 북부산악지대 일부를 제외한 국토의 95퍼센트를 장악한 지 3년 만의 일이다. 탈레반 정권은 붕괴됐다지만 탈레반의 산발적인 공격, 자살테러는 아프가니스탄에서, 파키스탄에서, 또 다른 어딘가에서 여전히 계속되고 있다. 2017년 아프가니스탄 정부는 16년째 탈레반과 내전을 벌이면서도 탈레반에 '평화협상'을 맺자고 한다. 과연 그들과 어떤 식으로 평화협상을 할지는 모르겠다.

따지고 들면 탈레반은 내게도 영향을 미쳤다. 1997년 가을, 나는 탈레반에 대해선 전혀 모른 채 아프가니스탄에 들어갈 뻔했다. 나는 인도 암리차르와 파키스탄 라오르 사이 국경을 넘어 아프가니스탄을 거쳐 이란으로 넘어갈 계획이었다. 여행을 하면서 인터넷을 쓴다는 건 상상도 할 수 없던 그때, 국경에 도착해서 내가 들은 정보는 한 가지가 전부였다.

"아프가니스탄 상황이 안 좋대."

탈레반을 예상 못 한 채 나는 오래전부터 아프가니스탄 여행을 꿈꿨다. 국토의 70퍼센트가 산악지대이고, 여름에는 기온이 최고 55도까지 올라가지만, 겨울에는 영하 35도까지 떨어지는 나라가 아프가니스탄이다. 머릿속에서 내 맘대로 그려 온 아프가니스탄은 척박한 자연 속에서도 천국 같은 곳이었다. 카불을 '천사 왕이 빛으로 만든 정원'이라 표현했던 시인 피터 리바이처럼.

"기후가 더할 나위 없이 좋고, 커다란 호수와 세 개의 초원을 굽어보는 곳. 초원이 초록색으로 물들면 대단히 아름답다."

이슬람 무굴 왕조의 황제, 바부르(Babur)는 1770미터 고지에 위치한 카불을 이렇게 묘사했다. 바부르가 아니더라도 이 나라를 사랑한 외국인들은 많다. 동양을 '여행의 바이블'로 여긴 히피 여행자들이다. 이들은 동양에서 보낸 시간을 '사랑의 여름(Summer of Love)'이라 불렀다. 지금은 전쟁과 테러 때문에 아프가니스탄 여행을 상상하기 어렵지만 1960년대 말과 1970년대 유럽 여러 나라와 미국의 수많은 여행자가 카불을 찾았다. 당시 카불에는 방콕의 유명한 여행자 거리인 카오산 로드처럼 전 세계 여행자들이 몰려들었다. 여행자들 사이에서 카불과 카오산, 네팔의 카트만두는 '3K'라 불렸다. 여행자는 여행자대로, 아프가니스탄 사람들은 아프가니스탄 사람들대로 뽕나무 숲에서 소풍을 즐기며 카불의 황금기를 만끽했다. 1979년 12월 소련이 아프가니스탄을 침공하기 전까지는.

탈레반은 카불에서 물러났지만 여성들은 여전히 부르카를 입는다. 아직도 아프가니스탄의 문맹률은 75퍼센트에 달한다. 25퍼센트가 아니고 75퍼센트라니? 믿을 수가 없다. 평균 수명은 마흔넷이나 다섯이 고작이다. 수백만 난민이 주변국을 떠돈다. 미군의 공습으로 민간인 희생은 끊이지 않는다. 미국이나 유럽은 아프가니스탄을 돕는 척 하지만 결국 그들이 원하는 건 석유나 천연가스 같은 자원뿐이다. 〈천상의 소녀〉를 만든 세디그 바르막(Siddia Barmak) 감독의 말을 빌리자면 "여성 백 명의 피눈물보다 기름 한 방울을 더 귀하게 여기는 세계"다.

2001년 2월 탈레반은 카불 서쪽 125킬로미터 지점, 힌두쿠시 산맥의 가파른 절벽 아래 있던 바미안(Bamiyan) 지역의 거대한 마애불을 파괴했다. 며칠 간 수차례의 폭파와 포격으로 간신히 마애불을 파괴한 탈레반은 암소 50마리를 제물로 바치며 환호했다.

우상파괴.

1500년 전 만들어진 인류문명을 파괴하는 명분은 간단했다. 세계가 반발했지만 탈레반은, 우리가 파괴하려는 것은 단지 돌덩어리에 지나지 않는다며 오히려 이렇게 반박했다.

"1991년 광적인 인도 힌두교도의 바브리 이슬람 사원 파괴나 이스라엘의 예루살렘 이슬람 사원 점령에 대해서는 왜 아무 말도 하지 않는가?"

　탈레반이 사라지고, IS가 사라진다고 아프가니스탄과 중동에 평화
가 올지 나는 잘 모르겠다. 세상에는 극단주의 이슬람 원리주의자들
뿐만 아니라 극단주의 불교 원리주의자들, 극단주의 기독교 원리주
의자, 극단주의 유대 원리주의들도 있다. 미얀마와 스리랑카의 극단
주의 불교 세력은 로힝야(Rohingya)족 이슬람교도와 타밀족 힌두교
도를 공격하고 학살한다. 노벨평화상을 받은 아웅 산 수 치조차 "로
힝야족 문제는 인종청소가 아니라고" 했다. 미얀마 민주화의 주역은
자국 소수민족이 학살당하건 말건 아무 관심이 없다. 막장도 이런
막장이 없다. 세상에는 다양한 가면을 쓴 탈레반이 여전히 존재한다.

 파키스탄 스왓 · 아프가니스탄 카불 * 천상의 소녀

달무지개 뜨는 밤

그는 한 가지 바람으로 살았다. 대부분 시간을 꿈에 다가가는 데 썼다.
쉽게 이루어지는 바람이 있던가? 뭔가를 이루고 싶다 말하는 이는 많지만
어떻게든 나아가는 이는 많지 않고, 바람을 말하는 말은 먼지처럼 흩어졌다.

35년의 꿈

바람

"무기력하게 사느니 사기라도 칠 거야."

언젠가 한 친구가 이런 말을 했었다. 사기도 열정인지는 모르겠으나 한 가지는 알겠다. 사람은 뭐라도 뜨거운 게 없으면 살 수 없구나. 누구라도 가슴을 데울 불쏘시개가 필요하니 무엇이라도 태워야 한다. 설사 그게 제 살이어도 어쩔 수 없다.

한 남자가 오토바이에 탔다. 그런데 '탔다'고 하기엔 자세가 이상하다. 탄 게 아니라 엎드려 있다. 턱은 연료탱크에 닿아있고, 등은 일자로 펴질 만큼 상체를 밀착했다. 뒷바퀴보다 낮은 안장 탓에 사람이 오토바이에 납작하게 달라붙은 모양새다. 핸들은 또 왜 이리 짧을까? 길이만 보면 어른 오토바이에 어린이 자전거 핸들을 달아 놓았다. 양 팔꿈치는 연료통에 닿아있고, 엎드려 있으니 발바닥은 뒤를 향한다. 희한하기 짝이 없는 자세만 보면 무모하고 치기 어린 십 대를 떠올리겠지만 정작 오토바이에 탄 이는 주름 많고 쪼글쪼글하다. 노인은 노인인데 난생처음 오토바이에 올라타 어디 한번 신이 나게 달려볼까 하는 십 대처럼 이를 다 드러낸 채 서글서글하게 웃는다. 눈빛은 왠지 처연하게도 보이지만 몸짓만은 간절하다. 온몸으로 오토바이를 감싸 안은 그가 명랑하게, 하지만 진지하게 말한다.

"세상에서 가장 빨리 달리는 사람이 되고 싶었어요. 평생의 꿈이었죠."

그는 한 가지 바람으로 살았다. 대부분 시간을 꿈에 다가가는 데 썼다. 쉽게 이루어지는 바람이 있던가? 뭔가를 이루고 싶다 말하는 이는 많지만 어떻게든 나아가는 이는 많지 않고, 바람을 말하는 말은 먼지처럼 흩어졌다. 세상에서 가장 빨리 달리겠다는 단 한 가지 바람을 제외하곤 그는 어떤 미망도 없이 한길로만 갔다. 그는 네모난 성냥갑 같은 집에서 살았고, 그의 바람을 이뤄줄 오토바이 한 대만을 가졌다. 긴 세월 동안 그는 오토바이를 고치고 또 고쳤다. 마흔 하나에 돈 버는 일을 그만두고, 그때부터 죽을 때까지 오토바이를 타고 손보며 살았다. 여기저기서 고철 덩어리를 주어다가 오로지 자기 손으로 오토바이를 고치는 데 썼다. 그러던 어느 날 문득 이런 생각을 했다.

"어떤 제한도 없이 최대한 빠르게 달려볼 순 없을까?"

그가 살던 뉴질랜드에서는 이런 꿈을 시도할 수 없었다. 그는 미국에 가기로 했다. 오토바이를 좋아하지만, 최고속도가 중요하지 않고 속도 내다 큰일 난다고 생각하는 나는 그를 좀 이해하기 어려웠다.

소금 사막의 레이싱

"시티를 벗어나 링컨 하이웨이를 따라 계속 서쪽으로 달리기만 하면 돼요. 두 시간쯤 걸릴 거예요. 보너빌 솔트 플래츠(Bonneville Salt Plat)가 사막이란 건 알죠? 그것도 소금 사막이에요! 그러니 너무 깊이 들어가진 마요. 차가 고장 났는데 누구도 당신을 찾지 못한다 생각해봐요. 인터넷이요? 거긴 전화도 안 터집니다."

렌터카 사무실 직원은 재차 다짐을 받지만 나는 소금 사막에 깊이 들어갈 생각에 그의 말은 한 귀로 고스란히 흘려보내고 있었다.

미국 유타주 북서쪽의 어느 호수 이름에는 '그레이트(Great)'가 붙는다. 남북 길이 120킬로미터, 동서 길이는 50킬로미터에 달할 만큼 거대한 '그레이트 솔트 레이크(Great Salt Lake)'다. 유타 주와 네바다 주를 나누는 수직선 경계에 접해 있다.

'솔트 레이크', 이름 그대로 '소금 호수'다. 그것도 세계에서 네 번째로 큰 소금 호수다. 호수 옆에는 호수보다 더 큰 소금 사막, '보너빌 솔트 플래츠'가 있다. 거대한 밀물 호수가 말라 하얗게 변했다. 때로는 소금으로 이루어진 대평원 같고, 때로는 광활한 소금 사막

같다. 오래전 보너빌 솔트 플래츠는 평원(Flats) 아닌 호수였다. 건조한 기후는 호수의 물을 증발시켜 마침내 평원으로 만들어버렸다. 솔트 레이크 시티 또한 보너빌 호수의 잔해다. 솔트 레이크 수면은 매년 낮아진다. 시간이 흐르면 언젠가 이곳 또한 대평원이 될지도 모른다.

솔트 플래츠.

'소금 평원'이란 낭만적인 이름을 가진 이곳은 '속도의 성지'다. 매년 여름 전 세계에서 모여든 이들이 차, 트럭, 모터사이클 등 바퀴 달린 온갖 종류의 머신을 갖고 속도경쟁에 뛰어든다. 이곳에 도로교통법 같은 건 없다. 번호판도 필요 없고, 자동차가 받아야 하는 법적 승인도 필요 없다. 바퀴만 달렸으면 족하다 하니 전속력으로 질주하려는 모든 바퀴의 천국이다. 솔트 플래츠에서는 1900년대 초반 이후 스피드 위크(Speed Week), 월드 오브 스피드(World of Speed) 등 지구에서 제일 빠른 속도 이벤트가 열렸다. 한여름의 솔트 플래츠 표면은 단단하고 물기마저 없다. 덕분에 소금 평원은 세계에서 가장 빨리 달릴 수 있는 레이싱 코스, 보너빌 스피드웨이(Bonneville International Speedway)로 자리 잡았다.

스피드웨이 거리는 10마일(16킬로미터), 폭은 80피트(2.4킬로미터) 정도에 불과하지만 지구 상에서 유일하게 '속도'란 꿈에 도전할 수 있다. 이곳에서 총알처럼 생긴 유선형의 스트림라이너, '블루프레임(The Blue Frame)'은 시속 1001킬로미터로 달렸다. 자동차 엔진 아닌

로켓 엔진을 부착한 차다. 블루프레임이 출발해 시속 1000킬로미터
에 도달하기까지는 채 20초가 안 걸렸다. 1970년 11월의 일이다. 이
기록은 13년 후 깨졌다. 그때 기록은 시속 1019킬로미터. 서울-부산
을 왕복하고 다시 대전까지 가도 채 한 시간이 안 걸릴 속도다.

나를 이곳으로 이끈 남자 목소리가 들린다.
"보너빌이라니 믿기지가 않는군. 내가 드디어 여기 왔어! 이날을
위해 25년을 기다렸다고!"
머리 허연 남자가 말했다. 그는 버트 먼로(Burt Munro)다. 뉴질랜드
에서 왔다. 순전히 오토바이로 여기서 달려보겠다고 여기까지 왔다.
그의 여정은 쉽지 않았다. 지구 반대쪽에서 미국으로 오는데 그는
화물선을 탔다. 비행기로 간다 해도 두 번 갈아타고 1만 2000킬로미
터를 날아가야 할 거리다. 그의 나이 예순셋이다. 심지어 협심증을
앓고 있었고, 미국에 도착한 후에는 돈이 없어 차 뒷자리에서 잠을
잤다. 하지만 그는 개의치 않는다. 보너빌에서 달릴 수만 있다면 이
런 고생이야 별거 아니다. 여기까지 오는 데 25년이 걸렸다. 보너빌
에 올 수 있다면 잠자리 따위가 무슨 상관이랴.

"네 바퀴는 몸을 움직인다. 두 바퀴는 혼을 움직인다."
1960~70년대 오토바이를 타던 이들은 이렇게 말했다. 세월이 흘
렀고, 좀 상투적이고 간지럽긴 해도 오토바이를 타는 이라면 누구나

공감할 말이다. 모터사이클 라이더라면 누구나 스피드와 스타일 그리고 자유에 열광하고 도취하지만 버트 먼로에게는 스피드가 중요했다.

"5분 만이라도 전력을 다해 달리는 게 평생 똑같이 사는 것보다 의미 있을 수 있어요. 내가 하려는 건 전속력으로 달리는 거요. 그냥 그건 내 삶이에요. 딱 한 번만이라도 200마일(시속 321킬로미터)을 넘어보고 싶어요. 그게 다요."

그는 인생의 하루, 아니 단 5분을 위해 살았다. 지금 당장 협심증 약을 먹어야 하는 건 안중에 없다. 설사 여기에 죽으러 왔다 한들 뭐라 할 수 있을까? 여기서 꿈을 향해 달리는 것보다 간병인 끼고 요양원에 누워있는 게 낫다고 할 수 있을까? 하지만 약을 먹지 않아도 끄떡 않을 것이다. 그는 아직 끝낼 준비가 안 됐다. 아직은 말이다. 보너빌에서 달리긴 전까진.

보너빌 소금 사막에서 그는 사고에 대비하는 낙하산도 없이, 심지어 브레이크도 없이 원래 최고 속도라고 해야 시속 85킬로미터가 고작인 인디언 스카웃을 가지고 전속력으로 달렸다. 방화복을 갖춰 입지 못한 그는 다리에 화상을 입었다.

"정말 내 다리가 타버렸네."

제 다리를 연료처럼 태우고 그는 껄껄껄 웃으며 말한다.

"해냈어."

그에게 위험은 삶의 활력 같다. 나이가 들었기에 더 과감하다.

"내 나이쯤 돼서 땅을 밟고 설 수 있으면 그날이 좋은 날이에요. 가야 할 때 가지 않으면, 가려 할 때는 갈 수 없어요."

그는 1920년산 600씨씨 인디언 스카웃을 샀고, 1926년 보너빌을 알았다. 보너빌을 알게 된 후 1961년까지 35년 동안 여기 오겠다는 꿈을 꿨다. 지독하고 집요하게 그를 사로잡은 꿈이었다.

1962년 드디어 꿈을 이뤘다. 이십 대도, 삼십 대도 아니지만 그는 누구보다 빨랐다. 시속 288킬로미터. 두 바퀴가 낼 수 있는 세계 최고 속도였다. 집에서 혼자 뚝딱뚝딱 개조한 오토바이, '인디언 스카웃'은 이제 세상에서 가장 빠른 인디언이 됐다.

5년 후인 1967년, 그는 다시 보너빌을 찾는다. 47년 된 오토바이를 가지고 그는 다시 시속 295킬로미터란 기록을 세웠다. 지금까지 깨지지 않은 인디언 스카웃의 기록은 그가 예순여덟 살 때 세웠다. 첫 방문 후 그는 여덟 번 더 보너빌을 찾았다.

1899년에 태어난 그가 스물한 살 때 산 인디언 스카웃은 그의 인생 자체였다. 조금이라도 더 빨리 달리기 위해 그는 평생 인디언 스카웃을 매만졌다. 오토바이는 그의 인생 전부였지만, 그의 인생에는 단 한 대의 오토바이밖에 없었다. 버트는 인디언이란 오토바이 회사에서 만든 한 가지 모델인 인디언 스카웃에 '먼로 스페셜(Munro Special)'이란 이름을 붙였다.

"키위(뉴질랜드 사람)도 날 수 있다는 걸 보여줘요!"

그가 미국으로 출발하던 날, 그의 홈타운, 인버카글(Invercargill)의 한 주민은 이렇게 말했었다.

그는 키위답게 먼로 스페셜을 타고 땅에 달라붙은 채 날았다. 날갯짓은 필요 없었다. 그도, 인디언 스카웃도 전설이 되었다.

늙은이에게도 맞는 곡조는 있죠

"여름에 경기가 있을 때 다시 한 번 오세요. 특이한 연료를 태우는 차들에서 매캐하고 콕 쏘는 듯한 냄새가 날 겁니다. 그리고 엄청난 굉음을 내지르며 달려나갈 거예요. 누구라도 '소금병(salt fever)'에 걸릴 수밖에 없어요. 한 번 걸리면 헤어날 수 없어요. 아, 다음에 올 땐 쌍안경을 잊으면 안 돼요. 차건 오토바이건 금방 다 사라져 버리거든요."

솔트 레이크 시티의 인포메이션 센터 직원은 내가 여기까지 와서 아무 경기도 보지 못하는 게 아쉬운 모양이다. 나로선 여기 한 번 더 와야 할 이유가 생겼다. 버트는 여기 오기까지 25년이 걸렸다는데 한 번 더 오는 거야 뭐…….

버트 먼로는 솔트 플래츠로 가는 동안 길 위에서 만난 여자 에이다와 하룻밤을 보내고 나서 이렇게 말했다.

"사람들은, 늙은이들이 어디 조용한 곳에 쓰러져 죽길 바랄지 모르겠는데 난 아직 그럴 수 없어요. 늙은이들에게도 꼭 맞는 곡조는 있는 법이죠. 누구나 써보지 않은 건 잃을 수밖에요."

내가 오토바이를 탄다고 하면 사람들은 대개 이렇게 묻는다.
"위험하지 않아요?"
위험하다. 그래서 과속하지 않고, 신호를 지킨다. 그래도 위험하다. 그래도 오토바이를 포기할 순 없다. 내가 오토바이를 타며 얻는 즐거움은 오토바이를 탈 때 생길 수 있는 위험보다 훨씬 크다. 소중하고 두렵고 아름다운 사계절을 달린다.
오토바이에도 '소울'이란 게 있다면, 테크놀로지는 눈부시게 나아졌는데 소울은 전보다 희미해졌다. 아이러니하게도 기술이 진보한 탓이다. 킥 스타트 대신 버튼으로 시동을 건다. 간편하지만 뭔가 아쉽다. 때로는 불편한 게 그립다. 늙은이에게도 맞는 곡조가 있다는데, 요즘 많은 이들의 곡조는 대개 비슷하다.

 미국 보너빌 * 세상에서 가장 빠른 인디언

사람 눈으로 보고 느끼기에 달빛은 워낙 약한 탓에
달무지개의 색이나 형체를 인식하기란 쉽지 않다. 눈앞에 있지만 보이지 않는다.
카메라를 빌려서야 겨우 볼 수 있다. 달무지개의 매력이다. 어쩌면 보이지 않아 다행이다.
다 보이면 달무지개가 지금처럼 신비하고 귀하게 여겨질까?

달무지개를 찾아

화산의 여신

"알로하~"

하와이언 항공 승무원의 변함없는 인사다.

"알로하~"

여행자도 따라하기는 쉽지만 하와이 원주민들에게 알로하의 의미는 깊다. 부드럽고, 조화롭게, 기쁘게, 겸손하게, 그리고 인내한다는 원주민 말의 맨 앞자를 모은 '알로하(aloha)'다. 좀 복잡하지만 아무튼, 알로하~ 하와이, 반갑습니다~!

하와이의 여섯 개 주요 섬 중에서 가장 큰 '하와이 섬'은 '빅 아일랜드'라 불린다. 정작 코나국제공항은 깜짝 놀랄 만큼 작다. 태국이나 발리의 아담한 리조트 같다. 아, 폴리네시안 스타일로 지은 게 다르겠지만 방갈로 스타일은 비슷하다. '큰 섬'답게 하와이 섬에는 국제공항이 두 개다. 서쪽에는 코나, 동쪽에는 힐로국제공항이 있다.

코나국제공항에서 시내인 카일루아 코나까지는 13킬로미터, 20분이 채 안 걸린다. 그런데 길이 심상치 않다. 섬이 아니라 미대륙의 광활한 서부를 달리는 듯 탁 트였다. '빅 아일랜드'가 괜한 이름이 아니다. 알고 보니 대략 서울의 18배, 제주도보다 6배 크다.

그나저나 빅 아일랜드가 손톱 자라는 속도로 매일 움직이는 줄은 몰랐다. 하와이에선 지구가 살아 움직인다. 하와이 하면 무작정 꿈의 여행지 또는 와이키키를 떠올리는 사람들에게 세계에서 가장 활달히 활동하는 화산이 여기 있다고 하면 갸웃할지도 모르겠다. 나도 그랬다. 눈앞에서 시뻘건 용암이 흘러가는 걸 직접 보기 전까지는. 세상에나, 온도가 1100도 이상이다. 은과 구리조차 순식간에 녹여버릴 온도다. 흐르는 용암이 식물에 닿자마자 식물은 따다닥 새카맣게 타버린다. 시뻘겋게 흐르던 용암이 시커멓고 단단한 돌처럼 굳어버리는 것도, 용암이 흐르고 흘러 바다까지 이른 후에 고이고 고여 절벽으로 변하는 것도 경이롭다. 이렇게 하와이 땅은 조금씩 커지는 중이다.

시뻘건 용암이 흐르는 걸 보고나니, 나는 하와이 원주민이 아닌데도 변덕스럽고 다혈질이 분명할 '화산의 여신, 펠레(Pele)'가 무서워졌다. 하와이 사람들이 펠레에게 실속 없이 제물을 공양하는 게 아니었다. 펠레가 아니어도 하와이는 사람이 생존하기 어려운 땅, 이를테면 화성처럼 여겨진다. 2015년과 2016년에 걸쳐 일 년 동안 여섯 명의 과학자는 해발 4171미터의 마우나로아 활화산 경사지에서 화성

생존 프로젝트를 진행했다. 영화 〈마션〉처럼 하와이를 화성이라 가정한 실험이다. 그만큼 마우나로아 활화산 지역의 환경은 화성과 유사하다. 태평양 한가운데 있는 하와이에 오면 화성도 볼 수 있다!

땅 밑에서 물이 펄펄 끓고 있는 도로를 달려 숙소에 도착하니 웰컴 드링크라고 누런, 음, 마시면 참 건강해질 것 같은, 진흙을 푼 것 같은 음료를 내민다.

"맛보지 말고 그냥 넘기세요."

여직원은 방긋 웃으며 말했다. 맛을 보지 말라고? 저 말을 안 들었으면 덜 불안할 텐데 나 참. 맛은 보고 말고 할 게 없다. 별맛이 없다. '카바(kava)'라는 식물 뿌리로 만든다. 음료 이름도 카바. 맛보다 인상적인 건 하와이 사람들이 카바를 마실 때 행하는 의식이다. 카바를 마시기 전 손끝에 카바를 살짝 묻혀 앞으로 뿌리고, 뒤로 뿌린다. 앞으로 뿌리는 건 자연에 경의를 표하기 위해서, 뒤로 뿌리는 건 조상에 경의를 표하기 위해서. 음, 인자한 조상보다 역시 무서운 펠레가 먼저다. 하와이 화산국립공원(Hawai'i Volcanoes National Park)에서 만났던 가이드는 이렇게 말했다.

"잘 왔어요. 요즘 용암이 흐르거든요. 펠레가 하는 일을 볼 수 있는 건 큰 행운이에요. 우리는 용암도, 화산 폭발도 인생의 일부라고 믿어요. 무시무시하지만 황홀할 거예요. 참, 펠레에게 바칠 제물은 준비했나요?"

하와이에 대해 잘 알지 못했을 때 그곳은 만인의 꿈 같은 휴양지였다. 그런 곳에 기분 내키는 대로 온갖 표정을 지으며 제물을 기다리는 성질 나쁜 여신이 살 줄이야. 당장 제물은 어디서 구한담……

한 번 더 와이피오에 가요

펠레를 지나 하와이 섬 북쪽의 작은 마을인 호노카아(Honoka'a)로 향한다. 영화 〈하와이언 레시피〉의 배경이 된 곳이다. 점심도 거르고 섬의 한 곳에서 다른 곳으로 가는데 두 시간이 더 걸렸다. 아이고, 여기가 빅 아일랜드란 걸 잠시 잊었다. 호노카아는 어제 본 화산섬 하와이와는 완전히 다르다. 금방 땅이 쩍 하고 갈라지고, 불기둥이 솟구쳐도 이상하지 않았던 화산섬 밖의 별세계다. 초원 아래로 내려다보이는 에메랄드빛 바다는 낙원이라고 해도 좋다. 파스텔 톤의 작고 아기자기한 마을은 동화 속에 등장할법하다고 생각하는데 오른편에 스포츠 바가 나타났다. 저 안에만 들어가면 왠지 금발의 웨이트리스가 입술을 내밀 것 같다. 잠시 잊었지만 음, 여기는 미국이다.

가게, 은행, 극장이 모여 있는 중심가라고 해봐야 2~300미터도 채 안 된다. 도로에 주차된 차가 좀 많은 걸 빼면 그래도 영화에서 봤던 호노카아 타운과 거의 똑같다. 사실 호노카아 타운을 세트 아닌 실제 호노카아에서 찍었으니 똑같은 게 당연하지만 색을 좀 뺀 거 외엔 억지로 예쁘게 찍지 않았다는 게 좋다. 호노카아 타운의 중심도로인 와이피오 로드를 걷다 보면 반바지에 슬리퍼를 찍찍 끌고 건널목을 건너는 레오를 만나고, 귀여운 할머니 비이도 만나고, 혼혈의 피부가 예쁜 머라이어도 만날 것 같다.

호노카아 극장(Honoka'a People's Theatres)은 영화에서 가장 중요한 장소다. 마치 세트처럼 보였던 극장은 1930년에 생긴 실제 극장이다. 궁금하다. 이런 예쁜 극장을 지을 수 있는 건 미국인의 정서인지 아니면 하와이에 유입된 일본 문화인지······. 극장 옆의 하와이 은행 건물도 고풍스럽다. 저 예쁜 집에서 돈을 빌리고, 금리를 따지고, 공과금을 낸다는 게 영화보다 더 비현실적이다. 아무튼 호노카아 극장과 하와이 은행은 이곳에서 사진 찍기 가장 좋다. 비이 할머니가 만든 말라사다(malasada : 도넛의 일종) 빵을 먹을 수 없어 아쉽지만 늘 잠자는 듯 보이는 제임스 할아버지 옆 팝콘 기계는 그대로 있다.

하와이까지 같이 온 여자 친구에게 차이고 레오는 말했다.

"사람은 누군가와 만나기 위해 살아간다."

어쩌면 나는 사람에게 큰 기대가 없다. 레오가 여기 와서 그랬듯 누군가와 만나는 건 결과일 뿐이다. 그런데 누군가 만나기 위해 살아가는 사람이 누군가를 만나지 못하면 어쩌나? 말라사다 빵을 먹기 위해 여기까지 먼 길을 왔다가 눈앞에서 마지막 남은 빵을 놓치게 된 여자는 이렇게 말했다.

"일부러 왔는데······ 일부러 왔는데······."

먹는 낙으로 사는 에델리가 큰 맘 먹고 하나를 양보하자 그녀는 다시 이렇게 말했다.

"일부러 와서 다행이다! 일부러 와서 다행이다!"

내 생각도 비슷하다. 내가 여기 일부러 올 수 있어 다행이라고. 하지만 일부러 찾아간다고 원하는 걸 가질 순 없다. 호노카아에서 볼 수 있다는 달무지개도 마찬가지다. 레오가 처음 여기 오게 된 건 달무지개 때문이다. 결국 달무지개를 보지 못해 화가 난 여자 친구에게 간단히 채이고 말았지만.

호노카아에선 보름달이 뜨는 날, 드물게 달무지개가 뜬다. 태양빛 아닌 달빛이 만드는 무지개다. 전 세계를 통틀어 미국 켄터키 주의 컴벌랜드 폭포(Cumberland Falls), 아프리카의 빅토리아 폭포, 그리고 하와이 호노카아 등 세 곳 정도에서나 겨우 볼 수 있다니 오로라보다 귀하다. 달무리와는 다르다. 달 언저리에 둥그렇게 생긴 구름 같은 달무리는 달 주위에 나타나는 동그란 빛의 띠일 뿐이다. 하와이 사람들은 이렇게 말한다.

"달무지개는 큰일이 생길 때 나타나 달무지개를 본 사람들 소원을 들어준다고."

정작 하와이 사람도 보기 힘든 게 달무지개인지 레오와 비이는 이런 얘기를 나눈다.

"여기서 수십 년을 살았는데 달무지개 본 적 있으세요?"

"없어요."

"그럼 한 번 더 와이피오(Waipi'o)에 갈까요?"

보이지 않아 다행이야

달무지개를 보기는 매우 힘들지만 호노카아에서 달무지개를 볼 수 있는 와이피오 밸리(Waipi'o Valley)까지는 차로 20분만 달리면 도착한다. 사륜구동을 타야 한다 해도 금방 도착해버리니 좀 시시하다. 왠지 달무지개를 보려면, '가자! 달무지개가 사라지기 전에!' 하는 비장한 마음으로 사람도 살지 않고, 렌터카 보험도 안 되는 험한 길을 1박 2일쯤 달려야 할 것 같은데 14킬로미터 밖에 안 걸리다니…….

오기는 쉬워도 레오와 비이의 대화에서 보았듯 와이피오에 왔다고 무조건 달무지개를 보는 건 아니다. 일단 보름달이 떠야 한다. 보름달이 휘영청 떠도 달무지개는 좀체 자신을 드러내지 않는다. 비도 내리고, 기온도 적당해야 한다. 달무지개를 보기만 하면 축복을 받는다는데 이게 절대로 쉽지 않다. 오죽하면 달무지개를 보면 기적이라고 할까? 내게도 기적은 일어나지 않았다. 대개가 그렇듯.

하지만 나는 달무지개를 본 적이 있다. 진짜다. 하와이 아닌 아프리카의 잠비아와 짐바브웨 국경 사이에 있는 빅토리아 폭포에 갔을

때다. 그때 나는 달무지개란 말조차 모른 채 숙소에서 만난 이들을 무작정 따라갔다. '루나 레인보우(Lunar rainbow)'를 보러 무슨 언덕에 올랐다. 깊은 숲 너머 저 멀리 어둠 속에서 빅토리아 폴스 브릿지가 보라색 조명을 받아 빛날 뿐 아무것도 보이지 않았다. 무지개가 어디 있다는 거지? 그 순간에는 알아채지 못했다. 내가 거대한 달무지개를 마주하고 있다는 걸. 나중에 큰 모니터에 그날 찍은 사진을 띄워보고 나서야 알았다. 그날 밤에는 전혀 보이지 않던 달무지개가 사진 속에서는 거짓말처럼 나타났다. 느린 셔터로 찍은 사진 속에 희미하지만 거대한 무지개가 있다. 이게 무슨 일이람?

기억을 더듬어본다. 그날 하늘은 어두웠다. 원주민들이 '모씨 오야 툰야', 그러니까 '천둥 치는 연기'라고 부를 만큼 천둥이 우르릉거리는 소리를 내는 빅토리아 폭포의 물방울이 하늘로 물밀 듯이 흘러가 하늘에 거대한 막을 드린 듯 하얗게 피어올랐다. 보름달이 서서히 떠올랐다. 내 등 뒤에 나지막하게 떠있던 보름달의 새하얀 빛이 하얀 물방울에 닿자 거대한 달무지개가 살살 생겨났다.

달이 조금만 더 높이 떠올랐으면, 달빛이 그처럼 밝지 않았으면 달무지개를 보는 건 불가능했다. 그날 밤, 내가 맨눈으로는 뿌연 빛만 보고, 달무지개를 거의 보지 못한 것도 자연스럽다. 낮에 보이는 무지개와 밤에 보이는 무지개는 완전히 다르다. 사람 눈으로 보고 느끼기에 달빛은 워낙 약한 탓에 달무지개의 색이나 형체를 인식하기란 쉽지 않다. 실제로는 희미한 정도가 아니라 거의 안 보인다 해도 괜찮다. 눈앞에 있지만 보이지 않는다. 카메라를 빌려서야 겨우 볼 수 있다. 달무지개의 매력이다. 어쩌면 보이지 않아 다행이다. 다 보이면 달무지개가 지금처럼 신비하고 귀하게 여겨질까? 〈하와이언 레시피〉의 비이는 이렇게 말했다.

"쉽게 볼 수 있으면 봐도 고맙지 않아요."

그때는 몰랐지만 그날 나는 억수로 운이 좋았다. 달무지개를 쉽게 보아 고마운 줄도 몰랐다. 빅토리아 폭포에서 달무지개를 볼 수 있는 날은 한 달에 단 3일, 그러니까 보름날 하루와 보름날 전후 이틀뿐이다. 1년 중에서도 수량이 가장 많은 4월에서 6월까지가 적기다. 누군가는 빅토리아 폭포에서 달무지개를 보기 위해 아프리카 여행 일정을 전부 다시 짜야 했고, 비이는 하와이에 수십 년 동안 살아도 달무지개를 본 적 없다. 그런데 나는 달무지개가 뭔지도 모른 채 3월의 보름날, 아프리카 잠비아에 와 빅토리아 폭포에서 달무지개를 봤다.

비이처럼 소원을 빌 생각조차 못 했다. 그러고 보면 비이는 진작 달무지개를 봤을지도 모르겠다. 다만 나처럼 알아채지 못했을 뿐. 그녀는 달무지개를 보고 난 후 레오를 위해 양배추 롤을 잔뜩 남기고 바람처럼 사라졌다.

달무지개를 볼 수 있는 호노카아, 이 동네에서 죽은 사람은 모두 바람이 된다. 버려져 야생화된 사탕수수의 달콤한 냄새가 풍기는 동네에 뺨을 간질이는 바람이 분다. 사람은 누구나 혼자라고, 그래서 누군가와 함께하고 싶다던 비이는, 그녀 말대로라면 50년 동안을 혼자 살았다. 비이가 어둠 속에서 보일 듯 보이지 않을 듯 훌라 춤을 추며 노래를 부른다.

고향이 너무 그리워 달의 무지개여
하와이 하와이에 와봤지만
당신을 사랑하게 되었네 달의 무지개여

 하와이 호노카아 · 잠비아 빅토리아 폭포 ＊ 하와이안 레시피

얼마나 달렸을까. 석양마저 지고 밤이 왔다. 어느새 별들이 하나둘 제 빛을 드러낸다.
전망차로 나가 바람을 맞으며 하늘을 응시하는데 코끝이 찡하고 가슴이 먹먹하다.
어깨를 으쓱하고 살며시 웃음을 띠며 혼잣말을 중얼거린다. 이게 사는 거야.

아프리카 기차 여행의
황금시대

이게 바로 사는 거야

"지금 하고 싶은 일은 무엇인가?" 그가 묻는다.

세계일주. 세계일주를 하고 싶다. 그런데 몇 년째 말만 하고 떠나지 못했다.

그가 다시 묻는다. "인생에서 기쁨을 찾았는가?"

아니, 나이가 들수록 점점 더 웃음이 사라지는 것 같다. 종종 인생의 가치가 무엇인지 잘 모르겠다.

"당신 인생이 다른 사람을 기쁘게 해주었는가?"

그의 마지막 질문이다. 그는 끈질기고 나는 뜨끔하다.

영화 〈버킷 리스트〉를 보면, 일흔두 살 먹은 두 남자는 어느 날 갑자기 생존 가능성 5퍼센트의 암 선고를 받고, 잊고 살아온 버킷 리스트를 실천하기로 맘먹는다. 전용기를 타고 타지마할로, 피라미드로,

히말라야로 떠나는 탓에 누군가는 눈요깃거리에 불과한 영화라고 하지만 내게 한 장면만은 강렬하게 남았다.

"이게 바로 사는 거야."

한 남자가 스카이다이빙을 하며 동갑내기 남자에게 한 말이다.

이게 바로 사는 거야. 매일매일은 아니더라도, 간혹이라도 이렇게 말하며 살고 싶은데 좀처럼 쉽지 않다.

버킷 리스트에 적고 싶을 만큼 강렬한 꿈이 있다면 좀 달라질까? 버킷 리스트를 적어본 적은 없었던 것 같다. 어느 날 갑자기 암 정도는 걸려서 아, 인생이 영원한 게 아니구나 하고 뒤늦게 알아차리고 적어 보려나? 나는 꿈이 별로 없는지도 모르겠다.

그래도 내가 가진 버킷 리스트를 하나 꼽는다면 그건 '아프리카 기차 여행'이었다. 한두 시간 타고 마는 게 아니라 기차를 타고 하루, 이틀, 삼일 아프리카 대륙을 달려보는 것이다. 풍문으로는 알고 있었다. 아프리카에 '세계 최고의 호화열차'라고 불리는 빈티지 기차가 있다고. '블루 트레인(The Blue Train)'과 '로보스 레일(Rovos Rail)' 열차다. 하지만 나와는 상관없는 일이라 여겼다. 1박 2일 여정에 대략 미화 2000달러, 2박 3일 여정에 3000달러가 넘는 기차에 내가 탈 일이 있을까 싶었다. 그런데 '세계 최고의 럭셔리 기차'라는 두 기차에 어느 날 문득 몸을 실었다. 무턱대고 쓴 한 통의 메일로 비롯된 일이었다.

2015년 3월 11일, 아침 8시 반, 남아프리카 요하네스버그의 프리
토리아역에서 블루 트레인 승차권을 받았다. 지난밤은 기차역 인근
30달러짜리 게스트하우스 품바스 백패커스(Pumbas Backpackers)에서
지냈는데 오늘 밤은 2000달러짜리 기차의 스위트룸이다.

'남아프리카의 영혼을 향해 열린 창'

블루 트레인의 광고 문구에 불과한 이 말이 왠지 내 가슴에 와 닿
았다. 블루 트레인이란 열차를 타고 아프리카 대륙을 달린다면 영화
〈아웃 오브 아프리카〉의 한 장면 속으로 들어갈 것 같았다. 믿기지
않지만 한 가지 꿈이 이루어졌다. 오늘 드디어 블루 트레인을 타고
프리토리아를 출발해 1600킬로미터 떨어진 케이프타운으로 향한다.
27시간의 여정이다. 블루 트레인 라운지 앞에는 붉은 카펫이 깔려있
다. 카펫을 밟고 라운지로 들어선다. 드디어 블루 트레인의 세계 속
으로 입장한다.

내 방은 '디럭스 스위트(Deluxe Suite)' 35번. 낮에는 소파가 자리를
차지하지만 밤에는 트윈 베드로 변한다. 짙은 적갈색 원목의 은은한
윤기가 흐르는 방이다. 내 방의 '버틀러(butler)'는 부드러운 미소를
가진, 건장한 체격의 흑인 남자 '리페'다. 살다 보니 나를 돌보는 '집
사'가 다 생겼다. 그것도 아프리카의 기차에서. 나로선 객실에서 리
페에게 애프터눈티 서비스를 받는 게 특별했다. 묵직한 실버 티 포트

세트가 마음에 들었다.

1박 2일 블루 트레인 여정의 하이라이트는 디너 타임이다. 그런데 디너 때 재킷과 타이를 해야 하는 게 문제였다. 재킷과 타이는 블루 트레인의 전통이자 승객들의 의무다. 남아프리카로 떠나기 전 사실 이 문제로 한참을 고민했다. 단 세 번의 저녁식사를 위해 친구에게 슈트와 구두를 빌려 한 달 동안 싸들고 다니는 건 정말 귀찮았다. 출국 전날 밤까지 짐은 안 싸고, 옷을 가져갈까, 말까? 두어 시간을 고민했는데 저녁을 먹으며 생각했다. 정말 잘 가져왔구나.

블루 트레인의 다이닝 카에선 슈트와 보우 타이가 자연스럽다. 다이닝 카로 가기 전 거울 앞에서 보우 타이를 한 나를 보았다. 블루 트레인이기 때문에 이런 차림이 자연스럽다. 슈트를 입고 다이닝 테이블에 앉는 순간 나는 다른 사람이 된다. 블루 트레인에서 슈트와 양복은 완전히 다르다. 여기서 슈트는 파티를 위한 옷이다. 블루 트레인의 다이닝 카는 무도회장 같다. 아마 19세기 중후반 빅토리아 시대의 기차 여행이 이렇지 않았을까? 블루 트레인에 영국 손님이 많은 것도 이런 이유 때문이 아닐까? 영국인들은 영국 역사상 가장 화려하고 영광스러웠던 시절에 대한 향수를 여기서 곱씹는지 모른다. 영국인이 아니더라도 블루 트레인에서 보내는 시간은 누구에게나 지속되어야 할 영광의 시대다.

흔히 블루 트레인 앞에는 '세계 최고'라는 수식어가 붙는다. 평범한 사람들을 긴장하게 하는 대목이다. 한편 궁금했다. 도대체 어떤 사람들이 이런 기차에 탈까? 라운지에서 만난 30대 후반의 독일 여자는 이렇게 말했다.

"기차를 타러 가는데 무슨 옷을 입어야 하나 한참 고민했어요. 어떤 분위기일까? 도무지 종잡을 수 없는 거예요."

나처럼 그녀도 블루 트레인에 처음 탔다. 하지만 전혀 다른 사람들도 있다. 세계 최고에 익숙한 사람들이다. 마이클은 케이프타운에서 사업을 하며 요트를 즐겨 탄다고 했다. 나는 블루 트레인에 오르며 꿈 같은 일이라고 말했지만 마이클 같은 이들에겐 블루 트레인이 대수롭지 않다. 같은 세상을 살아가는 것 같지만, 사람들이 살아가는 세상은 천차만별이다.

블루 트레인에서 유독 내 흥미를 끈 곳은 '클럽 카(Club Car)'다. 남자들, 아니 신사들의 놀이터다. '신사들의 클럽'은 술도 안 마시고 변변한 슈트 한 벌 없는 내가 평소에 품고 있던 로망 중 하나다. 내 로망은 클럽 카에서 쿠바산 '로미오와 줄리엣'으로 이루어졌다. 담배도 안 피우는 내가 클럽 카에서 난생처음 피워본 시가다. 옆자리의 중년 신사, 마이클 덕분이다.

"시가를 한 번도 안 펴봤다고요? 그럼 펴봐야죠! 연기를 삼키는 게 아녜요. 쪽쪽쪽 거리며 입안에서 향을 느끼고 연기를 내뿜는 거예요. 영국 수상 처칠처럼. 아, 코냑도 마셔야죠. 시가와 잘 어울려요."

언젠가 한 친구가 이런 말을 했었다.

"시가를 펴봤는데 너무 독해 입안이 다 헐었어."

살짝 긴장한 채 시가를 입에 물고 마이클이 시키는 대로 쪽쪽쪽 시가를 빨았다 연기 내뿜기를 반복했다. 그런데 웬걸 예상과 다르게 아주 순하다. 심지어 입안에서 느끼는 향은 부드럽기까지 하다.

잠시 후 방으로 돌아와 침대에 누웠다. 어둠 속에 바깥 풍경이 흐른다. 블루 트레인에 탔는데 블루 트레인에 타는 꿈을 꾼다.

야간 기차의 철로에서 잠이 들었는데 햇살 때문인지 이른 아침에 눈이 떠졌다. 창밖은 온통 붉은빛이다. 블루 트레인에서 맞는 아프리카의 일출이다. 넋을 놓고 창밖을 본다. 블루 트레인을 타고 1박 2일을 달리는 동안 창밖 풍경에서 한순간도 눈을 뗄 수 없었다. 잠자는 시간조차 아까웠다. 꿈 같은 시간이 흐르고 어느새 케이프타운에 도착했다. 팁을 봉투에 넣어 라운지 카의 '박스(gratuity box)'에 넣었다.

세 개의 나이프, 세 개의 포크

블루 트레인에 이어 다음 여정은 로보스(Rovos)다. 2015년 3월 27일, 로보스 열차를 타고 프리토리아에서 남아프리카의 서부, 인도양에 접한 도시, 더반으로 2박 3일 동안 달린다. 더반에 살면서 정치에 무관심했던 변호사 간디가 요하네스버그로 가기 위해 일등석 기차에 탔다가 유색인이란 이유로 쫓겨났다는 일화를 가진 구간이다.

로보스 역시 블루 트레인과 마찬가지로 요하네스버그의 프리토리아에서 출발한다. 하지만 프리토리아역에서 출발하는 블루 트레인과 달리 로보스는 아예 기차역을 따로 운영한다. 덕분에 무심코 프리토리아 기차역으로 간 나는 서둘러 택시를 잡아타고 4킬로미터 떨어진 캐피털 파크의 로보스 기차역으로 가는 소동을 치렀다.

나는 기차를 놓칠까 허둥댔지만 나보다 일찍 도착한 승객들은 한가로운 시간을 만끽하고 있었다. 승객들은 열차에 오르기 두어 시간 동안 라운지에서 '샴페인 리셉션'을 즐기고, 사진집을 살펴보고, 로보스 박물관을 둘러본다. 라운지를 둘러보다 보니 키가 훤칠한 남자가 눈에 띈다. 로보스 레일의 창립자 '로한 보스'다. 그는 기차가 출발하고 도착할 때 종종 기차역에 나와 손님의 이름을 일일이 호명하며 인사를 건넨다.

오늘 내가 탈 로보스 열차의 객차 수는 열두 개인데 승객은 겨우 스물여덟! 명이다. 지난번에 탄 블루 트레인의 열일곱 개 객차에 승객이 70명이란 말에 깜짝 놀랐는데 로보스는 훨씬 더 적다. 로보스가 얼마나 호화로운지를 단적으로 보여준다. 수는 적지만 국적은 다양하다. 남아프리카, 독일, 스위스, 벨기에, 캐나다, 미국, 그리고 한국까지 7개국 사람이 모였다. 음, 어쩌다 보니 아시아를 대표하게 됐다.

사실 나는 처음 내가 원한 날짜에 로보스를 예약할 수 없었다. 그때는 예약이 꽉 찼다는 말을 이해할 수 없었다. 기차의 그 많은 좌석 중에 내 자리 하나가 없다는 게 의아했다. 오늘 승객 수를 알고 나서야 그 사정이 이해됐다. 승객들이 좌석 아닌 '캐빈' 즉 객실에 머무른다는 사실을 잊고 있었다. 오늘 내가 머물 방은 '디럭스 스위트 (Deluxe Suites SHRE 8162)'.

로보스의 애칭은 '더 프라이드 오브 아프리카(The Pride of Africa)' 다. 로보스의 자부심이 이 한 마디에 담겨 있다. 로보스는 지금보다 심플하지만 우아했던 과거를 그린다. 로보스는 19세기 황금광 시대로 돌아가는 여행이다. 로보스는 블루 트레인보다 더 비싸다. 하지만 로보스에서 제공하는 와인은 남아프리카에서 최고로 꼽히는 와인들이다. 5성급 호텔 수준의 음식과 와인을 무제한으로 즐길 수 있다는 것만으로 비싼 게 아닌지도 모른다. 로보스를 타고 달리는 2박 3일은 온갖 와인을 시음하고 공부하는 시간이다. 음식도 마찬가지다. 승객들은 정장을 하고 한 시간, 또는 두 시간에 걸쳐 디너를 즐긴다. 하지만 처음엔 메뉴판을 받아보고 당황했다. 낯선 단어가 제법 많다. 이를테면 둘째 날 저녁 애피타이저 메뉴는 이렇다.

Seared loin of springbox with a port and black cherry demi-glace set on stir-fried vegetable and a creamy parmesan and sage polenta.

얼추 번역해보면 이렇다.

센 불에 재빨리 구어 낸 후 포르투갈 산 와인과 블랙 체리 데미글라스 소스를 뿌린 남아프리카산 영양의 허릿살에 볶은 야채, 그리고 크리미한 파마산 치즈와 세이지라는 허브를 섞어 만든 폴렌타(옥수수가루로 만든 음식)를 곁들임.

이번엔 메인 메뉴다.

A special duo of Rovos cheeses locally made from goats milk and infused with peppadew and biltong, served with fresh grapes, pears, apples, figs and melba toast.

(산양유로 만든 특별한 로보스 치즈 두 조각에 스위트 페퍼와 육포를 가미하고, 신선한 포도, 배, 사과, 무화과와 바삭하게 구운 얇은 토스트를 곁들임)

호화기차 다이닝 카에서 공부하듯 사전을 찾았고, 서빙 하는 직원들에게 끊임없이 이게 뭐냐고 물었고, 맛을 최대한 천천히 음미했다. 다이닝의 즐거움은 배가됐다. 사실, 내가 메뉴를 제대로 이해한 건지는 아직도 잘 모르겠지만…….

로보스에도 블루 트레인과 마찬가지로 드레스 코드가 있다. 블루 트레인 때와 다르게 어느새 슈트를 입고, 보우 타이를 하고 식사를 하는 게 그다지 어색하지 않다.

로보스에서는 기차 여행 중 사파리도 갔다. 그것도 이른 아침과 오후에 걸쳐 두 번이나 갔다. 사실 큰 기대를 하지 않았다. 기차 여행이 메인이니 사파리야 구색 맞추기 정도의 체험으로 여겼다. 그런데 스피온콥 리저브(Spionkop Reserve)와 나미티 게임 리저브(Namiti Game Reserve)를 둘러보는 체험은 오전과 오후에 걸쳐 6시간 넘게 진행된 본격적인 사파리였다. 운이 좋았다. 이날 나는 1350만 평 넓이의 스피온콥 리저브 안에 단 한 마리밖에 없고 대개 밤에만 움직인다는 치타를 보았고, 2450만 평 넓이의 나미티에서는 매우 가까운 거리에서 코뿔소를 보았다. 케이프타운에서 온 노년의 부부, 레온과 로샤나는 이렇게 말했다.

"사파리를 많이 해봤지만 이렇게 가까이 코뿔소를 보긴 처음이에요."

로보스에서는 스위트별 승객 명단(rooming list)을 모두에게 나눠준다. 다른 승객과 적극적으로 관계를 맺을 단서다. 사실 블루 트레인을 탔을 때는 인사를 나눠도 이름을 일일이 기억할 수 없어 곤란했다. 이름을 기억하고 부르는 건 사교의 출발점이다. 로보스 역시 워낙 고가의 열차이기에 블루 트레인처럼 중년, 노년의 승객이 많다.

60대 초반의 마르셀은 스위스 루체른에서 왔다. 케이프타운에서 왔다고도 할 수 있다. 루체른과 케이프타운 두 곳에 집이 있어 스위스가 여름일 때는 루체른에서, 겨울일 때는 케이프타운에서 지내는데 요즘은 케이프타운에서 지내기 때문이다. 스위스 은행에서 일했던 그는 마흔아홉 살 때 은퇴했다. 쉰아홉이 아니다.

"은행에 다니는 동안 돈은 많지만 세상을 빨리 떠나는 사람을 많이 봤어요. 나는 일만 하다 돈 쓸 시간도 없이 죽고 싶진 않아요. 인생을 즐기며 살 거라고 결심했죠. 내가 일찍 은퇴한 이유예요."

아내 카타리나와 함께 여행 중인 마르셀은 로보스에 '여덟 번째' 탄다고 했다. 두 사람은 기차 여행을 즐기는데 맙소사, 내가 아는 세계의 호화열차는 다 타본 듯하다. 마르셀 부부의 노년은 세상 사람 모두가 꿈꾸는 인생인지도 모르겠다.

로보스를 타는 동안 지도는 필요 없다. 의자에 앉아 있을 뿐인데 객실의 통유리창이 남아프리카의 새로운 세상을 끊임없이 보여주었다. 한가롭게 달리는 기차에서 바람을 맞고, 침대에 기대 창밖을 바라보고, 화려한 식사를 즐기고, 라운지에서 다른 승객을 만났다. 케이프타운에서 온 '로샤나'는 때아닌 기침으로 고생하던 내게 괜찮으냐고 말을 건네며 약과 캔디를 건넸다. 그뿐만이 아니다.

"여기 애플파이가 아주 유명해요. 사진만 찍지 말고 맛 좀 봐요."

로보스에서 내려 어느 갤러리 카페에서 애프터눈 티를 마실 때도 그녀는 나를 챙겼다. 로샤나는 남편 리언과 로보스에 탔다. 로보스 라운지에서도, 사파리를 나가서도 두 손을 꼭 잡고 다니는 노년의 두 사람은 참 예뻤다. 내가 꿈꿨던 우아한 인생이다. 두 사람은 젠틀하고 우아하다. 버킷 리스트 목록이 하나 더 늘었다. 로샤냐와 리언처럼 남을 배려하고 부드럽게 웃으며 살기.

새하얀 테이블에 놓인 세 개의 나이프와 세 개의 포크, 슈트를 입고, 보우 타이를 하고 즐기던 다이닝은 가장 선명히 각인된 시간이다. 혼자라서 좀 심심했지만 혼자라서 편안했다. 아무 말을 하지 않아도 편안한 시간, 그 시간이 좀 더 지속되기를 바랐다. 기차에서 내리고, 시간이 흘러도 아프리카 어딘가를 달리던 기억은 바랠 것 같지 않다.

얼마나 달렸을까. 석양마저 지고 밤이 왔다. 어느새 별들이 하나둘 제 빛을 드러낸다. 전망차로 나가 바람을 맞으며 하늘을 응시하는데 코끝이 찡하고 가슴이 먹먹하다. 어깨를 으쓱하고 살며시 웃음을 띠며 혼잣말을 중얼거린다. 이게 사는 거야. 단지 호화열차를 타고 있기 때문만은 아닌 것 같다.

"인생에서 기쁨을 찾았는가?"

영화 〈버킷 리스트〉의 질문을 다시 한 번 곱씹는다. 찾고 싶다. 손바닥 사이로 모래가 빠져나가듯 흐르는 시간 틈틈이 쓰고, 고치고, 지우고, 다시 써야 하는 게 버킷 리스트다. 이를 채우는 건 쉽지 않지만 세월이 더 흐른 후 버킷 리스트가 쓸쓸한 기억으로 남지 않기를 바랄 뿐이다.

2015년 3월 27일 오전 11시 프레토리아를 떠난 로보스 열차는 드라켄즈버그 산을 넘어, 1903미터의 하이델베르크를 지나 3월 29일 오후 4시 30분 더반 역에 도착했다. 인도양이 저 앞이다. 69819번. 로보스 레일에서 준 '럭셔리 기차 여행의 황금시대'란 탑승 증명서에 내 이름과 나란히 적힌 일련번호다.

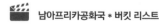 남아프리카공화국 * 버킷 리스트

그곳에 가기만 하면 행복해진다……. 그런 곳이 있다면 그곳은 샹그릴라다.
하지만 세상 어디를 가도 그런 일은 없다. 이제껏 전 세계 여러 나라를
헤매고 있는 내게는 그랬다. 적잖은 인간사가 힘겹고 슬픈 이유다.
어디에 가도 샹그릴라는 없지만 나는 여전히 샹그릴라를 갈망한다.

히말라야의 해와 달

히말라야의 작은 왕국

첫눈 내리는 날은 공휴일이다. 모두가 쉬며 첫눈을 반긴다. 히말라야 자락의 어느 왕국 얘기다. 왕궁 뒤편 작은 통나무집에 사는 국왕은 자전거를 타거나 걸어서 왕궁으로 출근한다. 국왕과 왕비는 오지에 사는 주민을 만나기 위해 걸어간다. 마치 도보여행이라도 하는 것 같다. 지난번에 만년설에 둘러싸인 해발고도 4000미터의 라야(Laya)에서 루나나(Lunana)로 갈 때는 해발 5250미터의 린첸조(Rinchenzoe) 고개를 걸어서 넘었다. 좁고 험한 탓에 자동차는 못 가는 길이니 달리 방도가 없다. 비가 와도 여정은 멈추지 않는다. 국왕과 왕비는 노란 비옷을 입고 빗속을 하염없이 걷는다.

긴 여정 끝에 마침내 오지마을에 도착하니 주민들이 한 줄로 길게 늘어서 국왕 내외를 반긴다. 국왕 내외는 TV가 무엇인지 모르는 주민들을 위해 왕궁에서 가져간 영사기로 영화를 틀어준다. 긴 하루를

237

마치고 주민 집에 여장을 푼 국왕 부부는 그제야 난롯불을 쬐며 작은 방에서 하룻밤을 보낸다. 이런 여정이 보름 넘게 계속된다. 동화 같은 나라다. 단, 국왕이 페이스북을 한다는 사실을 제외하면. 실제로 히말라야의 어딘가에 있는 나라 얘기다. 그 나라의 이름은 부탄이다.

왕추크(Wangchuck) 부탄 국왕은 2008년 스물여덟의 나이에 즉위했다. 세상에서 가장 젊은 국왕이다. 2011년 거행된 국왕의 혼례식에는 대부호 아닌 농민들이 참석했다. 왕비는 평민 출신이었다. 식은 불교 의식으로 검소하게 치러졌다. 국왕과 왕비는 태국 같은 이웃 나라에서 연예인처럼 인기 있다.

국민총행복

부탄.

언제부터인가 느닷없이 사람들 입에 오르내리게 된 나라다. 인구는 75만 명밖에 안 되는 소국이지만 믿거나 말거나 '세상에서 가장 행복한 사람들이 사는 나라'이기 때문이다. 한 통계 탓이다. 2010년 영국에 있는 유럽신경제재단(NEF)의 조사에 따르면 부탄 국민의 97퍼센트가 행복하다고 답변했다. 그런데 거의 모든 국민이 스스로 행복하다고 말하는 부탄의 1인당 국민소득은 3천 달러도 안 된다.

같은 조사에서 우리나라 국민은 단 5퍼센트만이 행복하다고 했다. 국민소득만 비교하면 우리나라는 부탄보다 10배 부자인데 이게 도대체 무슨 일인가?

게다가 부탄은 '국민총행복'을 정부 정책의 근간으로 삼는다. 국민총생산이 아니고 국민총행복이다. 국민총행복을 위해 국민들에게 8시간은 일하고, 8시간은 가족과 공동체를 위해 쓰고, 8시간은 자는 데 쓰라고 한다. 교육비는 고등학교까지 무료이고, 의료비는 아예 무료다. 돈이 없어 병원에 가지 못하는 일은 없다. 그런데 놀랍게도 이 나라는 1999년 전까지 인터넷은커녕 TV조차 없었다. 믿을 수가 없다. 아무리 그래도 TV조차 없었다고?!

이제 TV를 볼 수 있고 인터넷도 쓸 수 있지만 관청과 사원, 학교에서는 늘 그랬듯 전통의상을 입는다. 남자가 입는 옷은 고(Gho), 여자가 입는 옷은 키라(Kira)인데 무릎 아래까지 오는 양말을 신는다.

놀라운 건 이뿐만이 아니다. 이게 과연 가능한지 모르겠으나 부탄은 세계 최초의 금연국가다. 또, 2015년에 헬기 두 대를 최초로 수입했다는 게 화제인 나라다. 게다가 부탄의 수도, 팀부(Thimphu)에는 신호등이 없다. 신호등 없는 수도는 전 세계에서 하나뿐이지 않으려나?

나로선 한반도의 5분의 1밖에 안 되는 면적에 7천 미터가 넘는 봉우리만 일곱 개를 가졌다는 사실에 매혹된다. 부탄에 하나뿐인 공항은 5천 미터가 넘는 히말라야 준봉들 사이에 끼어 있다. 팀부에서 목

240

적지인 트롱사(Trongsa)까지 거리는 192킬로미터밖에 안 되는데 구글맵으로 이동시간을 살펴보니 7시간 13분이 걸린다. 여기는 히말라야다. 시속 20이건 30이건 차가 갈 수 있는 길이라도 있으면 다행이다. 부탄에는 차에서 내려 보름씩 걸어야 도착하는 시골 마을도 적지 않다. 올해에도 첫눈이 내린 날은 공휴일이 되었고, 국왕과 왕비는 눈 쌓인 팀부 시내를 배경으로 사진을 찍어 페이스북에 올렸다.

경운기 타고 푸나카 가는 길

부탄의 히말라야 자락이다.

"저 앞이 페렐라 고개에요."

나를 태우고 경운기를 운전하던 노인이 말했다. 대략 해발 3천 미터 정도다. 살짝 숨이 가쁠 뿐 다행히 고산증은 없다. 푸나카(Punakha)를 거쳐 팀부로 돌아갈 예정이었는데 버스를 놓치고, 두 시간 만에 경운기를 얻어 탔다. 그나마 운이 좋았다. 두 시간 동안 경운기를 빼고 내 앞을 지나간 차는 단 한 대도 없었다. 일단 무작정 갈 수 있는 데까지 가는 길이다.

펠렐라 고개에서 두 사람이 더 경운기에 탔다. 한 사람은 젊은 남자, 다른 한 사람은 승려다. 남자 옷차림이 별나다. 부탄에서 흔히 볼 수 있는 전통의상 '고'가 아니라 '아이 러브 뉴욕' 티셔츠를 입었다.

뉴욕에 가면 모든 기념품 가게에서 파는 그 티셔츠다. 나로선 뉴욕
에서 지낼 때 뉴욕이란 도시를 매우 좋아했으나 그렇다고 저 티셔츠
를 입긴 좀 민망했는데……. 부탄 히말라야 산 속에서 아이 러브 뉴
욕이라니?! 티셔츠뿐만이 아니다. 그는 옛날 카세트플레이어를 손에
들고 있는데 미국 펑크 음악이 흘러나왔다.

"아주 먼 곳으로 가는 길이에요. 미국 알아요? 미국? 미국에 있는
친구는 반나절에 내 월급을 벌어요. 말이 돼요? 당신은 미국 갈 생각
없어요? 기회의 땅이잖아요. 어제까지 내가 살았던 산골에는 극장
도, 식당도, 피부 하얀 여자도 없어요. 미국에선 부탄이 어딘지도 모
른대요. 가서 뭘 해서든 돈 많이 벌려고요. 미국은 꿈의 땅이에요."

그의 이름은 돈덥, 어제까지 '고'를 입고 공무원으로 일했다. 학
수고대하던 친구 편지를 받고, 미국 가는 비행기를 타러 팀부에 가
야 하는데 운명의 장난처럼 버스를 놓쳤다. 하루에 한 대밖에 없는
버스였다. 별수 없이 하룻밤 풍찬노숙을 했는데 오늘은 무슨 일인
지 버스가 아예 오지 않는다. 결국 무작정 걷다 내가 타고 가던 경운
기에 몸을 실었다. 부탄에서는 십 킬로미터를 가건 오십 킬로미터를
가건 종종 무작정 걷는다. 어차피 다른 방법은 없다. 히말라야의 일
상이다.

승려는 그의 친구가 아니다. 두 사람은 어제 길가에서 만나 히치
하이킹 동료가 되었다. 남자 말을 듣던 승려가 웃으며 말한다.

"공무원 그만두고 미국 가서 사과나 따시게? 아이고, 길이나 잃지

마쇼. 꿈나라는 조심해야 해요. 깨면 안 좋을 수도 있으니."

'아이 러브 뉴욕' 남자가 말한다.

"그래도 나는 멀리 가보고 싶어요. 내가 가보지 않은 데로."

"꿈나라는 그리 안 멀 수도 있소."

어디선가 많이 들어본 말이다. 동화에서도, 소설에서도, 영화에서도 꿈나라는, 파랑새는 멀리 있지 않다고 말한다. 그런가? 가족이 있고, 일이 있는 일상은 소중하다. 하지만 일상의 시스템이 사람을 불행하게 한다면 거기서 파랑새를 찾을 수 있을까?

초르텐(불탑)을 한 바퀴 돈 경운기는 본격적으로 낭떠러지 길에 접어든다. 아찔한 비탈길이다. 아이고, 제발……. 여기서 기댈 거라곤 초르텐뿐이다.

샹그릴라의 남근석

한 여행사의 부탄 광고는 이렇다.

"최근 부탄에 개발 붐이 일고 있습니다. 사람들의 순수한 미소와 부탄 특유의 풍광이 변하기 전에 빨리 방문해야 합니다. 속히 행복의 기운을 얻어 가세요."

이 말대로라면 부탄 여행은 신속하게 해야 한다. 부탄은 어차피 변할 테니 변하기 전에 잽싸게.

그렇게 부탄에 가서 행복해지면 얼마나 좋을까? 행복해질 수 있다는데 하루에 200달러, 250달러가 대수인가? 가난한 배낭여행자는 갈 수 없지만 그곳에 가기만 하면 행복해진다……. 그런 곳이 있다면 그곳은 샹그릴라다. 하지만 세상 어디를 가도 그런 일은 없다. 이제껏 전 세계 여러 나라를 헤매고 있는 내게는 그랬다. 적잖은 인간사가 힘겹고 슬픈 이유다. 어디에 가도 샹그릴라는 없지만 나는 여전히 샹그릴라를 갈망한다. 가질 수 없기에 포기할 수 없고 아름다운 꿈이다.

아, 그러고 보니 작년에 나는 샹그릴라에 갔었다. 히말라야 설산에 둘러싸였고, 티베트 사원과 초르텐을 곳곳에서 볼 수 있는 땅이었다. 샹그릴라가 있기에 손색없는 장소였다. 샹그릴라를 처음 세상에 알린 제임스 힐튼(James Hilton)의 소설 『잃어버린 지평선』의 주인공처럼 비행기를 타고 히말라야 산맥을 넘었지만 불시착할 필요는 없었다. 나는 깨끗한 샹그릴라 공항에 안전하게 내려, 택시를 타고 잘 닦인 도로를 달려 샹그릴라 시내로 가 샹그릴라 호텔에 묵었다.

중국 윈난성 디칭 자치주에 있는 도시, 샹그릴라(香格里拉)다. 3천 미터가 넘는 고원, 설산, 협곡, 초원뿐만 아니라 고산 호수가 어우러진 곳으로 티베트 장족이 산다. 장족 사람들에게 샹그릴라의 메이리 설산은 '신이 사는 성지'로 여겨지는데 최고봉인 해발 6740미터의 '카와보거(卡瓦博格)'는 세상에서 가장 아름다운 산으로 불린다.

샹그릴라처럼 아름다운 곳이긴 하다. 그런데 이곳의 본래 이름은 '중뎬'이다. 중국 정부는 2001년 느닷없이 중뎬의 이름을 샹그릴라라고 바꾸겠다며 이렇게 발표했다.

"티베트 전설로 전해지는 샹그릴라의 실체를 확인했습니다."

나 참, 간단하기도 하다. 아무튼 샹그릴라는 이렇게 세상에 알려졌다. 티베트 사람들이 티베트 문화와 티베트 불교를 믿고 사는 샹그릴라가 중국 땅이란 건 좀 부자연스럽지만⋯⋯. 그 후 샹그릴라 시내에는 술집, 식당, 상점만이 빽빽하게 늘어섰다.

'세상에서 가장 행복한 사람들이 사는 나라' 부탄은 어떤가? 어떤이들은 이렇게 말한다.

"부탄은 아시아에서 제일 가난해요."

"전기를 못 쓰는 지역이 많아요."

"생활필수품이 넉넉하지 않아요."

"부탄의 이혼율은 제법 높아요."

"종종 불교 유물 도난 사건이 있어요."

부탄의 정부 관리 얘기도 흥미롭다.

"고등학교를 졸업하고 한국에서 일하고 싶다는 똑똑한 아이들이 많습니다."

아이 러브 뉴욕의 남자는 좋은 극장, 좋은 식당, 피부가 하얀 여자를 만나러 미국에 가고 싶다지만 그 정도는 부탄의 수도, 팀부에도 있다. TV도 없고, 인터넷도 안 되는 부탄은 옛날 얘기다. 팀부의 십 대들은 고나 키라 대신 청바지를 입고 염색을 하고 하이힐을 신는다. '클럽 엑스터시'처럼 부유층의 사교장 같은 나이트클럽도 있고, 극장 도 있다. 기념품 가게에서는 도라에몽을 판다. 나이트클럽은 점점 더 많아지고, 현재는 6층까지밖에 지을 수 없는 팀부의 아파트는 점점 더 높아질 것이다. 그래도 지금처럼 어디서나 심지어 국왕 부부의 거 대한 사진 앞에도 당당하게 서 있는 남근석은 건재할 것이다.

나는 세상에서 가장 행복하다는 나라, 부탄에 사는 남자를 만났지 만 그는 행복하지 않다고 했다. 부탄에만 가면 모든 고민이 해결될 줄 알았는데 전혀 아니올시다. 그럼 행복은 어디에 있을까? 티베트 에는 이런 속담이 전해진다.

'내일이 먼저 올지 다음 생이 먼저 올지 아무도 모른다.'

'스스로 행복을 가꾸지 않으면 다른 사람이 고통을 줄 것이다.'

'샹그릴라'는 티베트어로 '마음속의 해와 달'이란 뜻이다.

 부탄·중국 샹그릴라 * 나그네와 마술사

베트남은 세 계절을 지나고 있지만 혼돈은 아직 끝나지 않았다. 내가 마주한
베트남의 현재는 우울했다. 매춘, 소매치기와 날치기, 매연, 마피아 공안, 더러움……
하지만 그 와중에도 다시 베트남에 오고 싶을 만큼 호찌민은 뭔가 강렬하다.

사이공의 흰옷

앙코르와트가 있는 시엠립을 출발해 보트와 차를 타고 프놈펜을 거쳐 이틀 만에 베트남 호찌민에 도착했다.

"헬로우, 붐붐~?"

붐붐? 호찌민에서 처음 이 말을 들었을 땐 무슨 소린가 싶었다. 붐붐……이라니? 외국인을 환영하는 무슨 인사말인가? 그런데 붐붐 말고 마싸도 있다.

"헬로우, 마싸~? 마싸~?"

숙소에서 나오자마자 베트남 남자들이 잽싸게 따라 붙는다. 때로는 걸어서, 때로는 오토바이나 시클로를 타고 "마싸~? 마싸~?"를 속삭인다. 마싸는 짐작된다. 잠시도 쉬지 않고 겪는 일이니 아무 대꾸도 않고 길을 재촉하지만, 이들에게 포기란 없다. 이 남자를 뿌리치면 저 남자가 달려들고, 이내 또 다른 남자가 앞을 가로막으며 소곤

거린다.

"유 원 어 붐붐? 베이비 마싸~?"

이쯤 되면 길을 가로막는 베트남 남자가 죄다 삐끼 같다. 낮이건 밤이건 가리지 않는다. 길을 걷는 게 힘들 만큼. 붐붐을 유혹하는 구릿빛 얼굴의 남자 뒤에선 때 묻은 금성홍기가 휘날린다. 붉은색 바탕에 커다란 노란색별이 그려진 베트남 사회주의 공화국의 국기다. 이해가 안 된다. 여기는 베트남 '사회주의' 공화국인데…… 2013년 국명에서 '사회주의'를 삭제하자는 논란이 있었지만 '진정한 사회주의 사회 건설이란 국가 목표를 지켜가겠다'며 사회주의란 말을 유지하기로 결정한 나라인데, 하루도 빠지지 않고 붐붐과 마싸 소리를 듣는다.

한발 양보한다 치자. 호찌민이야 대도시이고, 미국 영향을 많이 받은 곳이니 그렇다 치자. 현재 베트남 수도이자 통일을 이룬 북베트남 수도가 있었던 하노이도 호찌민과 다를 게 없는 건 어떻게 받아들여야 하나? 베트남 남부의 호찌민, 북부의 하노이뿐만 아니라 중부의 후에(Hue)에서도 그랬다. 후에에서 듣는 붐붐 소리는 베트남 어느 곳에서보다 충격적이다. 후에는 보수적이라는 베트남에서도 유난히 보수적인 도시다. 우리나라의 경주 같은 곳으로 옛 왕조의 자존심이 남아 있는 고도(古都)다. 하지만 이곳도 다르지 않다. 오히려 호찌민이나 하노이에 비해 외국인이 적어선지 더 집요하게 달라붙는다.

"헬로우, 루킹 포 걸?"

노, 아니라고, 아냐! 내가 아무리 아니라고 해도 이들은 누런 이를 드러내고 웃으며 심드렁하게 말을 잇는다.

"베리 칩~! 이십 달러~"

친절도 하다. 이십 달러, 한국말로 해준다. 다들 자기식으로 밥벌이하느라고 허덕거린다. 베트남 사회주의 공화국이라고? 말만 사회주의다. 호찌민도 아니고 후에에서 쉬지 않고 듣게 되는 붐붐, 마싸 소리는 신물 난다. 매춘은 세상 어디에나 있고 막을 수 없는 건지도 모르지만 이건 너무 심하다.

한번은 호찌민 숙소 근처에 있던 마사지 가게 사장에게 물어봤다.

"공안들이 단속 안 해? 이런 장사는 쉽지 않을 거 아니야?"

"영화를 너무 많이 봤군. 가게에서 무슨 일이 벌어지는지 공안도 다 알아. 하지만 아무 일도 생기지 않아. 나는 장사를 하고, 공안에 상납을 하고, 우린 아주 평화롭게 지내. 조폭들도 날 귀찮게 못 해. 적당히 용돈만 챙겨주면 돼. 공안이 봐주는데 누가 날 건드리겠어? 게다가 이 건물 주인은 미국인이야. 보트 피플이었는데 돌아온 거지. 엄청난 부자래."

처음 그의 가게 앞에서 그를 만났을 때 그도 호객을 했다. 하지만 은밀하게 끈적대던 삐끼와는 달리, "새로 가게를 열었으니 당신에게는 특별요금으로 해줄게. 이런 기회는 다신 없어." 하며 명함을 건네는 그는 유익한 비즈니스라도 제안하듯 밝고 세련됐다. 미스터 탄, 그는 번듯한 호텔의 한 층을 쓴다. 겉만 봐선 아주 건전하다. 영어가 유창해 놀랐는데 알고 보니 싱가포르 사람이다. 비즈니스 하기에 이렇게 좋은 나라는 없다며 내게도 한 번 생각해보라 한다. 큰돈을 벌 거라고.

호찌민에는 삐끼뿐만 아니라 '혼다 걸'도 있다. 늦은 밤, 혼다오토바이 뒷자리에 앉은 채 등장하기 때문에 붙여진 이름이다. 때로는 뒷자리에 두 명이 탄다. 뒷자리 혼다 걸은 웃기만 하고, 한 사람에 얼마씩이라 말하는 건 앞자리 남자다. 순진한 기대를 품고 이들을 따라갔다가 완전히 털렸다는 건 호찌민에서 10년 넘게 이어지는 스토리다. 탈탈 털려봐야 어디에도 호소할 사정이 아니란 걸 그들은 잘 안다. 무조건 피하는 게 상책이다.

호찌민엔 소매치기도 많다. 눈 깜짝할 새 지갑을 잃어버리고 나서야 게스트하우스 방문에 붙어있는 문구를 발견했다.

'당신 지갑은 어디 있나요? 소매치기 주의'

며칠 동안 드나들면서도 방문 한가운데, 그것도 큼직하게 붙여진 이 문구를 보지 못했으니 나도 참 둔하다. 지갑을 잃어버렸다는 얘길 들은 게스트하우스 할아버지가 안타까운 표정으로 이렇게 말했다.

"길에서 휴대폰을 꺼내면 안 돼요. 사진을 찍겠다고 휴대폰을 꺼내는 순간 오토바이 날치기가 채 갈 거예요. 길을 걸을 때도 가능하면 인도 안쪽으로 걸어요."

처음에는 삐끼이건 소매치기이건 내가 외국인인 줄 어떻게 아나 싶었다. 그렇지 않아도 관광객 티 안 내려고 후줄근하게 입고 다녔는데 참 신통했다. 알고 보니 내가 걷기 때문이다. 베트남 남자는 전부 오토바이를 탄다. 길을 걸어가는 베트남 남자는 없다.

쉬지 않고 길을 가로막는 베이비 마싸~를 뿌리치고, 소매치기나 날치기를 피하겠다고 신경을 곤두세우고 나면, 그다음엔 처연한 어린 소녀가 등장한다. '논라(Non La)'라 부르는 베트남 전통 모자를 쓰고 연꽃을 판다. 한 다발에 5천 동, 우리 돈 5~600원 정도다. 그다음은 아홉 살, 열 살이나 됐을까 싶은 남자아이다. 담배나 껌 같은 온갖 잡동사니를 판다. 껌을 사야 하나, 말아야 하나? 마음이 안 좋다. 붐붐, 마싸, 혼다 걸, 소매치기…… 이 모든 사단이 다 돈 때문이다.

사이공의 흰옷

한 다발의 삐라와 신문
감추어진 가방을 안고
행운의 빛을 전하는 새처럼
잠든 사이공을 날아다닌다.
복습은 끝나지도 않고 평온한 밤도 오지 않았다
내일도 수업시간에 잠이 오겠지

1980년대 후반 대학가에선 이런 노래가 불렸다. 베트남 시인, 레 아인 수앙이 쓴 시 「흰옷」에 누군가 곡을 붙였다. '한 다발~의', '발'

에서 한 박자 반을 쉬고 '의'로 반음 내려가는 게 어려워 처음 이 노래를 배울 때 다들 여기서 음정이 어긋나 웃음을 터뜨렸다.

혁명에 뛰어든 베트남 농촌 출신 여학생의 고난과 희망, 사랑을 다룬 『사이공의 흰옷』이란 소설도 널리 읽혔다. '빨갱이 여자 베트콩' 이야기를 다룬 이 책은 1987년 대통령 선거전까지 문화부가 지정한 금서 목록에 있었다. 시 「흰옷」은 바로 소설 『사이공의 흰옷』 뒤표지에 실려 있었다.

한 다발의 삐라와 신문……

스무 살, 스물한 살 대학생이 북한 삐라 아닌 '군부독재 타도하자'는 유인물을 갖고 있다 거리에서 불심검문을 당해 끌려가는 건 1980년대 후반 대학가의 일상이었고, 공산국가 베트남은 대한민국의 적성 국가였다. 1993년 봄이 되기까지 베트남 여행은 꿈도 꿀 수 없었다. 베트남을 가본 적도 없고, 갈 수도 없었지만 소설 『사이공의 흰옷』을 읽는 동안 베트남은 내게 최초로, 강렬하게 다가왔다.

통일 전 남베트남 수도였던 사이공은 1975년 호찌민으로 이름이 바뀌었지만, 월남의 향수에 빠진 이들은 지금도 사이공이라 부른다. 그들 식으로 말하자면, 베트남 사회주의 공화국은 현대사를 통틀어 전무후무하게 미 제국주의를 이겨냈다. 미국과 전쟁해 전 세계에서 유일하게 승리했다. 도시이건 시골이건 베트남 어디를 가나 휘날리는 금성홍기는 베트남의 굳건한 자존심이다. 국기의 붉은색은 혁명의 피와 조국의 정신을, 노란별의 다섯 개 모서리는 노동자, 농민,

지식인, 청년, 군인의 단결을 표현한다.

거리를 가다 보면 국기만큼 베트남의 정신적 지주인 호찌민과도 종종 마주친다. 베트남에서 호찌민은 호찌민 주석 아닌 '박 호(Bac Ho)'라 불린다. 박 호는 '호 아저씨'란 말이다. 아이들에게도, 어른들에게도 호찌민은 권력자가 아닌 친근한 아저씨였다. 그는 세상을 떠나기 전 이런 유언을 남겼다.

"내가 죽으면 화려한 장례식으로 인민의 돈과 시간을 낭비하지 말고, 시신은 화장하고, 비석도 동상도 세우지 마라."

하지만 그의 유언은 하노이의 호찌민 묘지 어디에도 남아 있지 않다. 호찌민 신화는 권력에 의해 확대 재생산됐다. 제왕이 되기를 원하지 않았던 호찌민은 화장하고 남은 유골을 베트남 남부, 중부, 북부에 고루 뿌려달라고 유언했지만 시신은 방부 처리된 채 매일 참배객과 만나고, 4년마다 러시아로 보내진다. 방부 처리를 서너 달씩 하기 위해서다. 세상을 떠나서도 편히 쉴 수 없다. 이 소동의 수혜자는 누구일까?

하노이에서 목격한 사건이 잊히지 않는다. 스물 초반이나 됐을까 싶은 여자가 공안 앞에서 차렷 자세를 한 채 대로변에 서 있었다. 그녀는 오토바이 헬멧을 쓰고 부동자세로 고개를 숙인 채 울고 있다. 짐작건대 신호위반이라도 하다 잡힌 모양인데 그보다 더한 잘못을 했다 해도 공안 앞에서 차렷 자세로 우는 모습은 충격적이었다. 여자 주변으로 수많은 오토바이가 오가고, 여자 뒤로는 거대한 초상화

에 그려진 호찌민이 보였다. 호찌민이 여자를 보았다면 무슨 생각을 할까? 혁명은 가고 공안만 남았다. 숙소로 돌아가는 길, 호찌민의 여행자 거리인 데탐(Đề Thám)과 브이비엔(Bùi Viện)에는 마사지 전단을 나눠주고 술집 앞에서 호객하는 열여덟, 열아홉 살 여자아이들이 줄지어 서 있다. 베트남에서는 만 열다섯 살이면 일을 할 수 있다.

10여 년 전 호찌민에서 우연히 알게 된 베트남 친구 집에 갔을 때 그녀는 가수 장나라의 VCD를 보여주었다. 닛트라고 하는, 엄지손톱보다 조금 크지만 아주 달았던 오렌지를 까먹으며 그녀가 노래 부르는 모습을 물끄러미 바라보는데 여기가 어디인가 싶었다. 지금 그 친구 집에는 배우 현빈이 출연하는 드라마 DVD가 있을지 모르겠다. 혁명은 가고 한꿕(한국) 드라마가 왔다. 전쟁은 잊고, 달러가 환영받는다. 어린아이들은 스마트폰을 들고 채팅앱으로 스스럼없이 매춘에 뛰어든다. 이름은 호찌민이지만 많은 이들이 호 아저씨의 바람은 까맣게 잊었다.

붉은 꽃비

영화 〈쓰리 시즌〉의 란(Lan)은 매춘부다. 그녀에게는 한 가지 소원이 있다.

"밤새도록 에어컨 틀어놓고 커다란 침대에서 실컷 자봤으면 좋겠어요. 부자들이 늘 그런 것처럼요. 누구도 나를 귀찮게 하지 않는 방에서요."

마제스틱 호텔 같은 고급 호텔에서 손님을 상대해도 시원한 호텔 방에서 아침까지 잘 순 없다. 쫓기듯 호텔에서 나온 그녀는 자기를 좋아하는 시클로 운전사에게 이렇게 말한다.

"호텔 들어가 본 적 있어요? 거긴 별천지에요. 태양은 우리가 아니라 부자들을 위해 뜨죠. 우린 그 그늘에 기생할 뿐이에요. 큰 호텔이 생길 때마다 그늘도 커지죠. 우리는 호텔에서 나오는 사람들과 달라요. 언젠가 나는 저 세계로 갈 거예요."

한편 란은 이런 꿈을 꾼다.

"붉은 꽃비 내리는 길을 걷고 싶어요."

붉은 꽃비는 '프엉 비(Phuong Vi)' 나무에서 내린다. 우리말로는 봉황목, 만개하면 붉은 꽃이 나무 전체를 덮어버리니 푸른 나무가 아니라 붉은 나무다. 활활 타오르면서 동시에 붉은 꽃잎이 눈처럼 흩날린다. 란에게 붉은 꽃비는 순수한 어린 시절의 기억 같다.

"흰 아오자이 입고 고등학교 다닐 때, 날이 더워지면 학교 앞에 늘어선 프엉 비 나무에 꽃이 폈어요. 한참 기다렸어요. 꽃잎이 머리 위에 떨어질 때까지."

문득 후에의 왕궁 앞에서 자전거를 탔던 일이 생각난다. 거대한 금성홍기가 휘날리는 광장이었다. 젊은 부부에게 빌린 자전거로 흐엉 강 남쪽, 30미터 높이의 국기게양대 주변을 빙빙 돌았다. 광장에는 자전거를 타는 여학생 몇몇이 있었다. 가만 보니 아이들은 나와의 거리를 일정하게 유지하면서 내 주변을 맴돌았다. 내가 무심코다가가면 아이들은 까르르 거리며 멀어져갔고, 잠시 후 다시 내게로다가왔다. 딱 20미터 정도의 거리를 유지하면서. 외국인이 신기하거나 굴러가는 나뭇잎만 봐도 까르르 웃는 나이의 소녀들이다.

란은 누군가 붉은 꽃잎을 그녀의 머리에 꽂아주기를 기다린다. 내가 후에서 본 소녀들 또한 그렇지 않을까?

영화 〈쓰리 시즌〉의 베트남어 제목인 '바 무어(Ba Mùa)' 역시 '세 계절'이란 뜻이다. 베트남은 세 계절을 지나고 있지만 혼돈은 아직 끝나지 않았다. 내가 마주한 베트남의 현재는 우울했다. 매춘, 소매치기와 날치기, 매연, 마피아 공안, 더러움…… 하지만 그 와중에도 다시 베트남에 오고 싶을 만큼 호찌민은 뭔가 강렬하다. 언젠가 흰 아오자이 위로 붉은 꽃잎이 흩날리는 모습을 볼 수 있을까?

베트남 여행 마지막 날 밤, 호찌민의 풀만(Pullman) 호텔 30층 루프 탑에 있는 사이공 바(Saigon Bar)에 들렀다. 독일 슈투트가르트에서 같은 이름의 호텔에 묵었었다. 30층에서 바라보는 호찌민 야경은 화려하진 않지만 정겹다. 한낮의 더위는 가시고 선선한 바람이 얼굴을 간지럽힌다. 화려하진 않아도 빛나고 순수하던 시절의 설렘 같다.

 베트남 호찌민·하노이·후에 ＊ 쓰리 시즌

정면만 남아 있는 세인트 폴 성당의 모습은 마치 마카오를 상징하는 것 같다.
정면에서 보면 기다란 계단 위에 서 있는 성당은 그럴싸해 보인다.
하지만 사실은 껍데기만 남아 철근이 뒤를 받치지 않으면 제힘으로 설 수조차 없다.

황금모래 제국을 찾아

영화 〈북 오브 러브〉의 주인공 지아오는 마카오 카지노에서 일한다. 카지노에서 일한다고 하면 손님과 치열하게 수 싸움을 벌이는 딜러를 떠올리겠지만 그녀가 하는 일은 좀 다르다. 손님이 판돈 거는 걸 돕고 팁을 받는 게 전부다. 남들이 자기를 어떻게 보건 상관없다. 그녀는 마카오를 사랑한다.

"마카오는 10년 만에 세계 최대의 카지노 도시로 변했어요. 도박 수입이 라스베이거스의 여섯 배에요. 믿어져요? 마카오는 기적을 이뤘어요."

그녀 말대로 기적이다. 기적? 상식으로는 생각할 수 없는 기이한 일이다. 좋은지 나쁜지 하는 판단은 제외된다. 세상에는 좋은 기적도 있고, 나쁜 기적도 있다.

2년 전 마카오에 갔을 때다. 초대를 받아 샌즈 마카오 호텔에서 점심을 하게 됐다. 좀 특별한 '오찬' 자리였다. 메뉴를 보니 네 가지 코스 요리가 나오고, 미국산 최고급 안심 스테이크가 메인이었다. 첫 번째 아이올리(aioli) 소스를 뿌린 크랩 케이크 다음에 나오는 두 번째 메뉴가 눈에 띈다.

Mushroom soup with Black Truffle

블랙 트러플 수프라고……? 맙소사……. 송로버섯이다. 몇 년 전 이탈리아 옥션에서 950그램이 1억 3천만 원에 낙찰됐다는 뉴스를 본 적 있다. 황금도 아니고 다이아몬드도 아닌 버섯 0.1그램에 2만 7천 원이라는 얘기이니 그야말로 '다이아몬드 같은 버섯'이다. 내가 먹는 수프에 블랙 트러플이 얼마나 들어갔는지는 모르지만, 오찬 호스트가 누구인지 생각해보면 내 인생에서 가장 화려한 점심일지도 모르겠다.

호스트는 샌즈 마카오(Sands Macao) 그룹의 '셸던 아델슨(Sheldon Adelson)' 회장이다. 부인 미리암 아델슨(Miriam Adelson)이 옆자리를 지키고 있다. 실례를 무릅쓰고 그를 영화 주인공에 빗대보자면 '카지노 대부'다. 한 나라의 카지노 대부가 아니라 전 세계 카지노의 대부다. 이렇게 말해도 부족하고 맹랑할 뿐이다.

그는 세상을 바꾸거나 세상에 영향을 미칠 수 있는 사람이기 때문이다. 2014년 「포브스」 발표에 따르면 그는 세계 부자 8위다. 비교하자면, 이건희 회장은 102위다. 드라마 〈꽃보다 남자〉에 나온 호텔이 마카오의 '더 베니션(The Venetian Macao)', 한국식으로 발음하면 베네시안 호텔인데 이곳 주인이 셸던 회장이다. 베니션뿐만 아니라 마카오의 포시즌, 홀리데이 인, 쉐라톤, 콘래드도 그의 것이다. 2016년에는 3천 개 객실을 가진 '파리지안 마카오(The Parisian Macao)'를 오픈했다. 그는 마카오뿐만 아니라 라스베이거스 등 전 세계에 80개의 카지노를 갖고 있다.

그날 점심은 그가 샌즈 마카오 그룹 10주년을 기념하는, 다른 말로 하면 마카오에 카지노를 연 지 10주년을 기념해 전 세계 기자들, 미디어 관계자를 초청한 자리였다.

돈의 세계

샌즈 마카오가 문을 열기 2년 전인 2002년, 미국 라스베이거스 샌즈 그룹은 마카오 카지노 영업권을 따냈다. 1999년 포르투갈에서 중국으로 마카오 주권이 반환되면서 특별행정구로 편입된 지 3년 만의 일이다. 중화인민공화국과 글로벌 카지노 자본은 서로 뜨겁게 얼싸안았다. 2004년 샌즈 그룹은 2억 6천만 달러를 투자해 카지노 호텔인 샌즈 마카오 호텔을 지었고, 2004년 5월 18일 영업을 개시했다. 289개의 스위트룸을 보유한 샌즈 마카오는 미국 자본에 의해 중국에 건설된 첫 번째 카지노 호텔이다.

그 후 샌즈 그룹은 마카오 역사를 새로 썼다. 이게 도대체 무슨 일인가? 단 9개월 만에 샌즈 그룹은 투자금을 사뿐히 회수했다. 미국을 제치고 구매력 기준 세계 1위 경제국으로 발돋움한 중국 덕분이다. 본전은 벌써 건졌고, 카지노를 할 수 있는 라이선스는 2022년까지이니 앞으로 17년 동안 돈을 퍼 담을 일만 남았다.

그런데 샌즈 그룹은 여기에 만족하지 않고 더욱 공격적으로 사업을 펼쳐갔다. 셸던 회장은 샌즈 마카오에 이어 마카오 반도 남쪽의 두 개의 섬, 타이파(Taipa) 섬과 콜로안(Coloane) 섬 사이를 메우고 복합리조트 단지 '코타이 스트립(The Cotai Strip)'을 건설했다.

스트립? 맞다. 카지노가 밀집한 라스베이거스의 중심거리다. 셸던 회장은 코타이 지역의 카지노 거리를 라스베이거스처럼 스트립이라고 이름 붙였다. 샌즈 그룹은 스트립을 중심으로 2007년에 더 베니션 마카오를, 2012년에 포시즌, 홀리데이 인, 콘래드, 쉐라톤을 합친 샌즈 코타이 센트럴을, 2016년에는 3천 개 객실을 가진 파리지안을 오픈했다.

마카오 반도 남쪽의 변두리 바닷가는 명실상부한 샌즈 제국으로 변신했다. 그중 아시아에서 가장 큰 실내 공간이란 더 베니션의 규모는 상상을 초월한다. 카지노 공간만 13만 평, 카지노를 잠깐 구경하다 보면 어느새 길을 잃고 말 정도로 광대하다.

마카오는 더 이상 아시아판 라스베이거스가 아니다. 상전벽해라더니 라스베이스거스보다 더 화려하게 변했다. 이쯤 되면 셸던 회장은 단순한 사업가 아닌 돈의 세계를 창조한 자본의 예술가다. "기적을 이룬 마카오를 사랑한다"는 지아오의 말대로 마카오는 가히 기적을 이루었다.

2013년 샌즈 마카오는 전 세계 부자 8위가 가진 돈보다 더 많은 돈을 벌었다. 그 돈은 다 어디서 오나? 처음에는 도무지 이해할 수 없었다. 면적만 보면 마포구 정도, 인구는 대략 60만 명에 불과한 작은 항구도시에서 도대체 무슨 일이 벌어지고 있는지…….

2013년 마카오를 방문한 관광객은 2900만 명이다. 더 베니션 호텔 카지노에서 '바카라'를 하는 이들을 보고 나서야 알았다. 바카라는 두세 장의 카드를 들고, 손바닥 뒤집듯 카드를 뒤집으면 끝나는 게임이다. 한 마디로 눈 깜짝할 새 한 게임이 끝난다. 카지노 게임은 쉽다. 룰렛, 블랙잭, 슬롯머신 같은 말은 낯설어도 구슬을 던지거나, 숫자 21에 가깝거나, 당기기만 하면 되니 나도 한 번 해볼까 했다. 단, 배팅 금액을 보기 전까지는……. 바카라 테이블 옆 손바닥만 한 메모판에는 이렇게 쓰여 있다

'바카라 한 게임에 최소 5천(67만 5천 원), 최대 200만 홍콩 달러(2억 7천만 원)'.

에이, 설마? 눈을 씻고 다시 보았다. 한 판에 67만 원이라고? 심지어 2억 7천만 원이라고? 믿을 수가 없다. 카지노에 온 건 처음이 아니다. 멜버른에서도 라스베이거스에서도 카지노에 갔었다. 하지만 이런 분위기는 아니었다. 오래전 일이긴 하지만 라스베이거스에 갔

을 때 나는 25센트짜리, 1달러짜리 칩을 가지고 슬롯머신을 하며 놀았다. 결국 두어 시간 만에 300달러 정도를 잃긴 했지만.

그런데 마카오에서는 67만 원 또는 2억 7천만 원을 걸고, 카드를 뒤집으면 한 게임이 끝난다. 더욱이 여기는 VIP룸도 아니고 일반 테이블이다. 내가 마카오를 너무 몰랐던 건가? 누구나 앉을 수 있는 카지노 테이블에서 이런 일이 벌어지고 있는 게 실감이 안 나 두세 번 베팅 금액을 확인했다.

영화 〈북 오브 러브〉에서 롤렉스시계와 2천만 원짜리 버투(VERTU) 스마트폰, 로로피아나를 입은 '큰 손' 남자는 팁으로 살아가는 지아오에게 이렇게 말한다.

"도박은 그냥 즐겨야지. 목숨 걸면 안 돼."

"2시간 만에 1천만(13억 5천만 원) 달러 따는 게 즐기는 거예요?"

돈 액수만 보면 과장이 아니다. 마카오에서 실제로 벌어지는 일이다. 따는 게 아니라 반대로 잃을 수도 있다는 게 무서운 함정이지만. 누구나 쉽게 할 수 있고 누가 해도 딸 수 있을 것 같은 게임이 바카라다. '카지노 게임의 왕'이란 별명은 공연히 붙은 게 아니다. 누구든 돈을 따갈 수 있으면 바카라는 진작 사라졌을 것이다.

카지노에서 일하는 회사 언니는 지아오에게 이렇게 충고한다.

"평생 딜러로 일하면서 남들 한탕 하는 거 보고 근근이 살아가는 게 우리 인생이야. 어쩔 수 없어."

지아오는 게임을 말리는 언니에게 이렇게 말한다.

"좁은 집에서 평생 사느니 비둘기로 살겠어. 오늘 팁 10만 달러 (1350만 원)를 받았어. 나도 다 생각이 있어. 팁은 건드리지 않고 2천 달러(27만 원)만 더 딸 거야. 하룻밤 호텔비만 따면 돼. 나는 어차피 부동산 중개인이나 카지노 직원과 사귀게 될 텐데 뭐."

무덤과 연꽃

회사 언니의 말처럼 마카오에 돈은 넘쳐나듯 보이지만 마카오 사람과는 상관없다. 세나도 광장(Senado Square)에서 성 어거스틴 광장으로 가는 뒷골목 어딘가에 살던 지아오는 월세를 내지 못해 쫓겨났다. 다들 이길 때는 미련이 남아 계속 돈을 건다는데 그녀도 예외는 아니다. 바카라 테이블에서 밤을 보냈지만 결국 다 잃고 만다.

일단 바카라 테이블에 앉으면 멈추기란 쉽지 않다. 딜러와 손님, 일대일의 게임이니 이기는 사람이 없지 않고, 얼핏 승률은 반반으로 보인다. 덤벼들지 않을 이유가 없는 듯 보인다. 승률 50퍼센트가 엄청난 착시 또는 오해라는 건 나중에 카지노 직원 말을 듣고 알았다. 멈추지 않으면, 끝까지 하면, 무조건 진다.

베팅 금액만큼이나 인상적인 건 테이블을 둘러싼 사람들의 격앙된 모습이다. 게임을 구경하거나 응원하는 이들은 주먹을 쥐고 테이블을 두드리며, "나와라! 나와라!"를 연호한다. 카드를 뒤집는데 제법 시간이 걸린다. 순식간에 뒤집으면 될 카드 끝을 엄지와 검지 사이에 끼고 카드의 밑에서 조금씩 아주 천천히 접어 올려 다이아몬드인지 하트인지 확인한다. 그리고 카드를 옆으로 돌리고 다시 모서리를 조금씩 접어 올려 숫자를 확인한다. 주변 사람들의 요란한 응원을 받으며 시간을 끌며 카드에 무슨 기운이라도 불어넣는 것 같다.

한 테이블 만으론 성에 안 차는지 두 테이블을 오가며 바쁘게 게임하는 여자도 있다. 잘 차려입은 귀부인이 아니라 중국 시골에서 온 듯 허름한 옷차림의 여자다. 대충 봐도 그녀는 한 번에 6~700만 원 정도의 돈을 베팅하고 있었다. 점심 오찬에서 셸던 회장이 2004년 샌즈 마카오 카지노가 처음 문을 열었을 때를 회상하며 한 말이 생각났다.

"3만 명 이상이 입장을 기다리고 있었어요. 사실 헤아릴 수조차 없었죠. 기다림을 참지 못한 사람들이 결국 문을 부수고 들어왔거든요."

이들은 모두 일확천금을 꿈꿨을 것이다. 마카오에 와 카지노를 둘러보니 이길 수 있는 방법을 한 가지 알게 됐다. 단순하다. 한 가지 조건만 충족되면 무조건 이긴다.

'카지노보다…… 돈이 많으면 이긴다.'

시간이 길어질수록 질 확률은 높아진다. 바카라를 하면 할수록 돈을 잃는 이유다. 우리는 영화의 주인공이 아니잖은가?

지아오는 카지노에서 만난 '큰 손' 남자를 따라 전용기를 타고 라스베이거스로 가 크리스마스를 보낸다. 그녀는 그랜드 피아노와 공중목욕탕처럼 큰 욕조가 있는 스위트룸에서 지내며 카지노에서 도박을 하고 영화의 주인공답게 일확천금의 꿈을 이룬다. 이제 '큰 손' 남자 곁에 머물 이유가 없다. 그녀는 '큰 손' 남자를 떠나 런던으로 향한다. 한 권의 책 때문에 기이한 인연을 이어온 또 다른 남자를 만나러 간다. 해피엔딩이다. 하지만 영화이기 때문이다, 영화. 내게는 일어날 수 없는 일이다.

더 베니션 카지노를 나오니 베네치아가 나를 맞는다. 이탈리아의 그 베네치아 말이다. 푸른 하늘 아래 운하에서 곤돌라를 타고, 나를 보고 웃어주는 여자 뱃사공의 노래를 들으며 베네치아를 구경한다. 그런데 푸른 하늘도 가짜, 운하 양편의 집도 가짜, 뱃사공도 가짜다. 순간 진짜처럼 느껴지는 가짜다. 더 베니션 호텔 내부는 온통 황금색 대리석이다. 샹들리에와 천장에 그린 그림은 눈이 돌아갈 만큼 휘황찬란하다. 가짜 세계, 환상의 세계이자 돈의 세계, 영화보다 더 영화적인 곳에서 사람들은 흔들릴 수밖에 없다.

마카오를 떠나기 전 지아오가 스쿠터를 타고 달리던 '아미자드 다리(Ponte de Amizade)'를 건너 '세인트 폴 성당(Ruins of St. Paul's)'에 잠시 들렀다. 1995년 여기에 처음 왔었다. 그때나 지금이나 정면만 남아 있다. 20여 년이 지나고 다시 봐도 처음 보았을 때처럼 기이하다.

꼭 복원해야 하는 건 아니지만, 나로선 세인트 폴 성당의 모습이 마치 마카오를 상징하는 것 같다. 정면에서 보면 기다란 계단 위에 서 있는 성당은 그럴싸해 보이지만, 사실은 껍데기만 남아 철근이 뒤를 받치지 않으면 제힘으로 설 수조차 없다.

성당을 등지니 왼편 저 앞에 '그랜드 리스보아(Grand Lisboa)'가 보인다. 풍수적으로 빌딩 아래는 무덤, 위는 연꽃 모양으로 지었다는 카지노 호텔이다. 무덤과 연꽃이라……. 손님과 카지노 중 한쪽은 연꽃을, 한쪽은 무덤을 상징한다. 세인트 폴 성당에서는 연꽃밖에 안 보인다.

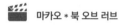 마카오 * 북 오브 러브

바람의 색

세상을 탐험하며 지식을 얻는 동시에 지식을 포기하는 게 여행이다.
몸과 마음으로 전력을 다하는 탐험이다. 떠나보면 여행하기 전에
내가 알았던 세상이 얼마나 작았는지, 때로는 얼마나 허구인지 알게 된다.

그는 9시 기차에 탔을까

"당신은 촬영을 일로 생각하지 않는군요. 아마추어 같다는 얘기는 아니니 칭찬으로 받아들여요. 당신은 돈 때문에 연기하는 게 아니고, 명예를 위해 연기하는 것도 아니네요. 그럼 왜 연기를 하죠?"

감독이 여배우에게 물었다.

"연기를 하면 춤추는 것 같아요. 마음속으로 추는 춤이에요. 영혼의 탐험을 통해 체험하는 게 즐거워요. 많은 지식을 얻으며 많은 지식을 포기하죠."

남자는 아바스 키아로스타미(Abbas Kiarostami) 감독, 여배우는 쥘리에트 비노슈(Juliette Binoche)다.

여행도 비슷하지 않나? 세상을 탐험하며 지식을 얻는 동시에 지식을 포기하는 게 여행이다. 몸과 마음으로 전력을 다하는 탐험이다.

여행하기 전에 내가 알았던 세상이 얼마나 작았는지, 때로는 얼마나 허구인지 알게 된다.

예쁘지요, 지긋지긋하게

짙고 연한 초록의 구릉에 자리한 농가에서 하룻밤을 보냈다. 새벽 이슬에 젖은 구릉을 산책하며 쿵쿵 풀냄새를 맡는다. 사방으로 초원이 펼쳐진 언덕 한 편에 사이프러스 나무 한 그루가 있다. 농가 아래 비탈진 구릉 위로 광활하게 펼쳐진 포도밭을 따라 안개가 피어오른다. 포도밭 너머 아스라이 펼쳐지는 겹겹의 구릉지 너머로 해가 떠오르자 청보리밭이 눈부시다. 빛과 안개의 춤이 여행자를 반기는 이곳은 이탈리아 토스카나(Toscana)다.

모나리자의 모델이 토스카나 '비냐마조(Vignamaggio)'에 살았다. 피렌체에서 남쪽으로 35킬로미터 정도 떨어진 곳에 키 큰 사이프러스가 줄지어 서 있는 시골길을 가다 보면 현재는 고급숙소로 변한

비냐마조가 나온다. 지도에도 잘 나오지 않는 곳답게 음, 주변에는 키 작은 올리브와 키 큰 사이프러스 나무뿐 정말 아무것도 없다. 이런 곳에 살다 보면 나도 모르는 새 모나리자처럼 안온한 미소가 나오겠다.

아홉 살 때, 그리고 열여덟 살 때 딱 두 번, 그조차 스치듯 만난 베아트리체를 눈감는 순간까지 그리워한 단테(Dante)는 고향 토스카나의 사투리로 대서사시 『신곡』을 썼다. 영화 초반부 토스카나의 아름다운 자연을 보여준 〈인생은 아름다워〉 또한 아레초(Arezzo)에서 촬영했다. 이탈리아를 그 어떤 영화보다 찬란하고 눈부시게 그려낸 〈냉정과 열정 사이〉 또한 토스카나 피렌체에서 촬영했다. 뜻밖에 구소련 감독, 안드레이 타르코프스키(Andrei Tarkovsky)의 〈노스탤지어〉 또한 토스카나에서 촬영했다. 피렌체로 망명한 그는 아레초 인근의 몬테르키(Monterchi)에서 〈노스탤지어〉의 첫 장면을 촬영했다. 영화에서 러시아 작가는 이렇게 말한다.

"매일 기막히게 아름다운 풍경을 보는 것도 지루하구나."

그의 말대로 토스카나 하면 맨 먼저 자연이 떠오른다. 어디선가 '아름다운 구릉을 가진 시골 마을'로 몬테르키를 소개하는 글을 봤는데 사실 토스카나 시골 마을이 다 그렇다.

'소 두 마리, 이틀'.

〈투스카니의 태양〉이란 영화를 보면 이곳에선 땅 크기를 소가 경작하는 데 걸리는 시간으로 표시한다. 엉뚱하게도 토스카나에 집을 산 미국 여자는 이렇게 말했다.

"이탈리아에 집을 샀다. 300년 된 집과 소 두 마리가 이틀 걸려 경작할 수 있는 땅을."

'소 두 마리'라고 쓰인 집문서만큼 기억나는 건 남편에게 이혼당하고 집까지 빼앗긴 미국 여자가 이탈리아에 '브라마솔레(Bramasole)'라고 이름 붙여진 집을 산 이유다.

"두려움 속에 사는 게 지겨웠어요."

이탈리아어로 브라마는 열망, 솔레는 태양이란 뜻이다. 토스카나 땅에서 그녀의 태양은 다시 떠오를까? 어디선가 교회 종소리가 울려 퍼진다. 딩댕동, 딩댕동……. 아, 여기 종소리는 딩동이 아니다.

토스카나를 달리다 보면 사이프러스 나무가 길 양편으로 사열병처럼 줄지어 서고, 구릉 지대 곳곳에서 와이너리를 만난다. 늦은 오후 토스카나의 구릉은 노란색으로 빛난다. 사이프러스 나무에 둘러싸인 구릉 위에 암체어를 놓고 커피 한 잔 마시면 딱 좋겠다. 그런데 여기 살면 타르코프스키 말처럼 이런 풍경이 지겨우려나?

영국에서 만난 '엘리자'란 친구가 있다. 이탈리아 출신인 그녀는 런던에서 대학원을 졸업한 후 런던에서 일한다. 런던에 갈 때면 스톡웰(Stockwell)의 그녀 집에서 신세를 지곤 했다. 몇 년 전 런던에 갔을 때 일이다. 길을 헷갈려 동네를 두어 바퀴 돌고 밤 9시 넘어서야 엘리자 집에 도착했는데, 가방을 내려놓기도 전에 그녀가 흥분된 어조로 말했다.

"빅 뉴스가 있어! 우리 동네에 엄청나게 큰 샌즈버리가 생겼어! 무엇이든 다 살 수 있어! 지하 주차장은 또 얼마나 큰지 몰라! 빨리 가보자!"

샌즈버리는 런던 어디서나 볼 수 있는 슈퍼마켓이다. 한국 편의점보다 조금 큰 정도의 매장도 많다. 도대체 얼마나 크기에? 하는 의문이 들긴 했으나 막상 가본 '엄청나게' 큰 샌즈버리는 음…… 한국의 이마트 같다. 한쪽에 두툼한 책자로만 물건을 보고 사는 코너가 있다는 걸 빼고는 그냥 서울 어디서나 볼 수 있는 대형 마트다. 그녀가 종종 했던 얘기가 떠올랐다.

"이탈리아의 우리 집은 호숫가에 자리한 저택이야. 성처럼 크고 아름다워. 관리하는 게 좀 힘들긴 했지만 그보다 문제는 그곳에 우리 집밖에 없는 거지. 그림처럼 아름다운 우리 집 주변에는 아아~무것도 없어!"

나는 그녀가 스위스와 국경을 접한 이탈리아 북부의 작은 시골 '마을' 출신인 줄 알았는데 다시 생각해보니 이탈리아 북부의 작은 시골 '집' 출신이다. 길게 드리운 하얀 구름 아래 푸른 구릉에 자리한 엘리자네 집 앞을 지나는 관광객들은 이렇게 말하지 않으려나?

"시간이 멈춘 곳 같아. 여기 산다면 지상의 천국에 사는 것 같을 거야."

그들에게 한마디 하는 엘리자 목소리가 들린다.

"그럼요. 예쁘지요. 지긋지긋하게."

대학원을 마친 후 집으로 돌아가고 싶은 마음이 없다고 한 엘리자를 이해할 것도 같다. 엘리자가 런던에서 하는 일은 '도시계획'인데 구체적으로 말하면 '미래 예측' 조사다. 엘리자가 한국에 오면 곳곳에 엄청나게 큰 마트가 있는 서울을 좋아할지 싫어할지 예측이 좀 안 된다. 아무튼 그녀는 엄청나게 큰 샌즈버리 슈퍼마켓에서 상상조차 못 했던 미래를 보았다.

토스카나의 모나리자

토스카나 아레초를 떠나 남서쪽으로 20킬로미터 떨어진 루치냐노(Lucignano)로 향한다. 성벽에 세워진 중세도시다. 천 년 전 모습을 간직했다고 할 만큼 옛 모습이 고스란히 남아 있어 여기가 중세인지 현대인지 좀 당황스럽다. 언덕 위에 위치해 전망이 좋다.

토스카나에서 언덕에 도시나 마을이 있는 건 별 게 아닌데 여기에는 한 가지 도드라지는 점이 있다. 형태다. 하늘에서 루치냐노를 보면 아몬드 모양의 동그란 성곽 안에 또 동그란 성곽이 있고, 그 안에 또 더 작은 동그란 성곽이 희한하게 자리 잡았다. 성의 동서 거리는 대략 240미터, 남북거리는 260미터 정도인데 진입로는 두 곳뿐이다. 얼추 거리를 가늠해보니 성 안을 한 바퀴 둘러보는데 600미터 정도

이고, 빨리 걸으면 10분이 채 안 걸리겠다. 요새라면 요새이지만 길을 잃을 일은 없겠구나 싶을 만큼 작다.

마을 한가운데에는 '성 프란체스코(San Francesco) 교회'와 시청사가 있다. 사실 마을회관이라 부르는 게 더 어울리는 시청사 옆에는 돌로 지은 집이 한 채, 두 채, 세 채, 네 채가 있는데 그중 한 집은 문앞에 화분을 가득 내놓았다. 벤치도 하나 있다. 오가는 사람들 구경하며 한가로이 시간 보내기 딱 좋겠다. 토스카나를 찾는 한국 관광객은 많지만 대개 피렌체, 피사, 시에나에 가지 여기까지 오는 이는 거의 없다. 가히 감춰진 이탈리아의 작은 도시라고 할만하다. 나도 몰랐다. 이란 출신 아바스 키아로스타미 감독의 영화 〈사랑을 카피하다〉를 보기 전까지는.

"기차 때문에 9시엔 돌아와야 해요."

아레초에서 앤틱숍을 운영하는 프랑스 여자 엘르와 우연히 드라이브를 가게 된 영국 작가 제임스가 말했다. 엘르가 어디로 갈지 모른다고 하자 남자는 말했다.

"좋은데요, 의도적인 방황."

그렇게 아레초를 떠나 길 위를 달리다 마주한 사이프러스 나무를 보고 남자는 말을 이어간다.

"길가의 사이프러스 나무는 제각각 다르고, 그중에는 천 년 된 나무도 있다고 해요. 독창성, 아름다움, 수명, 기능성 등등 예술적인

조건은 다 갖췄어요. 다만 들판에 널브러져 있어 관심을 못 받을 뿐이지 더할 나위 없는 예술 작품이죠."

이 남자, 놀랍게도 나랑 생각이 비슷하다. 여자는 좀 다르다. 남자는 심각하게 우스갯소리를 하며 교훈을 들먹이지만 여자는 이렇게 화답한다.

"웃으면 땡이지 교훈 따윈 없어요!"

그가 난생처음 만난 프랑스 여자와 의도적인 방황 끝에 도착한 곳은 여기 루치냐노다. 피렌체를 기준으로 하면 남쪽으로 80킬로미터 떨어졌다. 영화에 등장했던 황금나무, 골든 트리가 시청사(Comune di Lucignano) 건물 내 작은 박물관(Museo Civico) 안에 실제로 있다. 이름대로 황금색 나무인데 박물관에서 가장 인기가 많다.

엘르가 "사람들은 황금나무 앞에서 평생 가약을 맺어요"하고 설명하자 제임스는 이렇게 말했다.

"황금나무만 믿고 살지 않으면 좋겠어요. 결혼 생활을 지탱하는 건 관심과 뚜렷한 인식이죠. 모든 건 변하고 약속도 무의미하죠. 가을에도 지지 않는 꽃은 없잖아요. 꽃은 열매가 되고 익으면 떨어지고, 그 뒤에는 헐벗은 나무만 남아요. 페르시아의 시의 한 구절을 말해볼까요? '헐벗은 나무를 누가 추하다고 하는가?'"

달관한 듯한 태도도 비슷하다. 단, 세속을 벗어난 활달한 식견이나 인생관에 다다르지 못한 게 문제이지만…… 어쩌면 그나 나나 스테레오 타입의 시니컬한 작가인지도 모르겠다. 아무튼 '인생의 나무'

또는 '사랑의 나무'라고 불리는 골든 트리는 1350년경 만들어졌다. 양피지에 예언자의 모습을 그린 후 메달 모양의 보석 안에 넣었다. 1900년대 초반에는 도난을 당해 3년 동안 행방을 알 수 없는 일도 겪었으나 다행히 1917년 사티노(Sarteano) 인근 동굴에서 발견됐다. 일부가 분해되고 손상되긴 했지만.

시청사를 등지고 오른편으로 채 몇 걸음을 가기도 전에 '토토 호텔(Albergo Osteria Da Toto)'이 나온다. 제임스와 엘르가 형편없는 와인 때문에 다툼을 벌인 곳이다.

"웨이터가 와인을 바꿔주지도 않고, 불평을 하건 말건 상관도 안 해요. 이럴 거면 뭐하러 미리 와인을 마셔보라 하죠? 바보 같은 관례잖아요!"

그 순간 여자는, 불평 좀 그만하고 느긋해질 수 없느냐고 남자를 타박하지만 나는 엉뚱하게도 이런 생각을 했다. 이 남자, 나랑 진짜 똑같구나!

와인뿐만 아니라 사랑에 대해서도 두 사람은 완전히 다르다. 남자는 가족이랑 각자 다른 삶을 살 수도 있고 어떤 가족이든 떨어져 지낼 수 있다지만, 여자는 무조건 남자랑 함께하고 싶다. 여자 맘을 이해 못 할 바는 아니다. 하지만 남자는 사랑에 무관심한 게 아니라 사랑의 방법이 다르다. 그가 내 말을 인정한다면 그는 나랑 똑같다. 그것도 아니라면, 어쩌면 나이 지긋한 카페 여주인 말이 가장 정확한지도 모른다.

"남편이란 좋은 놈이든 나쁜 놈이든 그냥 놔두는 게 상책이에요. 남자는 일 하게 두고 우린 우리가 챙겨야죠. 남편이 자기 일 하느라 바쁘면 그나마 살만한 거예요."

남자가 좀 비겁하긴 하다. 그는 이성적인 모습 뒤로 자신을 감춘다. 무슨 방어기제가 한결같이 조종이라도 하는 것 같다. 반면 여자는 온갖 감정과 욕구를 드러낸다. 육체에 좀 더 중심을 둔다. 카페 주인이 남자에게 뭔가를 묻자 그는 여자에게 묻는다.

"뭐라고 대답하죠?"

그는 자기 감정이나 결정에 책임을 안 진다. 결정을 자꾸 미룬다. 음, 이것도 나랑 똑같다. 이건 좀 부끄럽다.

지오반니 포스터

영화에는 골든 트리와 함께 '토스카나의 모나리자'라 불리는 그림이 등장한다. 박물관에 있지만 복제품, 즉 가짜다. 18세기 그림으로 2세기 동안 파리의 모나리자 같은 대접을 받으며 진짜로 간주되었지만 50년 전 가짜라는 게 밝혀졌다. 어느 나폴리 사람이 확실하게 솜씨를 발휘했던 모양이다. 그런데 박물관은 다음의 이유로 그림을 계속 소장하기로 했다.

"위작이지만 진품처럼 아름답다."

남자는 시큰둥하게 말한다. "당연한 일이에요. 진품이 다른 데 있고, 이 그림이 가짜라는 걸 200년 후에 사람들이 안다고 뭐가 달라지죠? 그동안 수많은 이들이 그림을 보고 이미 감동을 다 받아버렸는데요?! 진품도 실제 모델의 아름다움을 모방한 거잖아요. 그럼 모델이 진짜 진품이죠. 모나리자의 미소 또한 모델의 표정인지 화가의 의도인지 알 수 없어요. 세상은 진품으로 가득 차 있어요."

그의 말대로라면 우리 집에도 두 개의 진품이 있다. 하나는 인도 화가 암리따 쉐르길의 〈세 소녀〉와 얀 반 에이크의 〈지오반니(?) 아르놀피니와 그의 아내의 초상〉이다. 흥미롭게도 얀 반 에이크의 그림 제목에는 물음표가 있다. 세상에서 가장 유명한 초상화 중 하나인 이 그림에 등장하는 남자가 지오반니인지 아닌지 확실하지 않다는 걸 런던의 콧대 높은 내셔널 갤러리가 인정했다.

우리 집에 왔던 한 친구는 명색이 작가 집에 고작 포스터를 걸어놓았느냐며 타박했지만, 나로선 두 개의 포스터 액자만으로 즐거워진다. 런던에서 3일 연이어 내셔널 갤러리에 갔던 적이 있다. 지오반니의 초상화가 자꾸 생각났기 때문이다. 그 그림이 내 방 침대 위에 걸려 있다. 두 장의 포스터는 실제 그림과 거의 똑같은 크기다. 진품은 아니어도 흡족하다. 잊어버려도 무방한 '리얼 카피', '진짜 같은 가짜'다.

진실과 거짓의 경계가 모호한 건 진품과 위작을 다투는 예술뿐만 아니라 때로는 로맨스 또한 그렇다. 저마다 자기 감정만이 진실하다고 한다. '상처받았다'고 역설하는 그에게 항변하지 않으면 모든 걸 인정한다고 여긴다. 하지만 그의 말을 다 인정하기에 침묵하는 게 아니다. 오히려 저렇게 이해받지 못하는구나 깨닫고, 결국 그와 함께 할 수 없구나 하고 깊은 실의에 빠진다. 숨이 꽉 막히고, 답답하다고 힘주어 말하지 않는다 해서 숨 쉬는 게 편한 건 아니다.

오랜만에 찾은 토스카나에서 정답 없는 질문들이 이어진다. 문득 교회 종탑의 종소리가 울려 퍼진다. 딩댕동, 딩댕동…… 어쩌면 100년 전, 500년 전에도 똑같이 울려 퍼졌을 소리다. 15년 전 루치냐노의 호텔에서 첫날밤을 보냈다는 여자도 3층 9호실 방에서 종소리를 듣고 있다. 나무 계단이 유난히 삐거덕거리는 곳이다. 남자는 여자와 나란히 침대에 누워 말한다.

"아까도 말했지만 9시 기차를 타야 해."

실망하고 상처 입었다는 여자는 말했다.

"아까 그 노부부가 너무 부러웠어. 남아줄래?"

여자는 이긴 듯 보였다. 남자는 항복할까? 그는 9시 기차에 탔을까? 카페 여주인 말처럼 이상이란 존재하지 않을까? 때로는 정답 없는 질문들이 중요하다.

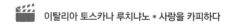 이탈리아 토스카나 루치냐노 * 사랑을 카피하다

생각보다 몽마르트르 언덕은 훨씬 컸고, 이젤을 세우고 그림을 그리는 화가와
관광객으로 북적였다. 1995년 8월 20일, 기억은 느낌으로만 남았다.
우리는 서로 스쳐 지나갔고, 그날 저녁 난 파리 북역에서 브뤼셀로 향하는 기차에 올랐다.

사랑합시다
사랑에 빠져요

테러 인 파리

몇 년 전 한 해에 일곱 번 출국할 기회가 있었다. 시기가 좀 어정 쩡하긴 했다. 3월에 에볼라가 창궐할 때 남아프리카에 갔고, 6월에 메르스가 무서운 기세로 퍼질 때 이스라엘에 갔다. 11월 13일 파리 테러가 나고 2주 후에는 파리에 갔다. 언론의 호들갑과 달리 에볼라와 남아프리카, 메르스와 이스라엘은 아무 상관 없었다. 하지만 파리는 좀 달랐다. 파리 테러는 말 그대로 보통 사람을 타깃으로 한 무차별 공격이었다. 더구나 후속 테러가 우려되는 상황이었다. 아무리 여행이 좋다 해도 무모한 일을 벌이는 건 아닐지 눈 깜짝할 동안 고민했지만 음, 파리를 어떻게 마다할까? 근심은 잊고 비행기에 몸을 싣고 말았다.

음, 좋은걸. 테러 때문일까? 승무원들 서비스가 좋다. 에어프랑스 프리미엄 이코노미석에 앉아 파리로 날아가며 식사를 즐겼다. 단출

한 기내식 아닌 근사한 고급 식당 음식 같다. 순식간에 테러는 잊고, 역시 프렌치 음식이야! 감탄하며 앞으로 펼쳐질 파리 여행을 상상했다.

파리에 온 지 열흘이 지났다. 걷고 또 걸었다. 거리를 걷는 것만으로 기분이 좋다. 로맨틱한 야행이다. 가로등이 불을 밝힌 알렉상드르 3세 다리를 동네 산책하듯 걷지만 언제 또 걷게 될지 모른다. 파리에서 보내는 매 순간이 좋은데도 시간이 속절없이 훅훅 흐르는 것 같아 걸어온 길을 자꾸 뒤돌아본다. 이런 간절함 때문일까? 나는 거리마다, 골목마다, 코너를 돌 때마다 내가 몰랐던 파리를 느꼈다. 파리에 머무는 동안 에펠탑이나 루브르, 개선문은 뒷전이었다. 과거의 파리가 아닌 지금 이 순간의 파리를 보고 싶었다.

"파리 분위기는 어때?"

친구들이 간혹 물었다. 그제야 아, 테러가 있었지! 하고 테러를 떠올려보지만 딱히 할 말이 없다. 하긴 나도 파리에 도착하자마자 사람들에게 물었다. "테러가 있었잖아요? 요즘 분위기가 어떤가요?"

누군가는 등을 한 번 으쓱하더니 이렇게 말했다.

"지금 파리를 눈앞에서 보고 있잖아요. 어때 보여요?"

깊은 속내까지는 모르겠지만 겉만 봐선 평온하다. 내가 파리 사람들에게 하던 질문을 한국의 친구들에게 받고 보니 파리 사람들의 시원찮은 반응이 이해된다. 지하철역이나 거리에서 중무장한 군인들과 간혹 마주치는 일을 제외하곤 별다른 게 없다. 퐁피두센터 앞에는 늘 그렇듯 입장을 기다리는 사람들이 길게 늘어섰다.

나는 매일 아침부터 밤까지 파리 곳곳을 걸었고, 왠지 타면 안 될 듯한 지하철과 버스를 탔다. 하루에도 두세 번씩 오래된 주크박스가 있는 작은 카페에서 2유로짜리 에스프레소를 마시고, 맛있는 팽 오 쇼콜라(안에 초콜릿이 들어 있는 페이스트리)를 먹었다. 거대한 크리스털 샹들리에가 있는 '카바레 리도(Lido de Paris)'에서 심장이 쿵쾅거릴 만큼 대단한 쇼도 봤다.

캬바레쇼? 고백하자면, 나는 리도쇼를 오해했다. "여자가 가슴을……" 운운하는 누군가의 말을 듣고, 늘씬한 여자가 가슴을 드러내거나 엉덩이를 세련되게 흔드는 쇼인 줄 알았다. 완전히 오해였다. 나는 한 시간 반 동안 아주 기분 좋은 전율에 빠져들었다. 인생의 쇼라고 할만한 시간이었다. 테러 와중이고, 저녁을 먹으며 보는 공연이라 제법 가격이 비쌌는데도 뜻밖에 카바레는 꽉 찼다.

한번은 해산물을 먹고 싶다 하니 파리에 사는 친구가 샹젤리제에 있는 '레옹 드 브뤼셀(Leon de Bruxelles)'이란 홍합집에 데려갔다. 음, 한국 사람이 많다. 살짝 불안했던 그때 되돌아 나왔어야 했다.

에두르지 않고 말하면 맛없고, 비싸고, 불친절하다. 그런데 이 집은 한국 사람들에게 아주, 아니 어쩌면 한국 사람들에게만 유명한 식당이다. 엉뚱한 유명세는 해외여행 자율화 후 **항공 승무원들의 입소문에서 비롯됐다. 승무원들이야 자기들 숙소가 있는 샹젤리제 호텔 근처에 있는 식당에 갔을 뿐이지만, 이들이 맛있다 하니 사람들은 이 집을 맛집으로 무조건 수긍했다. 그 후 이 집을 찾아간 많은 한국 사람들 포스팅에 의해 그 지위는 점점 더 확고해졌다. 인터넷 같은 건 없던 1990년대 초반에야 정보가 귀했으니 그럴 수 있다지만 지금까지 파리에서 꼭 가봐야 할 식당으로 여겨지는 건 희한하다. 친구 탓이라 해도, 나도 찾아갔으니 뭐 할 말은 없지만.

메뉴판을 보니 역시나 물이 비싸다. 그냥 탭 워터(tap water : 수돗물) 한 잔 달라고 했다. 파리지엔들도 다 그렇게 하니까. 탭 워터? 노노, 없단다. 그런가 보다 했다. 그런데 다른 테이블을 보니 전부 탭 워터 물병이 놓여있다. 단, 한국 사람 테이블만 빼고.

카페 웨이터는 나한테만 불친절한 건 아닌가 보다. 영화 〈미드나잇 인 파리〉에서 살바도르 달리는 이렇게 말한다.

"불어? 말은 예뻐요. 파리의 웨이터는 아니죠."

반대로 기가 막히게 맛있던 퐁피두센터 근처의 스테이크 레스토랑 '르 불도규(Le Bouledogue)'도 생각난다. 다른 데서는 잘 시키지 않던 레어(rare)를 맛보고 나는 스테이크의 신세계를 만났다. 전 파리시장이 즐겨 찾는 곳이라고 한다. 그나저나 고급 레스토랑 이름이 불도규(Bouledogue)라니? 불독 또는 성미가 고약한 사람이란 뜻이다!

파리의 일상은 테러가 발생한 지역을 제외하면 전과 다를 바 없다. 사람들이 광장에 모여 희생자를 추모하는 게 다를 뿐이다. 12월 10일 내가 테러 현장 인근의 레퓌블릭(Place de Republique) 광장에 갔던 날, 마돈나는 이곳에서 거리 공연을 벌였다. 파리 사람들은 테러에 대해 움츠리지 않고 이렇게 응수했다.

"우리 모두 카페로 가자! 평소대로 커피를 마시자! 와인을 마시자!"

이들이라고 테러에 대한 두려움이 없을까? 하지만 그들은 일상을 지키며 말한다.

"그들이 원하는 데론 되지 않아."

테러 후 관광객이 크게 줄었다곤 하는데 오르세 미술관을 보면 그것도 잘 모르겠다. 파리 곳곳을 걸을 때마다 트렁크를 끌고 가는 사람을 끊임없이 만났다. 전 세계 어디에서도 파리처럼 관광객이 많은 도시를 보지 못했다. 테러로 수많은 이들이 희생되었는데 이 도시를 찾는 이들은 여전하다. 현실 속의 파리다.

미드나잇 인 파리

영화 속 파리는 어떨까? 영화와 실제는 다르다. 영화 속에 등장한 어느 장소가 근사하다고 실제로 그곳에 찾아갔다간 실망하기 일쑤다. 하지만 파리는 다르다. 낮의 몽마르트르는 관광객으로 바글대지만 밤의 몽마르트르는 영화처럼 아름답다. 지금이 1920년이라고, 지금이 1890년이라고 해도 믿을 수밖에 없다.

영화 〈미드나잇 인 파리〉의 주인공 '길'은 파리에서 살고 싶은 미국 남자다. 빗속의 파리를 특히 좋아한다. 스콧 피츠제럴드, 어니스트 헤밍웨이, 거트루드 스타인, 파블로 피카소, 아메데오 모딜리아니를 만날 수 있는 1920년대 파리는 그에게 가장 아름다운 시절이다. 그때로 갈 순 없으니 현재의 파리도 좋다. 천장에 창이 있는 파리 다락방(옛날에는 하녀들 숙소였다던데)에 살 수 있다면 비버리힐스의 저택도 부럽지 않다. 바게트를 끼고, 센 강변을 걷고, 맛있는 에스프레소를 홀짝거리고, 비에 젖은 파리를 구경하고…… 카페 드 플로르나 셀렉트에서 글을 쓰고…….

그의 심정을 잘 알겠다. 나 또한 무작정 밤의 파리를 걷곤 했다. 파리에는 묘한 도시의 기운(?) 같은 게 있다. 나는 파리만큼 런던을 좋아한다. 하지만 런던을 아련하게 그리워하진 않는다. 보다 역동적이고 다채로운 런던의 매력은 파리와는 전혀 다르다.

파리에 가기 전에도, 파리에 다녀온 후에도 〈미드나잇 인 파리〉를 보는 내내 파리가 그리웠다. 정작 영화 속 주인공에게는 빠져들지 못했다. 대신 넋 놓고 영화에 등장하는 파리의 풍광을 바라보고, 영화 속 그곳에 있던 나를 떠올렸다. 개선문 꼭대기에서 파리를 사방으로 내려다보고, 자전거를 타고 센 강변을 달리고, 생 마땡 운하 옆에 있는 허름한 여인숙에 딸린 카페(Le Pont)에 앉아 커피를 홀짝거리고, 밤의 루브르를 서성이고, 인파가 넘치는 샹젤리제를 걷고, 몽파르나스 묘지에 잠든 사르트르와 보부아르 옆 벤치에 앉아 겨울날 따사로운 햇살을 받고, 몽마르트르에 올라 노을을 바라보던 그 애틋한 시간을…….

결국 흥미진진한 스토리도, 아름다운 배우도 파리 그 자체보다 매혹적이지 않다. 그러고 보면 당장 파리에 갈 수 없을 때도 파리는 내 가슴 한편에 늘 자리했다. 영화에 등장하는 헤밍웨이는 "파리는 마음속의 축제"라고 했는데 내게 "파리는 마음속의 고향"이다. 나는 프랑스 사람도 아니고, 서른 초반 꼭두새벽부터 학원에서 서너 달 배운 프랑스어는 깡그리 잊어버렸지만 파리는 무작정 나의 도시 같은 기분이다. 파리에서 지내는 동안은, 여기서 살 순 없을까? 궁리했지만 한 친구는 생각이 좀 다르다.

"파리는 너무 예뻐서 비현실적이야. 사람 사는 곳 같지가 않아. 나는 좀 지저분한 런던이 좋아."

파리 사람들은 1920년대를 '광란의 20년대(Roaring Twenties)'라고 부른다. 그만큼 활기와 자신감이 넘쳤던 시절이다. 내가 묵었던 어느 호텔에도 1920년대의 러브스토리가 남아 있다. 1920년대 후반, 파리의 프랑스문학클럽에서 남자와 여자가 만났다. 남자는 러시아 출신의 부유한 사업가였고, 여자는 아름다운 파리지엔이었다. 남자는 러시아 혁명의 소용돌이를 피해 파리로 왔다. 두 사람은 사랑에 빠지고,

평생을 함께 할 것을 약속한다. 남자는 여자를 위해 특별한 결혼 선물을 준비한다. 이 선물을 통해 여자가 파리 상류층 사교계에 들어가 시간을 즐겁게 보내기를 원했다. 남자가 준비한 선물은 파리 8구에 있는 호텔이었다. 개선문에서 가깝지만 샹젤리제 대로변 한 블록 뒤에 자리 잡아 차분한 분위기를 가진 7층짜리 건물이다. 호텔의 7층, 스위트룸에선 한쪽 창문으로 개선문이, 다른 한쪽 창문으로 에펠탑이 보였다. 헤아릴 수 없이 많은 파리의 호텔 중에서도 개선문과 에펠탑이 동시에 보이는 방은 거의 없다. 남자와 여자는 이 방에서 파리의 유명인들을 만나고 파티를 즐겼다. 이 호텔의 이름은 '나폴레옹

(Napoleon)'이다.

　로비에 들어서니 제일 먼저 벽난로가 눈에 띈다. 체크인을 하고 잠시 로비와 레스토랑을 둘러보는데 소파를 장식한 루비색과 황금색 줄무늬 패턴이 강렬하다. 러시아 남자와 파리지엔 여자의 뜨거운 사랑 같다. 로비 한편에 한 여인의 초상화가 걸려 있다. 프랑스문학 클럽에서 러시아 남자가 만났던 그 여자다. 남자와 여자의 결혼 후 긴 세월이 흘렀다. 남자와 여자는 세상을 떠났고, 남자의 아들이 호텔 오너가 되었다. 이제 아들 나이도 여든에 이르렀다. 2층 내 방으로 가는 복도에서 다시 줄무늬 패턴과 만난다. 복도 양편을 장식한

붉은색의 패브릭은 시간을 과거로 되돌리는 마법의 패턴이다. 방에 들어서지도 않았는데 복도의 패브릭과 레스토랑의 소파만으로 난 거듭 감탄한다.

2014년 이노베이션 공사를 마친 나폴레옹 호텔은 입구에 붉은 카펫을 깔고 손님들을 초대해 파티를 벌였다. 파티 제목은 '광란의 20년대.' 손님들은 1920년대 의상을 입은 채 마차를 타고 나타나 파티를 즐겼다. 그날, 시간은 순식간에 1920년으로 돌아갔다.

몽마르트르 언덕

오랜만에 몽마르트르에 오른다. 몽마르트르를 걷다 보니 고흐가 살던 집, 살바도르 달리 미술관 표지판이 보인다. 어쩌면 이 길은 128년 전 고흐도 걸었을 길이다. 계단에 앉아 해 지는 하늘을 바라본다. 겨우 129미터 언덕에 올랐는데 파리가 훤히 다 내려다보인다. 세상에, 똑같다. 처음 파리에 왔던 20여 년 전이나 지금이나 몽마르트르에서 바라보는 파리는 거의 변치 않았다. 나지막한 스카이라인에서 몽파르나스 타워만이 더해졌다 할까? 점점이 떠 있는 구름 아래 핑크색 노을이 하늘을 그윽이 차지해간다.

오래전, 여기 오는 길에 만난 사람이 생각난다. 파리에 처음 왔을 때다. 파리에 온 지 3일째 되는 날, 나는 지하철을 기다리며 지도를 보고 있었다. 그때 그녀가 불어로 말을 건넸다. 한 달쯤 혼자 유럽을 돌아다니는 일에 지쳐있을 때 그녀는 영화처럼 나타났다. 한국 사람이다. 스물두세 살쯤 됐을까? 대학 갈 준비를 한다고 했다. 나는 몽마르트르로 가는 길이었고, 그녀는 함께 지내던 말레이시아 친구를 공항까지 배웅하러 가는 길이었다.

"라면이라도 하나 끓여 주면 좋을 텐데……."

내 행색이 안 돼 보였을까? 그녀는 영화에나 나올법한 말을 했고, 난 그녀의 호의가 무작정 고마웠다. 지하철을 타고 몇 마디를 주고 받는 사이 그녀는 금방 내려야 했고, 우린 오후에 몽마르트르에서 만나기로 약속하고 헤어졌다.

영화 〈미드나잇 인 파리〉에서 길은 중고음반가게에서 일하던 여자를 알렉상드르 3세 다리에서 다시 만났다. 두 사람은 전에 가수 '콜 포터(Cole Porter)' 얘기를 나눴었다. 파리에 관한 많은 곡을 쓴 콜 포터의 노래 〈Let's Do It, Let's Fall in Love〉의 가사는 이렇다.

새들도, 벌들도 하고, 배웠다 하는 벼룩들도 하죠.
사랑합시다 사랑에 빠져요…….
케이프코드의 조개들도 게으른 해파리들조차 하는데…….
사랑합시다 사랑에 빠져요.

비가 내리자 여자는 길에게 이렇게 말했다.

"비 맞아도 괜찮아요. 사실 파리는 비 올 때가 제일 아름다워요. 참, 내 이름은 가브리엘이에요."

길과 달리 난 그녀를 만나지 못했다. 사크레쾨르 성당과 몽마르트르 언덕을 서성이며 그녀를 기다렸지만 우리의 인연은 거기까지였다. 생각보다 몽마르트르 언덕은 훨씬 컸고, 이젤을 세우고 그림을 그리는 화가와 관광객으로 북적였다. 1995년 8월 20일, 기억은 느낌으로만 남았다. 우리는 서로 스쳐 지나갔고, 그날 저녁 난 파리 북역에서 브뤼셀로 향하는 기차에 올랐다. 하지만 그녀를 떠올리면 나는 여름날 파리에서 연인과 마주 앉아 있는 듯 설렌다. 〈미드나잇 인 파리〉에서 1920년대 파리 예술가들의 뮤즈였던 아드리아나가 피카소와 헤밍웨이를 마다하고 선택한 미국인 작가 길이 나 자신이라도 되는 듯. 누구에게나 페르소나는 필요하지 않은가.

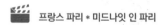 프랑스 파리 * 미드나잇 인 파리

이들의 일탈과 몽환을 지켜보면 가우디가 생각난다. 영화는 가우디의 건축 같다.
눈을 어디로 돌리건 울긋불긋하고, 삐뚤삐뚤하고, 알록달록하다.
한번 쓱 둘러보는 거야 재미있겠지만 여기 산다고 생각하면 금방 머리가 지끈거린다.

바르셀로나의 유혹

바르셀로나는 스페인이 아냐

스페인 동북부의 도시, 바르셀로나는 흔히 태양이나 정열이란 말과 함께 소개된다. 스페인 또한 '태양의 나라', '정열의 나라'로 여겨진다. 바르셀로나와 스페인은 동일시된다. 정작 바르셀로나 사람들은 카탈루냐(Catalonia)를 꼭꼭 씹으며 이렇게 대꾸한다.

"웃기시네. 바르셀로나는 스페인이 아니다. '카탈루냐'다"

스페인의 동북부 지방인 '카탈루냐'는 프랑스 남쪽 피레네 산맥과 인접한 곳에서 동부 지중해 연안까지의 땅이다. 바르셀로나에서 흔히 보이는 노란색 바탕에 네 개의 붉은 줄이 그어진 깃발은 스페인 국기가 아니라 카탈루냐 주의 깃발인 주기(州旗)이다. 스페인에서 두 번째로 큰 도시인 바르셀로나에서 희한하게도 스페인 국기를 내건 곳은 거의 없다. 바르셀로나에서 말하는 '국립'은 스페인 국립 아닌 카탈루냐 주립이다. 아이들은 초등학교에 들어가면 스페인어 아닌 카탈루냐어를 배우고, 고학년이 돼서야 '제2 외국어'로 스페인어를 배운다. 카탈루냐에서 스페인은 사이 나쁜 옆 나라 취급이다.

스페인은 종종 '투우의 나라'로 불려 왔다. 하지만 바르셀로나에서 투우는 금지된 지 오래다. 2010년 카탈루냐 주 의회가 '투우 금지'를 의결하자 하나 남은 투우장은 홀연히 문을 닫고, 쇼핑센터인 '아레나스 데 바르셀로나(Arenas de Barcelona)'로 바뀌었다.

마드리드에선 어떨까? 축구팬들에게 세계적으로 인기 있는 경기 중 하나는 FC 바르셀로나와 레알 마드리드의 경기다. 두 팀의 경기는 '엘 클라시코(El Clásico)'라고 따로 부를 만큼 각별한 대접을 받는다. 매년 두 팀이 피 터지게 싸우기 때문이다. 두 도시 간의 축구가 아닌 스페인과 카탈루냐 두 나라 사이에 치러지는 전쟁 같다. 엘 클라시코 경기가 열리면 FC 바르셀로나 팬들은 보란 듯이 거대한 현수막을 들고 구장에 나온다.

'Catalonia is not a Spain(카탈루냐는 스페인이 아니다)'

여행자로선 영문을 알 수 없다. 나는 스페인에 왔는데 여기가 스페인이 아니라고? 발단은 300년 전으로 돌아간다. 1714년 9월 11일 스페인 국왕의 군대가 바르셀로나에 들이닥치며 카탈루냐는 스페인 손에 넘어갔다. 스페인과 카탈루냐의 전쟁은 카탈루냐의 패배로 단숨에 끝났다. 하지만 진작 끝난 것처럼 보였던 전투는 300년이 지난 현재까지도 진행 중이다. '바르사(바르셀로나)'와 '레알 마드리드'라는 두 개의 이름은 이들이 왜 지금껏 싸우고 있는가를 상징적으로 드러냈다. 스페인어라면 '그라시아스(Gracias 감사합니다)'와 '브에노스 디아스(Buenos días! 안녕하세요)' 두 마디밖에 모르는 나는 레알 마드리드의 '레알(Real)'을 영어처럼 생각하고 얼렁뚱땅 '진짜 마드리드'라는 말이 아닐까 짐작했다.

틀렸다. '레알'은 '왕립(Royal)'이란 의미의 스페인어다. 그러니 레알 마드리드는 스페인 왕국의 '왕립 축구팀'인 셈이다. 실제 '레알'이란 이름은 1920년 알폰소 13세가 수여했다. 매번 "바르셀로나는 스페인이 아니다" 하는 얘기를 귀가 따갑도록 듣는 마드리드 사람들은 이렇게 응수한다.

"스페인에서 올림픽이 열린 적은 없다!"

한국 사람들이 잊지 못하는 올림픽 중 하나가 1992년 바르셀로나 올림픽이다. 황영조 선수가 마라톤에서 몬주익 언덕을 달려 금메달을 받았는데 스페인에서 올림픽이 열린 적이 없다니! 바르셀로나 올림픽 기간 내내 선수촌에는 스페인 국기 아닌 카탈루냐 주 깃발이 걸렸기 때문이다.

공방은 끝나지 않는다. 2016년 12월 20일에 스페인 헌법재판소는 카탈루냐 주의 2010년 투우 금지에 대해 6년 만에 위헌 결정을 내렸다. 바르셀로나는 스페인의 일부라는 얘기다. 마드리드 사람들은 킥킥댔고, 카탈루냐 주지사는 분리 독립 여부를 묻는 투표를 하겠다고 벼른다.

가우디와 세르다

　바르셀로나는 종종 '가우디의 도시'로 여겨진다. 바르셀로나 하면 많은 이들이 건축가 가우디(Antoni Gaudi)를, 어쩌면 가우디만 얘기한다. 사그라다 파밀리아(Sagrada Familia) 교회는 2018년 현재 153년째 공사 중이고, 2035년 완공 예정…… (믿거나 말거나) ……이라고 한다. 만에 하나 이렇게 되면 170년 만에 완성되는 교회다. 그럴 수도 있겠지만 조금만 생각해보면 의문이 든다. 무슨 교회 하나 짓는 데 170년이 걸리나? 170년이면 화성도 개발하고, 170미터 높이의 교회가 아니라 하늘까지 이어지는 바벨탑을 쌓겠다. 불경한 나는 이렇게 생각한다. 사그라다 파밀리아 교회는 신에게 바치는 게 아니라 가우디에게 바치는 것 같다고.

　그렇긴 해도 가우디라는 슈퍼스타가 여기에 실제 살았고, 그의 흔적을 찾아보는 일은 흥미롭다. 사그라다 파밀리아 성당을 지을 무렵 가우디는 종종 '산 펠립 네리(Placa Sant Felip Neri)' 광장 벤치에 앉아 쉬었다. 가우디가 나처럼 광장 가운데 작은 분수에 기대앉거나 주변 어딘가에 앉아 분수를 바라봤겠지? 하고 상상해보면 그가 제법 가깝게 느껴진다.

　관광객은 한결같이 가우디를 찾아 정해진 코스처럼 사그라다 파밀리아 교회에 이어 까사 밀라(Casa Milà), 구엘 공원(Park Güell) 등을 구경하지만 나로선 가우디보다 바르셀로나의 '팔각형 블록형' 도시

형태가 더 흥미롭다. 바르셀로나는 팔각형 블록이 반듯한 도로를 따라 일직선으로 펼쳐지는 도시다. '만사나(manzana)'라는 수많은 블록으로 이루어졌다. 대략 5~600개, 가로세로 각각 113.3미터의 블록, 그것도 똑같이 생긴 블록이다. 어쩌면 이렇게 반듯반듯하고 획일적일까? 처음 와도 지도만 있으면 길을 잃어버리려야 잃을 수가 없다. 가우디가 지은 고불고불한 건축과는 정반대다. 모두 똑같이 만들었으니 얼마나 급진적인가? 그런데 유럽의 그 어느 도시보다 아름답다. 블록 안에는 중정을 만들고 나무를 심고 정원을 만들었다. 도로를 사이에 둔 두 블록의 중정은 서로 트여 있어 답답하지 않다. 중정을 가운데 두고 한 개의 블록 양편에 병렬, 또는 기역자 또는 디귿자로 건물을 배치했는데, 높이를 제한해 모든 집에 햇빛이 잘 들게 했다. 이쯤 되면 공동주택이라 해도 사람을 배려했다.

1800년대 초반 바르셀로나는 지중해 상업 중심지로 인구가 폭발적으로 증가했다. 파리 인구의 두 배에 달할 정도였다. 도시를 새롭게 건설해야 할 정도로 집이 부족했다. 결국 도시를 확장해 구시가지 옆에 팔각형 블록으로 구성된 '에이샴플레(Eixample, 확장)'라는 뉴타운이 건설된다. 수백 개의 블록으로 구성된 정방형 도시에 대각선 방향의 도로는 생기와 역동감을 불어넣었다.

오늘날의 이 같은 바르셀로나를 만든 건 '일데폰스 세르다 (Ildefonso Cerda)'라는 도시건축가다. 그것도 158년 전인 1859년 그의 나이 겨우 마흔넷에 벌인 일이다. 놀랍다. 우리나라에선 김정호가 대동여지도를 만들었을 즈음이다. 여우 꼬리처럼 긴 콧수염을 기른 그는 현재의 바르셀로나를 만드는 데 천재적 재능을 발휘했으나 사람들은 가우디만 기억한다. 믿거나 말거나 건축계의 오랜 농담 한 가지가 있다.

"세르다가 차린 밥상에 가우디가 숟가락만 얹었다."

아이고, 그놈의 사랑

바르셀로나 홍보 영화처럼 바르셀로나의 온갖 명소가 등장하는 영화가 있다. 제목이 좀 우습다. 〈내 남자의 아내도 좋아〉.

짐작해보면, 남자친구의 아내도 좋다는 얘기인데 그럼 남자의 여자 친구는 여자도 좋아한단 말인가? 의문이 꼬리를 물지만 그렇다고 이게 바르셀로나와 무슨 상관이 있단 말인가? 감독 때문에 보게 된 영화다. 뉴욕을 좀체 떠나지 않던 남자, 우디 앨런(Woody Allen)이 만들었다.

'영원한 뉴요커'로 불리던 그가 어쩌다 바르셀로나 영화를 만들었을까? 고소 공포증 때문에 비행기를 못 타 아카데미 시상식에 불참했다는 얘기는 유명하지 않은가? 그런 그가 뉴욕 아닌 미국의 다른 도시도 아니고, 바르셀로나까지 와서 '지우리아 이 로스 테라리니(Giulia y los Tellarini)'라는 스페인 인디밴드의 "바르셀로나 바르셀로

나 바르셀로나~"하는 노래를 간지럽게 속삭이듯 읊조리는 영화를 찍었다. 처음에는 뜬금없는 찬사라고 생각했다. 이 영화를 바르셀로나 아닌 파리나 런던에서 찍으면 안 되나 하는 의문이 들었는데 와 보니 알겠다. 그가 왜 바르셀로나를 선택했는지. 왜 파리나 런던에서 찍으면 안 됐는지.

〈내 남자의 아내도 좋아〉의 스토리를 한마디로 설명하자면 '아이고, 그놈의 지긋지긋한 사랑'이다. 내 남자의 아내도 좋다니! 두 여자와 한 남자가 등장하는데 삼각관계도 아니고 사각관계다. 처음 만난 두 명의 미국 여자에게 스페인 남자는 다짜고짜 이렇게 말했다.

"두 분을 오비에도(Oviedo)에 초대하겠소. 주말을 거기서 보내죠. 한 시간 후에 비행기로 출발하겠소."

오비에도에서 관광을 하며 하루를 보낸 후 호텔로 돌아와 그는 이렇게 말한다.

"내 방에 두 여인을 모실까? 순수한 마음으로 하는 제안이오. 인생 짧은데, 어때요? 사는 것도 지겨운데 뜨겁게 즐겨야지."

여기에 이혼한, 남자의 전 부인이 등장해 전 남편과 동거 중인 미국 여자에게 말한다.(고 말하면 이게 도대체 무슨 소리인가 싶겠지만, 아무튼 전 부인은 이렇게 말한다.)

"네가 우리 빈 곳을 채워주잖아. 둘이 사랑 나누는 소리 들으면 달콤하고 행복해."

남자의 인지한 아버지도 등장해 며느리에 대해 한마디 한다.

"난 이 나이에도 그 애가 여자로 보여."

아…… 모두가 자유로운 영혼들이다. 하지만 사랑은 쉽지 않다. 인생 뭐 있어? 사랑만 있으면 된다며 일탈을 꿈꾸고, 한발 양보해 셋이 살면서 자유롭게 즐기면 그만이라 생각했는데, 그놈의 사랑 때문에 여자는 사랑하는 남자한테 칼을 휘두르고, 총을 쏘고, 남자는 늘 '최고의 여자'라고 말했던 여자에게 의자를 집어 던진다. 서로 욕을 하고, 손을 잡고, 서로 포옹한다. 아이고, 그놈의 사랑!

이쯤 되면 본래 제목인 〈비키 크리스티나 바르셀로나(Vicky Cristina Barcelona)〉가 〈내 남자의 아내도 좋아〉라는 뜨거운 제목으로 바뀐 건 뭐 제법 훌륭하다. '우디 앨런'이 이를 알면 무슨 표정을 지으려나? 난 좀 웃기지만 이제껏 삶의 아이러니를 익살스럽게 표현해온 그로선 이렇게 말할지도 모른다.

"내 남자의 아내도 좋다는 게 뭐 그리 어처구니없는 일은 아니잖아요? 작정하고 표 좀 팔아보겠다는데 뭐 어때요?"

〈내 남자의 아내도 좋아〉는 '내 남편이 좋아', 이런 제목보다 얼마나 더 강렬하고 또한 현실적인가? 그는 1977년에 만든 영화 〈애니 홀〉에서 "자위를 무시하지 마. 자위는 내가 사랑하는 사람과의 섹스잖아."라는 말을 한 적도 있잖은가? 지금부터 장장 40년 전에!

사랑 또는 연애의 방식과 기술에 관해 말할 때 누가, 누구 방식이 옳다고 할 수 있을지 난 모르겠다. 누구의 인생이건 늘 일탈을 꿈꾸지 않나? 〈내 남자의 아내도 좋아〉의 주인공들처럼 모두가 늘 갈망

하고 욕망하지 않나? 사랑하다 느끼는 갑작스러운 공허감은 누구나 경험하지 않을까? 하지만 세 사람 모두 완벽하다고 느낀 기이한 동거 생활은 어느 순간 바닥에 떨어진 유리병처럼 산산이 깨진다.

꿈꾸는 지렁이 빌라

이들의 일탈과 몽환을 지켜보면 가우디가 생각난다. 영화는 가우디의 건축 같다. '까사 밀라'나 '까사 바트요(Casa Batlló)'는 지중해 물결이 출렁거리는 것처럼 아름답고 찬란한 건축……이라고 할 수도 있지만 내 눈에는 이상한 나라의 앨리스가 불쑥 나타날 것처럼 비현실적이고, 지렁이처럼 구불구불한 집이다. 곡선만으로 지은 공동주택이니 '꿈꾸는 지렁이 빌라'라고 해도 되겠다. 가우디가 오해하지는 않기를. 지렁이를 하찮다고 말하는 건 아니다. 다만 이런 몽환적인 집이라면 삼각관계의 세 남녀가 같이 살아도 이상하지 않겠다.

유려한 곡선은 아름답고 색은 찬란하다. 별세계는 달나라쯤에 있을 줄 알았는데 달나라 아닌 바르셀로나에 있다. 입장료를 내고 한 번 쓱 둘러보는 거야 재미있겠지만 여기 산다고 생각하면 금방 머리가 지끈거린다. 눈을 어디로 돌리건 울긋불긋하고, 삐뚤삐뚤하고, 알록달록하다. 크지 않은 집인데 금방 길을 잃어버릴 것 같다. 어수선한 실내를 피해 테라스 밖으로 나가면 난간마저 쭈글쭈글하다. 옥상으로 나가면 투구 쓴 병정 같은 기이한 굴뚝과 거대한 물고기 비늘 같은 지붕이 앞을 가로막는다. 밤에는 금박으로 반짝반짝 빛난다. 아이고 머리야! 도무지 쉴 틈이 없다. 이런 집을 1904~5년에 지었다는 사실이 놀랍다. 가우디는 바르셀로나의 영원한 패셔니스타다. 하지만 가우디 씨, 너무 멋 부리셨어요.

사그라다 파밀리아 교회는 좀 다르다. 외관은 웅장한데, 안으로 들어가면 밝고 화사한 숲에 들어간 듯 밝다. 그런데 나로선 오래 머물고 싶진 않다. 가만히 쉬기에는 좀 요란하고 화려한 숲이다. 처음 마주한 순간에는 매혹되지만 그 시간은 길지 않다. 우왕좌왕하는 일탈의 사랑처럼.

영화의 결말도 비슷하다. 파격적인 사랑의 방식과 달리 결말은 점잖다. 한바탕 소동이 끝나고, 모두 일탈에서 현실로 돌아온다. 심지어 한 여자는 살짝 스친 거라도 손에 총까지 맞고. 의외다. 그렇게 간단히 돌아갈 수 있는지?

바르셀로나 곳곳에 있는 가우디의 예술적이고 몽환적인 기운 때문일까? 아니면 수많은 이방인, 코즈모폴리턴이 드나드는 항구도시이기에 내륙 한복판의 마드리드와는 완전히 다른 자유로운 공기 때문일까? 유럽인들은 바르셀로나를 종종 '파티 시티', '홀리데이 시티'로 여긴다. 여름이면 너나 할 것 없이 무조건 "바르셀로나로~!"를 외친다. 그럴 수밖에 없겠다. 시내에서 10분이면 지중해에 도착한다. 카탈루냐 독립을 요구하는 거친 횃불 시위와 더불어 열정적인 사람들이 늘 뜨거운 축제 같은 분위기에 빠져 있는 곳이 바르셀로나다.

사랑인지 일탈인지 모호한 모험에 빠져드는 영화의 주인공들이 유별나게 뜨거운 게 아니다. 바르셀로나에 와서 가우디 건축을 보러 가지 않는 걸 상상할 수 없듯 누구나 바르셀로나에 온다면 피할 수 없는 유혹이다. 당신도 딴 사람처럼 정말 뜨거워질지 모른다. 해가 지고 어둠이 내리자 바르셀로나의 이름 모를 작은 공원 한 편에서는 달콤한 기타 소리가 울려 퍼진다. 감미로운 바르셀로나의 여름을 위해, 자 우리도 건배!

 스페인 바르셀로나 * 내 남자의 아내도 좋아

카날라 또한 땅 위에 가슴을 대고 잠시 쉬고 있을 뿐이다.
그러니 북극의 툰드라를 계속 걷다 보면 어디선가 그녀를 만날지도 모른다.
그녀를 만나지 못하면 어디선가 나를 살피는 흰올빼미를 마주할지도 모른다.

카날라의 바느질

무사히 걸어가요

1년 중 9개월은 겨울이고, 긴 밤 내내 바람의 통곡 소리가 들리며 쓸쓸한 날들이 계속된다. 이내 바다는 얼어붙고, 태양은 더 이상 따뜻하지 않다. 온도계 눈금은 바닥에 주저앉은 채 꼼짝도 안 한다. 오늘 밤도 삭풍이 휘이 휘이이 몰아친다. '북극해'. 그곳을 둘러싼 바다의 이름이다.

"좋은 장화는 아니지만 간직해줘요. 부디 무사히 걸어가요."

지난밤, 장화를 건네며 그녀가 말했다. 남자의 낡고 찢어진 장화가 마음에 걸렸던 그녀는 내내 카리부(caribou) 가죽을 무두질하고 바느질해 장화를 만들었다. 그리고 사라졌다. 그녀가 남긴 유일한 흔적은 눈 덮인 벌판 저편으로 난 발자국뿐이다.

"카날라~! 카날라아~!"

아무리 불러봐도 그녀는 말이 없다. 거센 눈발에 남자의 시야는 점점 흐려간다. 어디로 가야 하나? 이제 어떻게 해야 하나? 그때 카날라의 맑은 목소리가 하늘에서 들려온다.

"장화가 당신을 무사히 데려다 줄 거예요. 부디 무사히 걸어가요."

누구라도 죽으면 칼과 바늘이 필요하다

얼마 전 카날라와 남자를 태운 경비행기가 추락했다. 순식간에 모든 게 변해버렸다. 툰드라 대평원은 그린란드(Greenland)보다 넓다. 이 넓은 땅에서 점 같은 두 사람을 찾기란 불가능하다. 여기서 실종이란 곧 죽음이다. 이끼가 자라는 툰드라의 여름은 눈 깜짝할 새 지나가고 이내 눈과 얼음으로 뒤덮인다. 핏기없이 하얀 죽음이다. 악몽이 시작됐다.

"우린 다 끝장이라고!"

남자는 비명을 내지르지만 그녀는 뜻밖에 태연하다. 그녀는 호수에 처박힌 비행기에서 제일 먼저 둘둘 만 털가죽을 꺼낸다. 호숫가에 서서 낚싯줄을 던지고, 잠시 후 제일 먼저 잡은 물고기를 그에게 내민다. 먹는 법을 알려주려는 듯 물고기를 날것으로 한 입 베어 물면서.

"거기서 무슨 빌어먹을 낚시를 하겠다고!" 남자에게 면박을 당하면서도 그녀는 땔감으로 쓸 나무를 하고, 사냥을 하고, 자갈을 부딪

처 호호호 불을 지펴 음식을 만들고, 칼 같은 울루(Ulu)로 가죽을 손질하고 바느질을 한다. 그녀가 마지막 순간에 남자에게 건넨 장화도 이렇게 만들어졌다. 장화뿐만이 아니다. 그녀는 동물 가죽을 벗겨 그가 입을 옷을 짓고, 동토의 혹한을 피할 집을 만들었다. 그리고 말했다.

"이젠 춥지 않을 거예요."

그녀가 이렇게 여러 일을 하는 동안 그는 공포에 질린 채, "곧 겨울이 올 텐데…… 우린 이제 죽는 일뿐이야!" 소리 지르고, "날 놔두고 떠나라고!" 엄살 부리며 콜라와 통조림 햄만 먹는다. 남자는 절망만 하고, 소녀는 뭔가를 만든다.

하긴 그의 처지를 이해 못 할 바는 아니다. 내가 그였다 해도 별반 다르지 않았을 테니. 북극의 설원에서 문명인 남자가 할 수 있는 일은 없다. 미개한 에스키모 여자의 무덤을 만드는 걸 제외하곤.

그렇다. 그녀는 에스키모다. 그는 납작한 돌을 쌓아 스무 살 그녀의 무덤을 만든다. 그녀는, 자기가 땅에 속해 있고, 북극해의 얼음같이 차가운 바람을 맞아야 살 수 있다고 믿었다. 그녀가 가장 편히 잠들 곳이 북극의 하얀 설원 말고 또 있을까? 그녀가 사라진 후 흰올빼미 한 마리가 그를 가만 지켜보다 후드득 날아간다. 늘 혼자 살아간다는 새다.

어디론가 날아간 흰올빼미처럼 그녀는 '누나'로 돌아갔을 것이다.

'누나'는 그녀의 부족어다. 그녀는 알래스카의 한 부족인 이누피아트 (Inupiat)족이다. 사람들은 이들을 보고 흔히 '에스키모(Eskimo)'라 부른다.

이누피아트는 사람이 죽으면 그가 짐승 가죽을 손질할 때 쓰던 칼, 낚시할 때 쓰던 바늘을 함께 묻는다. 누구라도 죽으면 칼과 바늘이 필요하다고 믿는다. 영혼이 되어서도 물고기를 잡고, 순록을 사냥하고, 짐승 가죽을 손질할 사람들이다.

카날라 또한 땅 위에 가슴을 대고 잠시 쉬고 있을 뿐이다. 그러니 북극의 툰드라를 계속 걷다 보면 어디선가 그녀를 만날지도 모른다. 그녀를 만나지 못하면 어디선가 나를 살피는 흰올빼미를 마주할지도 모른다.

그녀가 남긴 마지막 말이 귓전에 맴돈다.

"무사히 걸어가요, 형제여(Walk well, brother)."

지 구 꼭 대 기 에 사 는 사 람 들

'미스터리한 불모의 땅, 황폐하고 대지 위에 강한 바람만이 분다. 그곳은 지구 꼭대기다.'

그곳에 사는 사람들이 말했다.

"이키(ikee), 이키!"

"아주 춥다"는 말이다. 1920년경 촬영된 흑백 다큐멘터리 〈북극의 나누크(Nanook of The North)〉는 이누이트(Inuit)가 사는 곳을 지구 꼭대기라고 설명한다. 이 영화는 북극에 사는 이누이트 가족의 가장 나누크가 주인공인 다큐멘터리다. 이런 영화를 만드는 감독조차 이들을 '에스키모'라 불렀다는 게 난센스이긴 하지만 100년 전 이누이트의 모습을 비교적 생생하게 포착했다.

1956년 2월 27일자 「라이프(LIFE)」에 이누이트 특집이 실렸다. 제목은 '오늘날의 석기시대'. 역시나 이누이트 아닌 '카리부 에스키모'라고 썼다. 현재 캐나다 이누콰(Inukjuak) 지역에 살던 이누이트들 얘기다.

미국 알래스카에서 카날라를 보고 '이누피아트(Inupiat)'라고 부른다면 캐나다와 그린란드에서는 '이누이트(Inuit)'라고 불렀다. '사람'이란 뜻이다.

하지만 이들은 지금도 종종 이누이트나 이누피아트 아닌 '에스키모'라 불린다. 술과 전염병, 마약으로 북극 원주민들 땅을 차지한 백인들은 수천 년 동안 북극에서 살아온 이들을 '날고기를 먹는 야만인'이란 의미의 '에스키모'라 불렀고, 동물 잡아먹듯 사람도 잡아먹을 거라고 에스키모를 경멸했다. 백인들은 잊었나? 그들이 도착한 후 알래스카 이누피아트 중 열의 아홉은 죽었다는 사실을.

어쩌면 백인 아닌 한국 사람이라 해도 크게 다를 것 같진 않다. 우리에게도 이누이트 또는 이누피아트보다는 '에스키모'가 익숙하다.

에스키모 하면 여전히 많은 이들이 이글루나 두툼한 털가죽으로 온몸을 감싼 모습을 떠올린다. 하지만 이누이트는 100년 전에도 이글루에 살지 않았다. 간혹 이글루에서 잠잘 때가 있긴 하다. 사냥하러 갔을 때다. 간단히 말하면 텐트 같은 임시 숙소가 이글루다. 그래도 신기하다. 눈으로 집을 짓는다니? 얼음집이라니?

이들은 얼음을 쓱싹쓱싹 잘라 집을 짓는다. 그것도 상아로 만든 칼 한 자루 갖고 한 시간 만에 뚝딱 완성한다. 맨 먼저 칼을 혀로 핥는다. 칼에 얼음층이 생기게 해 날카롭게 만들기 위해서다. 한 번, 두 번, 세 번, 칼을 숫돌에 갈 듯 혀로 칼을 간다. 그리고 딱딱하게 굳은 눈을 썰어 하나씩 쌓아올린다. 밖에서도, 안에서도 틈을 꼭꼭 틀어막는다.

창문도 낸다. 이글루의 한쪽을 네모나게 잘라내고 그 자리에는 얼음조각을 끼운다. 얼음으로 된 창문이다. 창문 옆에는 수직으로 반사판을 만들어 창문을 통해 더 많은 빛을 받게 한다. 이글루 안에서는 칼끝으로 창을 닦아 밖이 더 잘 보이게 한다.

찬바람을 막아야 하니 이글루 입구는 아주 좁다. 여우가 땅속 여우 굴로 들어가듯 이누이트도 이글루 안으로 기어들어 간다. 처음 이런 사실을 알았을 때 모든 게 다 경이로웠다.

지금 다시 생각해보면 북극의 얼음집은 처음 생각과 달리 참 당연하다. 얼음과 눈밖에 없는 곳에서 무슨 수로 다른 재료를 쓰겠는가? 게다가 이글루는 '집'이다. 얼음집이건 나무집이건 창문은 당연히 필요하다. 이글루에 창문을 만드는 게 이상할 일이 아니다. 그런데 사람들은 이들이 얼음집에서 산다고 다짜고짜 미개하다고 여겼다.

사람들 입장도 이해가 된다. 이누이트를 뒤에서 보면 두 발로 서 있을 뿐 영락없이 온몸에 털이 난 짐승 같다. 꼬질꼬질한 얼굴에 짐승 털가죽을 걸치고, 날고기를 먹는데다가 얼음집에 산다. 미끼도 없이 낚시를 가서, 얼음 위에 엎드린 채 짧은 낚싯대를 까딱까딱하다 낚싯줄 끝에서 물고기가 잡혀 파닥대면 바로 이빨로 깨물어 죽인다.

그런데 이들은 진짜 야만스러운가? 이들은 그저 지구 꼭대기에서 태어났기에 삶의 방식이 그랬다. 누구라도 그곳에 태어났으면 그렇게 살지 않았을까?

바다표범이나 카리부를 잡아 그 자리에서 날 것으로 먹는 게 이상하다면 다시 생각해보라. 눈과 얼음밖에 없는 세상에서 다른 방법이 있을까? 날 지방을 먹는다고 경악할 일이 아니다. 내가 버터를 먹듯 그들은 지방을 먹는다. 갓 잡은 바다표범 고기는 영양분이 많고 따뜻하다. 바로 배를 갈라 입에 넣는 이유다. 하지만 늘 날고기를 좋아하는 건 아니다. 사냥을 나갔을 때처럼 불가피한 사정이 아니라면 고기는 익혀 먹는다. 보통 사람과 다를 바 없다.

바다표범에 비해 그나마 쉽게 사냥할 수 있는 카리부는 이들의 목숨 줄이다. 사슴이 이끼를 먹듯 이들은 사슴을 먹는다. 카리부에서 얻는 건 사슴고기뿐만이 아니다. 카리부 발목에서 빼먹는 골수는 아침나절 간식이다. 카리부 힘줄은 낚싯줄, 카리부 뿔은 칼 손잡이를 만드는 데 쓴다. 카리부 가죽은 옷을 만들고, 남은 자투리 조각으론 벙어리장갑을 만든다. 가죽만 벗겨 낸다고 옷을 간단히 만들 수 있는 건 아니다. 적당한 두께로 만들어야 하고, 부드럽게 만들기 위해 꼭꼭 씹어주어야 한다. 모피로 된 외투를 입기란 북극에 사는 이들도 쉽지 않다.

얼핏 그만그만한 바다표범이나 바다사자도 카리부와 비슷하다. 작살을 던진다. 죽느냐 사느냐, 굶느냐 먹느냐 하는 문제다. 운 좋게 작살이 꽂히면 모두가 달려든다. 작살을 꽂았다고 끝나는 게 아니다. 그때부터 사투가 벌어진다. 당기고, 끌려가고, 자빠지고, 엎드리고, 눕고, 내동댕이쳐진다. 엄마도, 아기도, 힘을 보태 줄을 잡아당긴다. 성공하면 바로 배를 가르고 가죽을 벗겨 낸다.

바다표범의 별명은 '북극의 호랑이'다. 무게만 2톤에 달한다. 작살 하나 들고 억억~! 하고 달려드는 바다표범을 잡겠다는 건 어림없어 보이지만 종종 사냥에 성공한다.

바다표범의 기구한 팔자 때문이다. 포유동물인 바다표범은 물 위로 올라와 숨을 쉬어야 한다. 그것도 20분에 한 번씩 올라와야 할 팔자다. 머리로 얼음을 받아 구멍을 낼 정도로 절박한 몸짓이다.

〈북극의 나누크〉를 보면 나누크가 배를 타고 강을 거슬러 올라가 필요한 물건을 구하기 위해 백인들을 만나는 장면이 나온다. 그때만 해도 이누이트 한 가족이 작살 하나로 일 년에 북극곰 일곱 마리를 사냥하던 때다.

나누크는 곰 가죽과 여우 모피를 백인들이 가져온 칼과 구슬, 그리고 사탕으로 바꾼다. 축음기에서 흘러나오는 소리를 듣더니 너털웃음을 터트리고, LP를 손에 쥐자마자 깨물어본다. 한 번 깨무는 것으론 부족한지 두 번, 다시 자리를 옮겨 세 번 LP판을 깨문다.

그런데 장사를 하러 온 백인들도 이누이트와 똑같은 털가죽을 걸치고 있다.

누군가 이 모습을 보고 소리치지 않으려나?

"미개인 같으니라고!"

북극에선 털가죽으로 만든 옷이 최고다.

1920년대 중반 〈북극의 나누크〉는 세계적으로 호평을 받았다. 여러 나라 사람이 영화의 주인공, 나누크를 만나겠다고 찾아왔다. 이들은 나누크를 백방으로 수소문했지만 끝내 만날 수 없었다. 영화가 제작되고 2년 후 나누크는 북쪽으로 사슴을 잡으러 갔다가 죽었다. 먹을 게 없었기 때문이다. 평탄치 않은 지구 꼭대기의 삶이었다. 그후 100년 정도의 세월이 흘렀다.

돈이 좀들뿐이지 북위 60도 이상의 북극 지역에 방문하는 건 더이상 어려운 일이 아니다. 돈만 내면 '북극 방문 증명서'도 간단히 만들어준다. '세계화'란 말을 알건 모르건 이누이트들도 슈퍼마켓에서 신라면과 김치를 살 수 있다. 여전히 지붕엔 카리부 뿔을 잔뜩 던져놓고 길운을 기원하는 이들이 왜 하필 신라면을 살까 의아했다.

"사냥 갈 때 가져가면 좋아요."

세계화가 되건 어떻건 이들은 여전히 사냥을 간다. 단지 개썰매 대신 스노모빌을 타고, 카약 대신 모터보트를 타고 갈 뿐이다. 100년 전에도 이글루에 살지 않았던 이들은 이미 수십 년 전부터 천연가스로 난방을 하는 집에서 반팔 티셔츠를 입고 맨발로 산다.

영원히 변하지 않는 것도 있다. 하버드대학교를 졸업한 한 이누피아트는 이렇게 말했다.

"파닉탁을 먹지 않으면 왠지 허전해요. 밥을 먹어도 허기가 진다고 할까요?"

말린 카리부 고기다. 고기 보다 힘줄이 더 많긴 하지만 소고기 맛과 비슷하다. 비프 저키(Beef Jerky)가 아니라 카리브 저키다.

2016년 10월 이누피아트들이 사는 알래스카 북부의 '배로우(Barrow)'는 '웃카르빅(Utqiagvik)'으로 이름이 바뀌었다. 찬성 381, 반대 375. 표차는 겨우 여섯 표였다.

배로우는 1826년 북극 탐험에 나섰던 영국 해군 제독(Sir John Barrow)의 이름이었다. 1999년 '셸던 포인트(Sheldon Point)'가 '누남 이쿠아(Nunam Iqua)'로 바뀌고 17년 만의 일이다.

원주민들이 자기가 살던 땅을 자기 이름으로 부르기까지 참 오랜 시간이 걸렸다.

북극해 * 스노우 워커

거띵 언덕에 이르자 주이펀과 바다가 한눈에 내려다보인다.
저 멀리 바다까지 탁 트인 풍경이 시원하다고 느낀 건 잠깐이었다.
타이완 사람들은 참 고독하겠구나…….
거대한 태평양에 둘러싸인 작은 섬이 타이완이었다.

마음의 종착역

타이베이는 유럽 같아

2010년, 방콕에서 한국으로 돌아가는 길, 타이베이에서 며칠 지내기로 했다. 타이완에는 처음 간다. 이틀간 지낼 숙소를 예약하고, 공항에서 달랑 지도를 하나 받았다. 여행 준비 끝.

언젠가 타이베이에서 주재원으로 2년 동안 살았던 친구가 이런 말을 했다.

"타이베이는 유럽 같아."

그때는 영문을 알 수 없는 말이었다. 타이베이에 와 보니 어렴풋이 그의 말을 알겠다. 첫날부터 타이베이가 좋다. 난생처음 왔는데 낯설지 않다. 도시의 공기는 자유롭고, 사람들은 친절하고 부드럽다. 먼저 타이베이에 사는 친구, 대니를 만났다. 타이완에서 제법 유명한 여행작가다. 타이완 중부에서 태어난 그는 대학 졸업 후 미국으로 유학을 가서 15년간 캘리포니아에서 살다 5년 전 돌아왔다.

"그거 알아? 한국 사람들은 타이완과 중국이 비슷한 줄 알아."

내가 무심코 이렇게 말하자 대니가 어이없다는 표정을 짓는다.

"준, 한국과 북한이 같아? 타이완과 중국도 완전히 달라."

나와 달리 "남자는 결혼으로 완성된다"고 역설하는 대니는 삼십 대 중반의 동안이지만 마흔 중반인 지금까지 결혼을 안 했다. 내가 나서서 한국 여자라도 소개해주고 싶을 만큼 잘 생겼고 좋은 사람 이다.

타이베이에서 두 번째로 만난 친구들은 '짜운'과 '차오윤'이다. 갓 대학을 졸업했다. 가정집을 호스텔로 고친(고쳤다는데 사실 별로 고친 게 없는) '에잇 엘리펀트(Eight Elephants)'에서 처음 만났다.

"여자 친구 부모님이 반대해 헤어졌어요."

실연의 슬픔에 빠진 짜운은 처음 만난 외국인에게 거리낌 없이 사 랑과 이별에 대해 영어를 더듬거리며 한참을 얘기하다 결국 "타이베 이 여자들은 전부 좋은 차, 돈 많은 남자만 좋아해요!" 하며 분노를 참지 못했다.

차오윤은 타이완 남부 타이난에서 왔는데 타이베이에서 직장을 알아보는 중이라고 차분하게 얘기했다. 그녀는 런던에서 1년간 지낸 적이 있어 능숙한 영어로 짜운의 불행한 연애사를 틈틈이 통역했다.

타이베이 여자들이 돈만 밝힌다는 똑같은 얘기를 30분쯤 들은 후 에야 물을 수 있었다.

"타이베이 근교로 가는 기차를 타보고 싶어. 어디가 좋을까?"

실연의 아픔을 잊는 데는 웹서핑이 제격인 모양이다. 두 사람은 나란히 앉아 한참 이야기를 주고받으며 인터넷을 뒤지더니 짜운이 회심의 미소를 지으며 말했다.

"징통(菁桐)역."

차오윤은 기차와 버스 시각까지 일목요연하게 적어준다.

그런데 늦은 밤, 배가 고프다고 편의점에 간다는 짜운을 무심코 따라 나섰다가 이내 아차 싶었다. 차오윤을 바라보는 짜운 눈빛이 어느새 저렇게 간절해졌지?

징통역 연가

영화 〈타이베이에 눈이 온다면〉의 주인공은 '메이'다. 신인가수인 메이는 갑자기 목을 다쳐 노래할 수 없게 되자 기차를 타고 무작정 징통역을 찾았다. 타이베이에서 동쪽으로 30킬로미터 떨어진 징통역은 산골짜기 간이역이다. 대합실 지붕의 퍼런 이끼며 높다란 야자나무가 색다르다. 타이완에 남아있는 네 개의 일본식 목조 기차역 중 하나라는데 외관은 일본 주택과 닮았고, 대합실과 매표소는 우리나라 시골 기차역과 비슷하다. 징통역 앞에선 빨갛고 노랗고 파랗고, 보랏빛이 뒤섞인 색으로 머리를 염색한 남자가 노래를 부른다.

요즘 머리가 좀 복잡해 복잡해,
삶이 너무 극단적인 것 같아,
밥벌이가 어째 점점 더 힘들어
요즘 머리가 좀 복잡해 복잡해,
낯선 이 도시 어디에도 희망은 없어

징통역을 찾아온 메이의 속마음 같은 노래다.

징통역 주변은 '올드 스트리트'라고 불린다. 신문지 위에 마늘을 널어놓는 게 예사로운 길이다. 어느 기념품 가게에서 주크박스를 발견했다. 아이 손바닥만 한 디스크에 손글씨로 빼곡하게 곡명을 써놓았다. 옛날에는 동전을 넣고 노래를 골라 들었겠구나. 이런 생각을 하고 있는데 원 세상에, 주크박스가 깜빡거리더니 노래가 흘러나온다. 추억의 팝송이다.

"대학교 다닐 때 교환학생으로 1년간 인천에서 살았어요."

내가 한국에서 왔다고 하니 30대 중반의 주인 여자는 이렇게 말했다.

옛날에 징통역 앞에는 광산이 있었다. 1960년대 골드러시 시대, 금광을 찾아 각지에서 사람이 모여들었다. 황금의 시대, 정작 광부들의 일과는 힘겨웠다. 징통역 앞 '올드 스트리트'는 일을 마치고 한잔하러 모여든 광부들로 들썩들썩했다. 이곳에 늘어선 '아이스 앤 드링크

바'는 광부들의 쉼터였다. 우리말로 하면 '스탠드바' 정도 되려나? 광부들과 '아이스 앤 드링크 바'의 여급(女給) 사이에선 각양각색 로맨스가 피어올랐다. 때로는 낮에도 징통역 담장을 사이에 두고 광부와 여급은 밀어를 속삭였다. 돈을 벌기 위해 징통 광산에 온 남녀의 사랑은 검은 꽃 위에 핀 연가였다. 하지만 징통의 로맨스는 대중가요의 단골소재가 될 만큼 짧은 연애이거나 신파이기 쉬웠다.

1987년 탄광은 문을 닫았다. 하지만 고스란히 남아있는 당시의 흔적은 드라마 촬영지로 각광 받으며 젊은 연인의 데이트 코스로 변했다. 올드 보이들의 슬픈 연애담이 무성했을 징통역은 이제 젊은 연인들의 데이트 장소, 웨딩 사진을 찍는 곳으로 변했다. 어린 신부는 플랫폼뿐만 아니라 낡은 개찰구에서도 포즈를 취한다. 어느 커플은 역 밖으로 나가지도 않고 플랫폼 계단에 앉아 시간을 다 보낸다. 연인들은 징통역에서 찍은 영화 제목처럼 어렴풋하고 그리운 추억을 찾아 징통역에 온다. 징통역 부근에서 자전거를 타고, 징통역에서 멀지 않은 '정인교(사랑의 다리)'를 건넌다. 징통역 기념 스탬프를 찍고 역 맞은 편 언덕에 있는 '석탄 카페(Coal Cafe)'에서 징통역을 내려다보며 커피를 마신다.

문득 짜운 생각이 난다. 편의점 좁은 테이블에 앉아 컵라면을 먹으며 차오윤을 뜨겁게 바라보던 스물다섯 청춘의 로맨스는 어떻게 되었으려나? 영화 〈타이베이에 눈이 온다면〉의 메이는 징통에서 자신을 돌봐준 시골청년 샤오모와 어떻게 지내려나? 샤오모는 다시 무대에 서기 위해 징통을 떠나는 메이에게 이렇게 말했다.

"내게 상처를 줄까 두려워하지 마. 그냥 나를 타이베이의 비라고 생각해. 어차피 내릴 비잖아."

핑시선 타고 마음의 종착역을 찾아

"핑시선(平溪線)을 꼭 타보세요. 타이베이 북부를 이어주는 노선입니다."

징통역에서 만난 역무원 '챠오추안'이 말했다. 징통역 다음역이 핑시역이다. '핑시(平溪)'라는 이름을 몇 번 읊조린다. 핑시라는 이름만으로 공연히 마음은 허공을 떠다닌다. 그만큼 예쁜 이름이다. 핑시선이 지나는 간이역 중 하나가 '스펀(十分)역'이다. 스펀은 하늘을 향해 날려 보내는 열기구 모양의 '천등(天燈)'으로 유명하다. 역무원의 말대로라면 "기차가 바로 문 앞을 지난다"고 할 만큼 마을과 철길이 바짝 붙어 있는 동네다.

〈연연풍진〉이란 영화를 촬영한 곳도 스펀역이다. 대학원에서 영화를 공부할 때 본 영화 포스터가 지금도 선명히 기억난다. 교복 입은 남녀가 철길을 걷는 모습이었다. 두 사람은 사랑하지만 세월이 흐르고 헤어진다. 남자는 군대에 가고, 여자는 다른 남자와 결혼을 한다. 그뿐이다. 미워하지도 아쉬워하지도 않고 살아간다. 왜 미워하지 않지? 왜 붙잡지 않지? 스물여섯 살의 나는 이렇게 무기력한 주인공을 이해할 수 없었다. 그런데도 포스터의 여운은 오래갔다. 이제와 생각해보면 철길 때문이다. 철길에는 유년의 꿈이 묻어 있다. 유년을 넘기고 나선 청춘의 희망이 기차에 새겨진다. 이루지 못한 꿈과 사랑은 언제나 철길 위에서 멀어진다.

스펀역 주변을 거닐다 핑시선 기차에 올랐다. 창가 쪽 자리가 없어 엉거주춤 서 몸을 살짝 굽힌 채 창밖을 내다보는데 창가에 앉은 노부부가 손짓한다. 말은 통하지 않지만 무슨 말을 하는지는 짐작된다.

"거기서 그러지 말고 비좁더라도 우리 옆에 앉아요."

그뿐만이 아니다.

"여기서 사진을 찍어요."

아무리 마다해도 부부는 결국 창가 자리를 내주고 만다. 당신들도 오래간만에 구경나온 행색이 분명한데 말이다.

핑시선 기차는 좁은 단선 철교와 작은 촌락을 지나 어두운 터널을 통과한다. 강을 건너고 산허리를 휘돌아 감고, 숲과 터널을 가로질러 숲 속을 날아가듯 달린다. 하천이 흐르는 깊은 골짜기, 숲과 터널을 가로지를 때마다 빛이 명멸한다. 철길을 어떻게 냈을까 싶을 정도로 골짜기가 깊다. 골짜기 사이로 간혹 마을이 자리 잡았는데 멀리서 보면 깊은 산 속에 점처럼 박혀 있다. 기차가 지나는 철로 변에 널어 놓은 빨래가 낯설지 않다. 할머니들은 철길에 맞닿아있는 골목에 걸 터앉아 이야기를 나누고, 그 옆의 검둥개는 기차가 지나가도 미동조 차 없다. 노부부는 말없이 바깥을 바라본다.

평시선의 종착역은 루이팡(瑞芳)역이다. 이곳에서 다시 버스를 타 고 '주이펀(九份)'으로 향한다. 주이펀은 1920~30년대 아시아 최대

의 광석도시라는 명성을 가졌다. 지금은 손바닥만 한 산동네에 불과하지만 한 때 '황금시대'의 부귀와 영화를 누린 탓일까?

　주이펀 중심가인 '기산'은, '암흑거리'라는 별명을 가졌다. 타이베이와 마찬가지로 비가 많다. 늘상 내리는 비를 피하기 위해 가게마다 차양을 드리운 탓에 골목은 어두워졌고, 거리를 밝히기 위해 홍등을 내걸었다. 홍등 불빛이 하늘거리는 기산의 골목에는 예스러운 찻집이 많다. 그중 한 찻집에서 촬영한 〈비정성시〉는 1989년 베니스

영화제에서 대상을 받았다. 그 후 주이펀은 늘 관광객으로 북적거리게 되었고, 영화와 드라마의 단골 촬영지로 변해버렸다. 그중에는 한국 드라마도 있다.

사실 〈비정성시〉를 찍은 그 찻집을 찾아가 볼까 말까 머뭇거리고 있었다. 가봐야 실망할 게 분명하다. 그래도 그냥 가면 분명 후회할 거야. 결국 고민 끝에 찾아간 찻집 앞에서 요란하게 호객하는 소리를 듣고 말았다.

도떼기시장 같은 분위기를 피해 사람들이 없는 외진 골목으로 발길을 옮겼다. 골목길을 오르다보니 '거띵(隔頂) 언덕'에 이르렀다. 주이펀과 바다가 한눈에 내려다보인다. 산기슭에 집들이 옹기종기 들어섰고, 좁은 도로가 그 주변을 휘감으며 멀어져간다. 그 너머는 한국의 다도해 같다. 타이완 사람들에게 한국의 서해안은 태평양이다. 저 멀리 바다까지 탁 트인 풍경이 시원하다고 느낀 건 잠깐이었다. 타이완 사람들은 참 고독하겠구나……. 거대한 태평양에 둘러싸인 작은 섬이 타이완이었다.

해가 지자 관광객들은 썰물처럼 주이펀을 빠져나갔다. 주이펀이 고요해졌다. 가로등 옆에서 붉은 등불이 흔들린다. 산 중턱의 집들은 하나둘 불을 밝히고, 하늘은 짙은 청색으로 물들어간다. 언젠가 제주 우도에서 본 하늘 같고, 저 멀리 보이는 풍경이 남해의 바다처럼 아스라하다. 마음의 종착역 같은 곳이다.

어느새 돌아갈 시간이다. 기차역으로 돌아가야 하는데 버스 정거장이 안 보인다. 주이펀 언덕에서 내려오는 길에 길을 묻다 '신'이란 친구를 만났다. 타이베이 현대미술관에서 파트 타임으로 일하며 건축기사 시험을 준비 중이라 했다. 어제 갔던 미술관이다. 그러고 보니 아트 숍에서 그녀를 본 것 같기도 하다. 신은 암스테르담 건축사무소에서 6개월 동안 인턴으로 일한 적이 있는데 시험에 붙으면 다시 돌아가고 싶단다. 어차피 결혼에는 전혀 관심 없으니 일이나 잘해야겠다며…….

'푸쥰'. 신은 나를 이렇게 불렀다. 그녀 덕분에 예스러운 고택 식당에서 저녁을 먹었다. 식사 후에는 망고와 아이스크림을 곁들인 디저트를 먹어야 한다며 거리를 이리저리 돌아다녔다. 한국에 돌아온 후 얼마 되지 않아 신에게 메일이 왔다.

"다음에 타이베이에 오면 우리 집에 초대할게요. 내가 제법 요리를 잘해요. 12월은 안 돼요. 시험 끝나고 만나요."

 타이완 타이베이 · 징통역 · 스펀역 · 주이펀 * 타이베이에 눈이 온다면

나는 겨우 500미터 상공에서 신의 세계와 인간 세계 사이를 부유하는 천사가 된 것 같았다.
때로는 고요히 때로는 거세게 대지가 꿈틀거렸다.
하늘을 나는 순간만큼은 신과 인간의 경계가 열리는 것 같다.

아프리카의 소리

하늘에서 신은 보았소?

"비행과 데니스는 아주 잘 어울린다. 항상 그에게는 기질적으로 공기에 관한 뭔가가 가득하다. 공기의 요정 같다."

덴마크에서 온 카렌은 데니스와 함께 케냐의 대지를 날며 생각했다. 두 사람을 태운 노란색 경비행기는 찬란한 빛을 받으며 평원과 협곡, 동물 위를 날아간다. 하늘에서 바라보는 아프리카는 서사시처럼 장엄하고 아름답다. 처녀지 같은 아프리카 대지 위에서 경비행기는 미물 같다.

"세상에서 가장 큰 행복은 아프리카의 평원과 엔공 구릉(Ngong Hills) 위를 데니스와 비행하는 거예요."

그녀의 말을 들은 흑인 노인이 물었다.

"그래, 하늘에서 신은 보았소?"

카렌이 웃으며 고개를 젓자 노인이 말했다.

"신을 볼 수 없는데 왜 비행을 하는지 모르겠군."

영화 〈아웃 오브 아프리카〉의 상영 시간은 두 시간이 넘지만 내게 는 엔공 구릉 위를 나는 카렌과 데니스의 비행 장면만 선명하게 각 인됐다.

나는 경비행기 아닌 헬기를 타고 아프리카를 난 적 있다. 카렌은 신을 못 봤다고 했지만 나는 겨우 500미터 상공에서 신의 세계와 인 간 세계 사이를 부유하는 천사가 된 것 같았다. 대지는 쩍쩍 갈라져 협곡이 되었고, 가파른 협곡 사이로 강이 흘렀다. 때로는 고요히 때 로는 거세게 대지가 꿈틀거렸다. 사람은 티끌만큼도 보이지 않았다. 거대하고 장엄한 빅토리아 폭포마저 하늘에서 보니 뭐 조금 멋있다 고 느꼈을 뿐이다.

나는 빅토리아 폭포보다 끝 간 데 없이 펼쳐지는 지평선 너머에 있을 아프리카의 다른 세상이 궁금했다. 하늘을 나는 순간만큼은 신 과 인간의 경계가 열리는 것 같다. 신이 존재한다면 아프리카만큼 신의 상상력이 온전히 남아있는 땅이 또 있을까 싶다. 덴마크에서 온 카렌에게 케냐의 대지가 장엄하고 아름다웠다면 내게는 보츠와 나 초베(chobe)의 초원과 강이 그러했다.

사파리(Safari)는 스와힐리어(탄자니아와 케냐를 중심으로 한 아프리카 남동 부 지역의 공통어)로 '여행'이란 뜻이다. 차를 타고 야생동물을 둘러보기 때문에 '게임 드라이브'라고도 한다. 사륜구동 지프를 타고 평원을 달리거나, 강에서 배를 타고 야생동물을 구경하는데 지프에서 내릴 수는 없다. 나는 좁은 차 안에 머물러야 했지만 초베의 동물들은 자유를 만끽했다. 내가 탄 지프에는 관심조차 없다. 초베는 코끼리들 세상이다. 초베 강 물줄기는 고요하고, 그림 같은 수평선과 지평선이 펼쳐진다. 사파리 보트가 다가가도 코끼리들은 꿈쩍도 않는다. 뜨거운 태양을 피해 그저 수영하고 몸에 진흙을 바를 뿐이다. 겨울 같은 건기에는 천 마리 이상의 코끼리들이 모여든다는데, 물을 구할 수 있는 곳은 초베밖에 없기 때문이다.

나는 초베에 올 때 코끼리에 대해선 별 관심이 없었다. 인도나 태국에서 이미 많이 봤다고 생각했다. 그런데 막상 눈앞에서 본 아프리카 코끼리는 좀 다르다. 좀 더 깨끗하고, 순정의 모습이라 할까? 인도나 태국 코끼리가 세파에 휩쓸려 있다면 아프리카 코끼리는 유복하다. 아시아에서 본 코끼리 옆에는 늘 관광객이 있었다. 그러고 보니 야생 코끼리를 본 적이…… 있었나 싶다. 코끼리를 부리는 마훗(mahout)은 항상 날카로운 갈고리를 들고 코끼리를 위협했다. 초베 코끼리들은 다르다. 사파리 지프가 근접해도 신경 쓰지 않는다. 지프가 다가가면 어미는 새끼를 따라 살금살금 자리를 옮길 뿐이다.

"코끼리는 굉장히 위험한 동물이에요."

태국에서 많이 들었던 얘기다. 초베와 와보니 이 말은 틀렸다. 사람들 행동에 따라 코끼리는 다르게 반응할 뿐이다. 버펄로도 마찬가지다. 버펄로는 사파리에서 가장 인기 있는 다섯 가지 동물, 빅 파이브(사자, 코끼리, 표범, 버펄로, 코뿔소) 중 코뿔소와 함께 가장 위험한 동물로 여겨진다. 예를 들어 오늘 밀렵꾼이 버펄로를 공격하면 내일 버펄로는 무턱대고 보이는 대로 사람을 공격한다. 사람 생김새가 비슷하니 오늘 만난 사람을 어제 만난 적으로 간주한다. 그런데 초베의 버펄로는 사파리 차량 옆에서 유유자적한다. 공격당한 경험이 없기 때문이다. 일대일로 맞짱을 뜨면 사자조차 쫓아버릴 정도로 사납다는 버펄로가 지금은 참 순해 보인다.

코끼리, 코뿔소 다음으로 덩치가 큰 하마는 또 어떤가? 낮에는 물속에 있고 저녁에 밖으로 나와 활동한다고 알고 있었다. 초베에서는 하마떼가 한낮에 들판에서 유유자적한다. 내가 몰랐던 동물의 왕국이다.

사자 꼬리를 잡고 걷다

보츠와나 초베에서 보지 못한 사자와 표범은 배를 타고 국경을 넘은 후 다시 60킬로미터를 달려 잠비아 리빙스턴에 있는 무쿠니 빅 파이브(Mukuni Big 5 Safaris)에서 만났다. 치타, 사자와 인터랙션(interaction)을 할 수 있는 곳이다. 인터액션은 야생동물과 신체적, 정서적 교류를 경험하는 프로그램이다. 먼저 자욱이 흙먼지를 일으키며 질주하는 치타를 지켜봤다. 쏜살같다.

"치타를 쓰다듬고 안아줄 때는 힘을 주어 세게 쓰다듬어야 해요. 그래야 애정으로 받아들입니다. 치타를 겁내 살살 쓰다듬으면 간지럼을 태우는 것처럼 돼버려 치타는 성가시겠죠. 아프리카 문신을 만들 게 아니면 세게 쓰다듬어주세요."

레인저가 큰 소리로 말했다. '아프리카 문신'은 아프리카에서 야생동물에 의해 생긴 상처를 말한다. 치타 다음은 사자다. 레인저가 사람들에게 막내기 하나씩을 건넨다. 이 가느다란 막대기로 뭘 하나 싶었는데 사자의 주의를 흩뜨리는 데 쓴다. 사람이 아니라 사람 손에 든 막대기로 시선을 유도하기 위해서다. 레인저를 따라가니 저 앞에 사자 두 마리가 있다. 우리 안에 있는 것도 아니고, 묶여 있지도 않다. 윽, 이게 말이 되나? 사자와 인터랙션을 할 때는 주의할 점이 많다. 레인저의 말이 길어진다.

"자, 가장 중요한 건, 모두가, 늘, 모여 있어야 해요. 사자에게 다가갈 때는 뒤쪽에서 다가갑니다. 비명을 지르거나 하는 식으로 사자에게 어떤 반응을 보이면 안 됩니다. 사자는 여러분 소리를 듣고, 자기랑 같이 놀고 싶어 하는 거라고 여기거든요. 여러분이 비명이라도 지르면, 사자는 '나랑 놀자고? 좋아, 놀아주지!' 하고, 덥석 여러분 넓적다리를 간지럼…… 태울지 모릅니다."

이뿐만이 아니다. 사자가 앉거나 눕거나 바라보는 방향을 바꾸면 사람도 위치를 바꾼다. 사자 몸짓에 따라, 사자의 시선과 반대로 사람들은 모두 우르르 이리저리 방향을 튼다. 사자가 왼쪽으로 움직이면 사람들은 오른쪽으로 우르르, 사자가 오른쪽으로 향하면 사람들은 왼쪽으로 우르르. 하지만 소리를 내선 안 된다. 고요하게 우르르 우르르.

여기까지 왔으니 레인저 말을 믿을 수밖에 없지만 정말 괜찮은지 의심을 지울 수 없다. 이 위험한 짓을 비싼 돈 내고 왜 하느냐고?!

전에 아기 사자를 잠깐 쓰다듬어 보긴 했지만 지금은 완전히 다른 상황이다. 덩치부터 다르다. 이제 겨우 두 살이 지났다는 사자가 왜 이리 크담? 수사자 테리와 암사자 다이애나의 덩치는 어른 사자 못지않다. 사슬에 묶여 있지도 않다. 사자와 나 사이를 가로막는 건 아무것도 없고, 당장 무슨 일이 생길지는 누구도 알 수 없다. 내 차례가 되었다. 살다 보니 이런 날도 온다. 사자를 쓰다듬을 차례라니…….

사자를 쓰다듬는 순간 사자가 몸을 벌러덩 뒤집는 바람에 오금이 저리도록 깜짝 놀랐지만 사자가 나랑 놀자고 간지럼을 태우는 일은 없었다. 휴우~.

인터랙션 후에는 사자 꼬리를 잡고 덤불 사이를 걷는다. 믿을 수 없는 순간이다. 밀림의 왕, 사자 꼬리를 잡고 산책이라니…….

후일담이지만 사자 바로 옆에 내가 앉아 있는 사진을 본 한 친구는 이렇게 말했다.

"합성일 거야. 합성."

하긴 사자 꼬리를 잡고 사자랑 산책하는 장면을 누가 상상이나 하겠는가?

그런데 인터랙션을 하는 내내 의아했다. 사자가 왜 달려들지 않지? 인터랙션이 끝나고 레인저에게 물었다.

"길들여진 게 아니에요. 지금은 배가 부른 거예요."

영화 〈아웃 오브 아프리카〉에서 카렌과 데니스도 사자와 마주친 적이 있다. 데니스는 카렌에게, "꼼짝 말라"고 조용히 말했다. 사자가 슬슬 사라지자 데니스가 말했다.

"사자는 당신이 도망치는지 살펴본 거요. 만약 당신이 뛰면 먹기 좋을 거라 생각할 거요."

사자가 준 강렬한 인상은 한 가지 더 있다.

남아프리카 요하네스버그 인근의 '라이언 파크(Lion Park)'에 갔을 때. '사자 공원'이란 이름처럼 뭐 동물원 같은 곳 아닐까 지레 단정했다. 그런데 또 틀렸다. 여기서 한 달간의 아프리카 여행 중 가장 극적인 순간을 맞았다. '아프리카의 소리'를 들었기 때문이다.

처음에는 지레 예상한 것처럼 공원의 사자를 구경하고, 새끼 사자를 쓰다듬고, 사진을 찍었다. 레인저는 관광객 앞에서 어린 사자와 포옹하고, 키스했다. 사자가 귀엽게만 느껴지던 그 순간 벼락처럼 지축을 울리는 포효가 들려왔다. 세상을 갈기갈기 찢어발길 것 같은 소리다. 머리끝이 쭈뼛대고 온몸에 찬물을 끼얹어 놓은 것 같았다. 한 번도 들어보지 못한, 소름 끼치는 소리다. 그저 울부짖는 소리라고 써가지곤 전혀 그 느낌을 전달할 수 없다. 이게 도대체 뭐야? 내가 오금 저린 얼굴을 하고 있을 때 레인저가 말했다.

"아프리카의 소리예요. 당신, 운이 좋군요. 이 소리를 듣다니!"

사자의 울음소리였다. 믿을 수가 없다. 아무리 동물의 왕, 사자라고 해도 고작 한 마리 동물이 저런 소리를 낸다고? 그때까지만 해도 나는 좀 넓은 동물원에 와있다고 생각했다. 하지만 금방 들은 울부짖음은 동물원에서 들을 수 있는 소리가 아니다. 그 한 번의 포효를 듣고, 나는 사자를 왜 '밀림의 왕'이라고 부르는지 알았다. 아프리카에서 빅토리아 폭포보다 더 강한 인상을 남긴 건 사자 울음소리다. 그 작은 몸뚱이에서 어떻게 그런 소리가 터져 나오는지 지금도 놀랍기만 하다.

오브 아프리카?

잠비아에서 돌아온 후 요하네스버그에서 바비큐를 먹으러 갔다. '야생동물' 바비큐다.

사파리를 하고 야생동물 바비큐를 먹는다니 기분이 좀 그렇다. 쇠고기, 돼지고기는 물론 악어고기, 얼룩말고기, 타조고기 등 온갖 야생동물 바비큐를 맛볼 수 있다. 마사이 부족의 칼에 갖가지 고기를 꽂아 숯불에 굽는데 이게 아프리카 스타일인지 관광객 스타일인지는 모르겠다. '얼룩말고기'는 이름부터 참 생소한데 여기까지 왔으니 어디 한 번 맛은 봐야겠다 싶어 포크를 집었다. 좀 질기다. 고기를 씹고 있는데 자꾸 초원에서 노니는 얼룩말이 떠오른다. 뜻밖에 악어고기는 맛있다. 육질이고 모양까지 닭고기 장작구이와 비슷하다. 악어고기라는 말만 안 하면 누구나 냠냠 맛있게 먹겠다.

잠비아에서는 더 로열 리빙스턴 익스프레스(The Royal Livingstone Express)란 증기기관차도 탔다. 뿌우욱웅! 경적을 울리며 기관차 굴뚝에선 시커먼 연기가 피어오른다. 마치 100년 전 증기시대의 개척자라도 된 기분으로 떠나는 기차 여행이다. 실내를 장식한 나무에 따뜻하고 은은한 빛을 더하는 백열등은 리빙스턴 익스프레스라는 고풍스러운 무대의 배경 막이다.

리빙스턴 익스프레스의 운행 구간은 남아프리카 케이프타운에서 이집트 카이로를 잇는 철도 구간의 일부다. 지금이야 잠비아 리빙스턴의 짧은 구간만을 오갈 뿐이지만 선로의 한쪽 끝은 아프리카 대륙 남단의 케이프타운을, 다른 한쪽은 대륙 북단의 이집트 카이로를 향한다. 아프리카 대륙을 관통하는 철도라는 꿈은 식민지시대의 유산이자 욕망이다.

부시트랙역(Bushtracks Station)을 출발한 기차는 얼마 되지 않아 잠비아와 짐바브웨 국경을 이어 주는 다리 위에 멈춘다. 빅토리아 폭포에서 석양을 보기 위해서다. 승객들은 기차를 배경으로 사진 찍기에 분주하다. 오늘의 주인공은 승객도 아니고 빅토리아 폭포도 아닌 리빙스턴 익스프레스가 상기시키는 19세기, 과거의 시간이다. 모두가 리빙스턴 익스프레스 안에서 꿈을 꾼다. 현재 아닌 과거의 한순간을 사는 꿈이다.

리빙스턴 익스프레스의 디너 타임에는 은으로 만든 나이프와 포크, 숟가락, 크리스털 유리제품, 두툼한 린넨으로 세팅된 테이블 위로 다섯 가지 코스 요리가 나온다. 부시트랙역을 출발한 지 세 시간 반 만에 디너까지 모두 마치고 다시 부시트랙역으로 돌아왔다. 19세기 여행에서 깨어날 때다.

『오브 아프리카』란 책이 있다. 『아웃 오브 아프리카』에서 '아웃'이 빠졌다. 1986년 아프리카 작가로서는 최초로 노벨 문학상을 받은 '월레 소잉카(Wole Soyinka)'가 썼다. 나이지리아 출신인 그는 덴마크 작가, 카렌 블릭슨(Karen Blixen)이 쓴 소설 『아웃 오브 아프리카』의 편견과 오류를 지적한다. 그는 아프리카를 '원초적이고 이상적인' 공간이라고 바라보는 서구의 시선을 '허구 신화'라고 일갈한다. 아프리카나 아시아에 대한 서구의 식민주의 시선은 여전하다. 서구의 시선은 세계의 시선인 양 보편화되었고, 편견은 과거에 비해 더 견고해졌다. 그런데 내게도 그런 시선이 없다고 말하진 못하겠다. 리빙스턴 익스프레스는 식민지시대 백인 지배자들의 모습을 몇 시간 경험해 보는 시간인지도 모른다.

한편 의문도 든다. 아프리카는 왜 서구인들에게 원초적이고 이상적인 땅으로 여겨졌을까? 식민주의 시선을 넘어 서양이 갖고 있지 못한 아프리카의 힘에 대한 어떤 열등감, 콤플렉스 같은 게 있는 건 아닐까?

아프리카에 대한 성찰은 좋지만, 편견이라도 있어야 그 편견을 고칠 여지가 있을 것 같다. 여전히 많은 사람이 아프리카를 아주 먼 곳에 있는, 선천적으로 가난하고 비참한 땅이라고 여긴다. 흔히 '검은 대륙'이라고 표현되는 아프리카에 와보니 아프리카는 검지 않다. 시장에만 가봐도 온갖 화려하고 원색적인 색깔에 내 눈은 휘둥그레졌다.

아웃 오브 아프리카, 아프리카 밖에선 여전히 아프리카를 많이 오해한다. 영화 〈아웃 오브 아프리카〉의 상영 시간은 두 시간이 넘지만 내게는 엔공 구릉 위를 나는 카렌과 데니스의 비행 장면만이 선명하게 각인된 것도 이런 이유다.

 케냐 · 보츠와나 · 잠비아 · 남아프리카공화국 요하네스버그 * 아웃 오브 아프리카

"무사히 걸어가요, 형제여."
Walk well, brother.

영화가 우리를 데려다 주겠지

초판 1쇄 발행 | 2018년 8월 1일

지은이 | 박준
사진 | 박준
펴낸이 | 이원범
기획·편집 | 김은숙
마케팅 | 안오영
표지디자인 | 강선욱
본문디자인 | 김수미

펴낸곳 | 어바웃어북 about a book
출판등록 | 2010년 12월 24일 제2010-000377호
주소 | 서울시 마포구 서교동 394-25 동양한강트레벨 1507호
전화 | (편집팀) 070-4232-6071 (영업팀) 070-4233-6070
팩스 | 02-335-6078

ISBN | 979-11-87150-43-5 03680

휴가 없이 떠나는 어느 완벽한 세계일주에 관하여

떠나고 싶을 때, 나는 읽는다

| 박준 지음 | 15,000원 |

어느 날 읽은 한 권의 책, 어느 날 떠난 한 번의 여행으로 다른 생(生)에 눈을 뜨다!

10년 전 『On the Road』로 많은 청춘의 가슴에 방랑의 불을 지폈던 여행작가 박준. 10년 후, 이번에는 길을 나서지 않고도 온 세계를 여행할 수 있는 새로운 여행법을 이야기한다. 책으로 떠나는 여행. 그는 책 속의 시공간으로 빠져 들어가 '그곳'을 거닐며, 책 속의 등장인물과 대화하고, 꿈속을 떠돌아다니듯 책과 현실을 오가며 책 여행을 했다. 달콤쌉싸름한 에스프레소가 그리운 날에는 파리 카페 셀렉트에 머물렀고, 어디론가 도피하고 싶을 때는 아웃사이더들의 고향 프로빈스타운으로 떠났고, 끝없이 달리고 싶은 밤엔 시베리아 횡단열차에 몸을 실었다.

마음의 허기를 채우는 음식에 관하여

맛 읽어주는 여자

| 모리시타 노리코 지음 | 지희정 옮김 | 14,800원 |

음식에 담긴 삶의 서사와 시대의 풍경을 음미하다

가장 가까운 일상의 음식에서 출발해 인문학 전반을 종횡무진 오가며 차린 '지식 만찬'. 이 책은 음식 혹은 재료가 언제부터 어떤 유래로 식탁에 오게 되었는지, 음식에 담긴 시대의 풍경은 어떠했는지, 음식이 우리 몸과 정신에 어떤 영향을 미치는지 등 식탁 안팎에서 끊임없이 질문하고 답한다.

마음을 두드리는 감성 언어

단어의 귓속말

| 김기연 지음 | 264쪽 | 12,800원 |

카피라이터 김기연이 채집한 일상의 단어들

"글씨의 아름다움을 품은 단어는 머릿속에서만 맴돌던 어떤 말을 선명하게 바꾸어 놓았다. 너무 당연해서 스쳐버린 일상의 기억들이 책을 읽는 순간 이토록 싱싱하게 다가올 줄은 몰랐다. 슬금슬금 읽다보면 끝나버리는 한 권의 분량이 아쉬운 책!" _ 윤광준 (사진작가)

영화 같은 삶, 삶 같은 영화, 그 진짜 이야기
여배우들 The Actress
| 한창호 지음 | 336쪽 | 18,000원 |

마릴린 먼로, 잉그리드 버그먼, 비비안 리, 오드리 햅번 등
이름만으로도 가슴 설레는 레전드 여배우들의 바이오그래피

여배우들은 한결같이 '영화 같은 삶'을 살았고, 또 그것을 작품에 투영해 '삶 같은 영화'를 찍었다. 이 책은, 세상의 오해와 편견에 맞선 여배우들의 자기고백이다. '스스로 대변할 수 없고 다른 사람에 의해 대변되어야 할' 여배우들의 숙명을 궁구(窮究)해온 저자는, 그들의 자기고백을 이 책을 통해 기꺼이 도왔다.

그들의 기타가 조용히 흐느낄 때
더 기타리스트 The Guitarist
| 정일서 지음 | 784쪽 | 28,000원 |

1950년대부터 2010년대까지 대중음악계를 이끈
105명 마에스트로 기타리스트가 들려주는 저릿한 감동과 열정

장고 라인하르트와 로버트 존슨 등 기타계의 레전드에서 시작해 티본 워커, 머디 워터스, 레스 폴, 비비 킹 등 초기 거장들과 지미 헨드릭스, 지미 페이지, 에릭 클랩튼, 에드워드 반 헤일런 등 7,80년대 기타 영웅들을 거쳐, 조니 그린우드, 잭 화이트, 매튜 벨라미, 존 메이어 등 21세기 신성에 이르기까지 105명 기타리스트들의 삶과 음악을 통해 대중음악의 역사를 조명한다.

익숙한 일상을 새롭게 그리는 마법
가끔은, 상상
| 하비에르 페레스 지음 | 김유경 옮김 | 12,000원 |

반복되는 일상에 쉼표를 찍고, 느낌표를 그리는 시간!

중남미에 사는 한 젊은 예술가가 그려낸 새로운 세상에 관한 이야기. 그는 일상에서 쉽게 볼 수 있지만 관심을 두지 않는 사물을 재료 삼아 그림 놀이를 즐긴다. 익숙한 일상의 사물과 공간에 '상상'이 더해지면, 가방 속은 당신의 손목을 노리는 악어가 사는 늪지가 되고 책상은 달팽이와 무당벌레가 기어 다니는 초록빛 풀밭이 된다. 간결한 선으로 표현된 그림과 짧은 글이 짝을 이루는 이 책은, 깃털처럼 가벼이 우리 마음에 내려앉아 긴 여운을 남긴다.